圖解台灣十二生肖誌

田哲益（達西烏拉彎‧畢馬）

著

晨星出版
Morning Star

作者序
台灣的
十二生肖

　　十二生肖十二種動物，都有甚多稱呼，包括別名、渾名、俗名等，有些多達十幾二、三十種者，皆深具涵義。本書對十二種動物之釋名與釋義，皆有所闡述。

　　除了民間信仰外，包括佛教、道教，亦多十二生肖信仰之發揮，十二生肖與宗教信仰是結合的，甚至有專門的寺宇，例如龍神廟、蛇廟、虎爺廟、義犬廟、牛將軍廟等，本書亦多所著墨。

　　生肖習俗含括婚喪、食衣住行育樂、器物、工藝美術等。流傳下來的習俗，有許多是以男性為中心，在傳統俗信裡，制定了許多婦女與小孩子的禁忌行為。遵循之才能確保生命進程的穩定與幸福。

　　生肖與星宿及五行方位都有密切關係，古代將十天干十二地支配合起來，用以紀年、月、日。後來人們為了易於記憶，講起來也方便，就從各種動物中選出十二種生肖配十二地支。

　　十二生肖動物奇幻世界，例如特殊的習性與社會行為、與人有特殊的情感、有預測氣候的特殊能力等都是。生肖傳說故事：例如石岡賴半街、蛇郎君、虎姑婆、老鼠嫁女、射火馬等，都是台灣著名的民間傳說故事。

　　十二生肖動物因為是數千年的傳統信仰，因此在地名上也有甚多是以十二種動物來命名者，例如牛食水、豬母水、雞籠等，而且都具有典故。可知國人對十二種生肖動物的喜愛。

　　在現實生活器物的製作，有大量以十二生肖動物的造型製作成實用的器物或觀賞用的藝術品。有許多仿動物製作的工藝品，或用在建築材料、製作服飾等。也常見以十二生肖動物的形象製作兒童玩具，生動活潑可愛，深受

小朋友們喜愛。從古代至今，十二生肖動物的童玩，歷久不衰。

十二生肖動物大都可以食用，在台灣的飲食文化，有著特殊的意義。許多菜餚以生肖命名，有些命名非常文雅，令人食慾大振。

以十二生肖為名的花草與植物太多了；同樣也是以十二生肖動物為名的動物也非常多，可見國人對十二生肖動物的愛好。

十二生肖許多動物是目前科學與太空和醫療實驗的動物，對人類的貢獻非常偉大。民間相關的醫藥與醫療，已經有數千年的傳承，有的是來自動物本身的身體，有的則是植物，有的是食補，有的是擦敷，也就是內科與外科兼具，本書蒐羅亦甚豐富，例如虎骨酒、龍骨等。

十二種生肖動物的藝術表現，例如建築藝術、廟宇中的世界多十二生肖的圖畫；表演藝術則如鬥牛陣、端午龍舟競渡等。

在人們的心目中，十二種動物的性格與人一生的運勢及命理息息相關，所以只要按著自己的屬性與氣候五行，調養生息，相信一定會有圓滿燦爛的一生。

本書之特色是將台灣原住民族相關十二生肖信仰與習俗等，亦列入本書中，深具內涵且精采動人。例如賽夏族祈晴祭蛇祭、排灣族的驅鼠祭、布農族的飛鼠圍巾等，都膾炙人口。本書鉅細靡遺的整理十二生肖相關表現，希望讀者喜歡本書。

田哲益 序於南投水里山水居

2019 年 1 月

目錄

目錄

子鼠

鼠為十二生肖之首，地支「子」，子為陰之極，潛而不顯，與老鼠躲藏的特性非常吻合。鼠為天貴星，屬鼠之人聰明伶俐，志向高昂，但利慾心較強為缺點，會因貴星多而仗勢欺人……

鼠的名字，怎麼來？

鼠的釋義

中國最早的文字是象形文字，十二生肖（十二支）的每一個字，皆為物象，所以，大部分是以象形為基本文字。象形的「鼠」字，上半部表示老鼠口中的牙齒，而下半部則是表示老鼠的腹部、爪子及長長的尾巴。

甲骨文的鼠相當傳神，嘴尖尖的，頭低低的，正在偷吃東西，一副賊頭賊腦的樣子。到了金文，頭變的很大，是為了強調四顆外露的大門牙，這四顆大門牙長個不停，所以老鼠不管能吃的不能吃的，牠都很愛咬，字中間是肚子和爪子，右邊的線條是尾巴。小篆字體大致保留了金文的造型。而楷書的字，線條就變得更直了。

鼠的別名

中國古代史籍中有關鼠的傳說與記載，除耗子的俗稱外，還有子神、夜磨子、家鹿、耗蟲、耗子、李太夫等別稱。《山海經》中有「狀如鼠而鳥翼」的寓鳥，有「狀如兔而鼠首」的飛鼠等。除寓鳥可能有蝙蝠的依據外，那「以其背飛」的飛鼠，就完全是想像的產物了。

老鼠，這個「老」字，據說也大有來頭！《抱朴子・內篇》記載：「玉策記稱，鼠壽三百歲，滿一百歲則色白，善憑人而卜，名曰『仲能』，知一年中吉凶及千里外事也」。老鼠，可以長壽，富有靈性及機敏、智慧，所以遍布全球，無孔不入，無入而不自得！這個「老」字，顯示老鼠與人類關係匪淺！

「鼠」這個字，一看就知道是由象形文字演變而成，上部的臼象其頭部和牙齒（臼齒），下部象其腹、爪與尾巴（最後一筆的彎勾），因為牠喜歡齧咬物品，

以磨其長牙，所以特別強調其牙齒。東漢許慎所著《說文‧鼠部》中，謂其本義作「穴蟲之總名」解，蓋為水鼠、田鼠、飛鼠、地鼠、隱鼠、社鼠等之總稱。

鼠的別稱很多，如：

「老鼠」：鼠的通稱。《南史‧齊宗室‧蕭赤斧傳》：「預華林宴穎達大罵約曰：我今日形容，正是汝老鼠所為，何忽復勸我酒！」老鼠亦是蝙蝠的別名。

「耗子」：老鼠是天下第一大害蟲，常常消耗磨損人類的食物和器物，故北方人稱老鼠為耗子。《燕京歲時記‧耍耗子》：「京師謂鼠為耗子」。

老鼠別稱耗子，是有歷史原因的，五代時戰爭頻繁，統治者生活又窮奢極欲，一切消耗都來自百姓，賦稅名目繁多而且稀奇古怪。據《舊五代史‧食貨志》記載，賦稅除正項之外，還有許多附加稅，如農家吃鹽要上鹽稅，釀酒要交酤稅，養蠶要上蠶稅。不僅如此，附加稅之外還有附加，名為「雀鼠耗」，每繳糧食 1 石，加耗兩斗。連絲、棉、綢、線、麻、皮這些雀鼠根本不吃的東西，也要加「雀鼠耗」，每繳銀 10 兩加半兩。到後漢隱帝時，「雀鼠耗」由納糧 1 石加耗兩斗增到四斗。百姓更是苦不堪言，但又不敢抱怨皇帝，便將一肚子氣發洩到「雀鼠耗」的老鼠身上，譏罵老鼠是「耗子」，相傳至今。

 **的奇幻世界**

老鼠兜圈繞行

「目光如豆」的老鼠們，為了尋找食物，每天都得兜著圈子走路，根據測量器計測，小田鼠每天可走 16 公里，溝鼠一天可走 25 公里。由於老鼠們大都是夜行者，所以都在晚上出來活動。溝鼠從鼠窩出來，活動範圍約在方圓 3 百米之內，田鼠則以 25 米半徑的圓內為其勢力範圍。

參考資料
- 黃書瑋〈戊子鼠來寶平安〉，《中華寶筏》第 37 期，2008 年 5 月。
- 〈鼠年囉〉，《兒童天地》第 486 期，2008 年 2 月。
- 王輔羊〈鼠年念鼠經〉，《溫州會刊》第 126 期，2007 年 12 月。

老鼠性孤僻

老鼠有喜好孤獨的習性，經常自定界線，劃分勢力範圍。萬一誤入別人的勢力範圍，將會遭到追殺的命運。獨立後的幼鼠，必須自己生活，所以常因無知亂闖而遭追殺。除非牠能另尋新天地生活，否則很難有立足之地。也就因為老鼠孤僻的習慣，所以才能在短短的50年間征服地球，完成世界之旅。

老鼠獨居性與群居性

囓齒目動物有些是獨居性，如松鼠，有些則行群體生活，如河狸。囓齒目動物的生態領域非常廣闊，陸生、穴居、樹棲、滑翔和水生的種類都有。在樹冠層活動的，有夜晚在樹林間滑翔的大赤鼯鼠和白面鼯鼠，樹林中層有赤腹松鼠、條紋松鼠和刺鼠活躍在樹幹間，而樹林底層則有高山白腹鼠和台灣森鼠活動。

老鼠獨居性：有些老鼠喜歡獨居，只有在發情時，雌、雄才會一起生活，交尾後隨即分開。

老鼠群居性：美國的草原尖鼠通常是一大群聚集生活在一起，經常一群都是5000隻以上。

老鼠移棲

許多動物有遷徙的活動，老鼠也有移棲的行為，老鼠中最著名的移棲行為就是「旅鼠」。旅鼠每年都有大規模的移棲活動。

動物移棲的原因很多，但多半都是因為牠們原來的生活環境，在某段時間內，食物缺乏了，氣候不適合，或者不夠安全，為了追求更好的生活環境，牠們才集體遷移。

老鼠預測地震

老鼠在地震前的異常情況比平時多，會成群出

● 台灣的家鼩鼠，又稱小家鼠，有隨遇而安、處處為家的習性

現，亂跑亂鑽，不怕人，甚至不怕貓，有的會叼著小老鼠搬家，有的老鼠被人追打，也不會跑，形成痴呆樣。

鼠 與星宿及五行方位

　　古代將十天干十二地支配合起來，用以紀年、月、日。後來人們為了易於記憶，講起來也方便，就從各種動物中選出十二種生肖配十二地支，於是甲子年稱為鼠年，此年出生之人屬鼠，乙丑年稱為牛年，此年出生之人屬牛，以此類推。所謂肖者就是像之意。

　　受東方十二生肖文化影響的國家和地區，都與中國大致相似，尤其，同樣是文明古國的印度，其生肖排列就與中國大同小異，只是印度生肖動物是十二神祇座下的十二神獸，另外就將虎改成獅子；特別的是還奉鼠為神，在印度寺廟的守護神中，有位叫多聞天王的大神即手托老鼠，更建有老鼠廟，信徒們堅信「人死變鼠，鼠死變人」的輪迴。柬埔寨則選牛為首，鼠置於末位。泰國以蛇為尊，鼠列至第八位，唯不同的緬甸，只有八生肖，緬甸人是以生肖紀日，星期四出生的屬老鼠，星期五出生的屬天竺鼠（豚鼠），也是和鼠脫不了關係。

　　鼠為十二生肖之首，地支「子」，子為陰之極，潛而不顯，與老鼠躲藏的特性非常吻合。鼠為天貴星，屬鼠之人聰明伶俐，志向高昂，但利慾心較強為缺點，會因貴星多而仗勢欺人。從命理學觀之，肖鼠之人，生活節儉，沉默寡言，

參考資料
- 徐東濱編輯《自然文庫：哺乳動物》，時代公司。
- 何靜芝〈人類的大敵鼠輩〉，《智慧》第 17 期，台視文化公司，1986 年 8 月。
- 唐欣潔〈數來寶——台北動物園 2008 鼠年囓齒目特展介紹〉，《動物園雜誌》第 110 期。
- 周曼麗〈惹禍的麻煩精〉，《哥白尼》第 17 期。
- 陳龍根總編輯《自然奇趣大觀》，香港，讀者文摘遠東公司，2002 年。
- 〈冷天正好眠——冬眠〉，《中國兒童》第 1177 期，2007 年 1 月 7-13 日。
- 張柱編輯《自然文庫：沙漠》，時代公司。
- 宋碧華〈動物的殺子行為〉，《牛頓雜誌》第 38 期，1986 年 6 月。
- 楊伊萍〈動物界的好媽媽〉，《國語周刊》第 1490 期，2010 年 5 月 9-15 日。
- 馬漢彥《鼠》，淡水，谷風出版社，1993 年 6 月。
- 王穎《動物的移棲》，台北，圖文出版社，1994 年 3 月。
- 雲海〈動物也有超能力〉，《國語青少年月刊》第 169 期，2010 年 1 月。
- 劉慕沙、左秀靈合譯《動物世界》，新理想出版社。

中年行運，謀事順利，晚年發達但有破星剋命。若以五行論命，整理民間求解，則可細分為，甲子年生：五行屬金，為屋上之鼠，為人多學小成，有始無終，心性暴躁，幼年多災，需重拜父母，當別人或神的義子；男性妻大，女性夫長，晚景可享大福。丙子年生：五行屬水，為田內之鼠，為人膽大，有權柄謀略，早年平平，中年行運，晚景大好；水鼠女性，饒舌絮聒，言多必失，安己守份，幸福自來。戊子年生：五行屬火，為倉內之鼠，為人聰明，可文可武，早生兒女則剋，遲生可保平安，夫妻融合，有財富，晚景興旺；火鼠女性，聰慧賢淑，發達之命。庚子年生：五行屬土，為樑上之鼠，為人安穩，衣食不缺，主妻賢明，女性掌權，事能通達，貴人明現，逢凶化吉。土鼠女性，蔭夫之命。壬子年生：五行屬木，為山上之鼠，為人忠實，幼午有災，中年衣食足用，身閒心苦，多喜多憂，兄弟無靠，六親無緣，凡事自為；木鼠女性，賢能多勞之命。

鼠 在台灣的民俗與禁忌

對於老鼠，民間俗信也很博雜，因其咬壞東西、偷吃糧食，所以人們恨牠，以為是不祥之物。而牠又生性機警、嗅覺靈敏，據說還能掐會算、善知吉凶，因而又不敢得罪，甚至還要討好牠。

老鼠數銅錢

老鼠常在夜間出來活動。有時其鳴叫聲如數銅錢一般，俗間對此認識不一，中國上海崇明一帶以為是禍事將至；湖北一帶則認為是吉祥之兆，而聲嘖嘖者不吉；浙江又有「鼠鳴如數錢聲，若在前半夜主得財，若在後半夜主散財」的說法。台灣民間則傳說，正月初三晚上老鼠來娶親，這晚一家要早早就寢，並在家中放一些食物給老鼠，分享過年喜氣，稱為「老鼠分錢」。

老鼠咬壞東西

老鼠咬壞室內的東西，本是其天性所致。民間有說是鼠在磨牙。而上海崇明一帶卻解釋為，是有人說了老鼠的壞話，被牠聽到了，故發狠將東西咬壞。因而其地忌諱說老鼠不好，可不能罵牠，甚至還要稱呼牠「老鼠伯伯」以媚之。浙江一帶，以為老鼠咬什麼東西，也有象徵意義。咬物，則主物價昂貴；咬人，若咬頭髮，主有喜事，若咬腳底，則主有兇事。台灣民間則有「飼老鼠，咬布袋」比喻老鼠吃裡扒外的俗諺。

家中藏鼠喻吉祥富裕

老鼠藏在人家中，為的是能夠偷吃東西，如果吃不到什麼，牠就不在這裡了。基於這樣的觀念，民間還以為家中鼠多是一種吉祥富裕的象徵。如果家中老鼠突然離去，反而認為不吉，是將要發生火災的徵兆。湖北一帶，俗呼「失鼠」為「失水」。

忌見老鼠落空

舊時上海崇明一帶，忌見老鼠落空。婦女見鼠出外尋食，從高處失足落地，以為不生疾病即有其他禍事降臨，必親到鄉間沿戶乞討白米煮食，方可禳解之。俗語有「男怕跌蛇，女怕跌鼠」的說法。

舊時上海也有避老鼠落空的習俗。老鼠外出覓食，失足落地，稱為「老鼠落空」，據說見者多為不吉利，非病即滅，必須禳解。其方法是沿街乞討白米，叫百家米，回家用以煮飯，食後便可化解。

老鼠蘿蔔

民間認為鼠性通靈，能預知吉凶災禍。其實鼠生於自然，長於自然，對自然界將要發生的不測，如地震、水災、旱災、蝗災等做出一定的行動反應是很正常的，這是地球生物具有的某種特殊本能，只是有些限於人類自身知識，還

未能揭示出牠的神祕和規律罷了。在唐山大地震前夕，人們驚異地發現鼠群向郊外奔竄，或者三五結夥蜷縮在馬路、街道等相對空曠的地方，並不明白這種跡象暗示著什麼。類似的事情，在古代必定重演過多次，所以老鼠在人類心目中，變成了通靈的神物。我們透過《周公解夢》中關於鼠的解釋就可略知一斑。

　　生活中，每個人都會做夢。夢中會出現五花八門的事物。如果你夢見了鼠，是喜是擾是福還是禍？俗話說：「是福不是禍，是禍躲不了」。還是且聽聽古代周朝文王怎麼說：如果夢見麝香鼠，事業成功。夢見有很多麝香鼠，困難和不幸要臨頭。夢見老鼠，會樹敵過多。已婚女人夢見手裡托著家養的老鼠，要生孩子。夢見抓老鼠，會交上不誠實的朋友。夢見死老鼠，要交好運。夢見有很多老鼠，失敗將不斷發生。夢見老鼠在自己的住室裡打洞，家裡會遭偷竊。醫生夢見老鼠，住地會出現傳染病。夢見松鼠，艱苦奮鬥定有所獲。夢見打死松鼠，是不祥之兆，會災難臨頭。夢見松鼠咬了自己，在主要問題上會與朋友產生分歧。農民夢見松鼠，會豐收在望。總而言之「老鼠相鬥有官事，鼠咬人不求所得」，「鼠大走主有善事，貓捕鼠者主得財」。

排灣族驅鼠祭

　　排灣族驅鼠祭是部落會議決定的，地點在部落祭司家裡，請求神把所有的老鼠帶走。

排灣族兆象與外號

　　排灣族人認為，室內沒有老鼠潛伏是火災之兆。該族的外號很多，很貪吃的人，則被人稱為老鼠（kulavai）。

參考資料

• 劉寧顏總纂《重修台灣省通志（卷三）住民志同冑篇（第一冊）》，南投，台灣省文獻委員會，1995年5月。

● 達悟族傳說老鼠曾救援過小孩　　　　● 排灣族有驅鼠祭儀式，圖為日治時期排灣族人搗粟情形

相關的建築與藝術表現

邵族欄干式穀倉防鼠害

　　早期邵族人居住在拉魯島時，每家建有穀倉，把收成晒乾的粟貯放在穀倉內。為了防鼠，穀倉都建於岸邊水中，用八枝或十枝長且粗的竹子插在水底，竹子上端露出水面，於露出的水面上搭一小房作倉，把穀子放在裡面就不會被老鼠偷吃了。

平埔族干欄式建築防蛇鼠

　　宜蘭漢人移民的建築，大多沿用大陸閩南式的建築型態，並未對應蘭陽平原特殊的地理條件或氣候條件，而做新型態上的適應與演化。馬偕博士在《台灣遙記》中認為，平埔族之建築加高在土地上，對於溼氣、瘴氣與蛇鼠蚊蟲的回應，比起漢族閩南式直接建築於地面上的建築，對身體健康較為有益。這表示早期渡台的漢人的建築，並未因適應台灣特殊環境而做改變。

賽夏族高架竹屋防鼠類、水患

　　早期，賽夏族人竹屋多採用高架方式搭建，類似大陸西南少數民族之杆欄式建築。從外觀特色來說，因必須預防鼠類或水患侵襲，所以在建造穀倉時，

通常都會特別將其架高；但在住屋方面，是否架高就全憑其個人喜好而定。屋子的屋頂是以木板或竹子做結構及被襯材，外側以對半剖竹或茅草覆蓋；而牆壁外側，則都以竹子豎立排列而成，整個空間呈一個矩形狀。

● 傳說邵族獨木舟製造得之老鼠的啟發

布農族飛鼠圍巾

　　布農族人利用捕獲之飛鼠的長尾巴製作成圍巾，飛鼠毛柔軟，圍之於脖子，感覺很舒服又保暖，為男女通用。

● 傳說賽夏族種植稻米是老鼠的啟示

鼠 相關的動植物

老鼠刺

　　「老鼠刺」，又稱貓鼠刺、濱刺麥，屬於禾本科植物。多年生草本，雌雄異株，葉子呈線形、剛硬，末端就像針刺。果實會聚集生成圓毬，等到成熟時，便由基部斷落，隨著風到處滾動，藉此散布種子。在全台海岸砂地都有分布，有防風定沙功能。

鼠茅

　　「鼠茅」，禾本科鼠茅屬，一年生草本，分布溫帶地區，台灣產在中海拔山

參考資料
● 潘天壽《毛筆的常識》，台北，莊嚴出版社，1988年10月。
● 李勉民主編《奇聞怪事錄》，香港，讀者文摘遠東公司，1995年。
● 林馬騰《古物舊事世代情》，金門縣文化局，2013年7月。
● 于愷駿〈鼠年談鼠賀新年〉，《清流月刊》第16卷第7期，2008年1月。
● 袁愛國《泰山風俗》，山東濟南，濟南出版社，2001年7月。
● 《台灣省通志》卷八〈同胄志‧邵族篇〉。
● 鄧相揚《邵族風采》，南投：交通部觀光局日月潭國家風景管理處。

● 台灣森鼠

·鼠· 飲食文化

鼠肉在一些文化中還是一種主食，老鼠肉會被納入地方飲食，主要是戰亂時期為求生存的必要食品，也是重要的蛋白質來源。鼠肉一般以田鼠肉為主。各地食用的方法不同：華南地區會把田鼠臘來吃；而美國會把田鼠整隻連骨及內臟一起用刀柄拍碎，再丟進炭火內燒烤；在柬埔寨，每天出口的鼠肉高達數萬隻；越南南部省份薄寮省，每天上市的鼠肉至少有 3 噸。對於鼠肉食用者來説，鼠肉的來源以及安全性十分重要。常見的鼠肉料理包括「炸」、「烤」、「燻」、「炒」、「湯」等。

台灣森鼠肉

「台灣森鼠」，台灣特有種，原住民有捕食之者。

飛鼠肉

飛鼠是台灣原住民較常食用的獸肉，肉以薑絲煮湯，其中較特別的是腸子部分，卑南族、布農族、太魯閣人等認為，飛鼠只吃植物嫩芽，綠色的腸子十分乾淨且滋補胃腸，所以可以生吃。

邵族碳烤山鼠

邵族山獸野味有「碳烤山鼠」，餐廳推出的整隻碳烤山鼠，肢解後依原形置於盤中，據邵族長老説，料理山鼠時，要成雙成對，山老鼠肉亦稱為「山合肉」，取其音「百年好合」的意思。

● 布農族烤肉壁畫

參考資料
• http：//baike.baidu.com/item/%E5%B1%B1%E9%BC%A0/6988949?fr=aladdin。
• http：//newsblog.chinatimes.com/aves/archive/33798（劉克襄部落格）。
• 龐新民〈兩廣猺山調查：廣西之部〉，《花籃猺社會組織》，國立北京大學中國民俗學會民俗叢書。
• 馬銀春《中華民俗禮儀對聯大全》，北京，中國三峽出版社，2005年11月。

區開闊坡地或路旁。花期自5月至10月。

鼠尾粟

「鼠尾粟」，禾本科，多年生草本，分布南亞、中南半島、中國、日本，台灣常見於路邊及其他開闊生育地。叢生，花集生成長條形之圓錐花序，灰褐色，形如老鼠尾巴。

鼠刺

「鼠刺」，台灣特有種。本種為原生山頂部位灌叢代表灌木之一，在次生行列裡亦常為中、上坡段之伴生種。其生態特性屬次生類，宜作人為植栽試驗。

阿里山鼠尾草

「阿里山鼠尾草」，唇形花科，葉多單葉對生，阿里山鼠尾草為少數例外之一，是台灣固有種，全島海拔1700-3200米的高山皆有分布，而以合歡山、阿里山、祝山、玉山前山、奇萊山、能高山、秀姑巒山及關山等地最常見。為多年生草本，屬於中性而略偏陰性的植物，性喜土壤深度適中、日照短的路旁、陰溼地。

● 鼠尾草

黃花鼠尾草

「黃花鼠尾草」，屬唇形科植物，一年生草本植物，與一串紅是近親，為台灣產鼠尾草屬植物最具姿色者。當一串串黃色嬌花盛開時，會驚訝花兒奇特造型，展現迷人的美豔。黃花鼠尾草黃色花朵於每年9-11月間盛開。小花造型頗佳，色彩及大小亦合乎觀賞條件，或可為育種之母本。黃花鼠尾草分布於低海拔山區，性喜較溼潤的氣

● 鳳梨鼠尾草

候，台灣北部較為常見。

露脊鼠海豚

馬祖列島曾經發現五種鯨豚類，其中，露脊鼠海豚是所有鯨豚類的野外活體目擊、擱淺或誤捕紀錄中，最常見的物種，機率高於 90%。在分類上，露脊鼠海豚屬於鯨目、齒鯨亞目中的鼠海豚科，是馬祖水域中體型最小的鯨類，成體長度依不同水域的族群而異，而馬祖本地最小成熟體長為 145 公分。除了體型小巧之外，沒有背鰭，但在背部中脊，依地理區域而擁有寬窄不一的突起顆粒區，此外，具有渾圓的頭型且沒有突出的吻部。露脊鼠海豚是少數同時出現於海洋與淡水域的鯨類之一，棲息地包括淺海灣、河口區、紅樹林區及一些大型河流。棲息在海域的露脊鼠海豚，似乎特別喜歡在河口區生活，而馬祖位於閩江出海口，正是露脊鼠海豚喜好之河口區域。

滑鼠銜魚

「月斑」，俗名月背果鼠銜魚、滑鼠銜魚，長 15 公分。分布於朝鮮至日本、台灣島以及中國東海、黃海沿岸等海域。

鼠鱔目

「鼠鱔目」，本目魚類具上鰓器官，嘴小，無齒，無眶蝶骨；顱頂骨小，脊椎前三節特化並形成一個或多個頭小骨。此目與鮋形目有許多相似處，因此與鮋形目的演化可能有關。台灣產僅 1 屬 1 種「鼠鱔魚」，產於台中、高雄、東港、澎湖等地。

老鼠斑

「老鼠斑」，澎湖的招牌魚。石斑魚類一律歸入高級魚，老鼠斑還要加上一個「最」字。石斑魚，澎湖漁家通稱「鱠魚」，其中有一種體型較奇特，蝶魚

身、老鼠嘴，以產在馬公鎮觀音亭海灣一帶最多，俗呼觀音鱠。一般石斑棲息在海邊岩窟，而老鼠斑的地盤則在島嶼珊瑚礁。同是熱帶性魚種，同是晝伏夜出，肉食兇猛。一般石斑的野蠻行徑，飢餓時甚至同類相殘；老鼠嘴似的老鼠斑，可斯文多了，演化而來的長嘴，特別合適在珊瑚礁洞穴內啄食小螺、小蝦、小蟹。

高山鼠耳蝠

　　台灣省農林廳特有生物研究保育人員，在 1995 年 10 月，協同專家們前往南投縣仁愛鄉瑞岩溪的自然保護區，調查生存於高海拔的小型哺乳動物，不料，竟抓到兩隻在台灣前所未見的蝙蝠，暫命名為寬耳蝠、高山鼠耳蝠。命名為寬耳蝠，顧名思義便是牠的耳朵又大又寬，而且臉頰凹凸有致，長得令人印象深刻，是屬於溫帶性寬耳蝠屬的蝙蝠，這是在台灣新發現的蝙蝠品種。就在同一天晚間，又抓到一種在台灣從未見過的鼠耳蝠屬的蝙蝠，暫時命名為「高山鼠耳蝠」。台灣目前鼠耳蝠屬的蝙蝠有三種，分別是台灣鼠耳蝠、渡瀨氏鼠耳蝠、寬吻鼠耳蝠，牠們通常分布在海拔 700 米以下的洞穴或是人類住家中。

台灣鼴鼠

　　「鼴鼠」，鼴鼠科，例如「金鼴鼠」、「星鼻鼴鼠」、「水鼴鼠」等。食蟲類哺乳動物。雖以「鼠」來命名「鼴鼠」，但其實牠們並不是老鼠，只是牠的體型與外貌與鼠類酷似。

　　台灣鼴鼠科僅產台灣鼴鼠一種，為台灣特有亞種，長 10-13 公分，尾長 1-2 公分，重 30-60 公克。前肢特別強壯，有特別發達之鎖骨與肱骨，兩頜關節一對，五指具有力之爪，以便於撥土。本種為鼴鼠中最小者。亦名串地鼠、高砂鼴鼠，分布台灣全島各地自平地

● 圖為台灣高山田鼠

至中低海拔 500 米處。雖有眼而無眼瞼，眼覆於皮膚下，自皮面觀之為一鉛色小點；體灰黑色，腮與胸黃褐色，尾端生白毛。

台灣煙尖鼠

「台灣煙尖鼠」，台灣特有種，哺乳綱，食蟲目，尖鼠科。分布於海拔 2500 米以上。外型似鼠而細小，吻鼻部特別尖突而長，眼睛特別細小，牙齒既多且尖，門齒尖端為紅色，上顎齒具三或四個單尖齒，這與鼠類特徵截然不同。這一類動物的中文名稱俗稱「鼩鼱」，與「錢鼠」的關係較近，都屬於食蟲目（鼠類都是屬於齧齒目）。

台灣煙尖鼠習性與山階氏鼩鼱（短尾鼩）相似，最大差異在尾巴長短，台灣煙尖鼠的尾長約為體長的三分之二，因此又稱「長尾鼩」，其體型及四肢都較山階氏鼩鼱纖細。台灣煙尖鼠是普遍分布於台灣中高海拔山區的小型哺乳動物，許多掠食性動物，包括蛇、貓頭鷹等均以牠為主食，是食物鏈中十分重要的角色。

台灣齧齒目鼠科特有種還有台灣森鼠、刺鼠、高山白腹鼠、台灣高山田鼠等，據研究，其中高山田鼠行一夫一妻制最為特殊。

鼠 相關的醫藥及醫療

● 傳說排灣族近親婚會患鼠瘡症。圖為排灣族母子雕刻立像

鼠麴舅

「鼠麴舅」，菊科，鼠麴草屬，一年生草本；株高約 10-30 公分，莖基部有多數分歧，斜上生長；葉片舌狀，兩面均被有絨毛；表面有突起物，冠毛一列，淺白色。別稱鼠麴草舅、厝殼舅。幼苗及嫩葉可以採食。全株搗碎可外敷腫毒；全草煮汁飲服，具有清涼、降火及利尿等功效。其嫩莖葉亦可調製做粿，為清明節掃墓祭品。

鼠尾紅

「鼠尾紅」，別名還有鼠尾草、鼠尾癀、鼠筋紅等。爵床科，爵床屬。多年生草本，常成片生長在草坪、路旁，性喜開闊向陽環境。穗狀花序像老鼠尾巴而得名。

全草入藥，台灣四季可採，中國大陸於夏秋採集。採後去泥土雜質，曬乾或烘乾備用。曬時可切小段或全株曬至七分乾，再紮成捆曬乾。按需要可蜜炙、酒炒或醋炒應用，治寒症可薑汁炒。外用主治瘡癬、外傷出血。

鼠麴草

「鼠麴草」，菊科，一年生草本植物，植株有白色細綿毛，莖不分歧。種子在冬天發芽，每年清明前後大量生長，故又稱「清明草」。別名尚有鼠麴、米麴、鼠曲草等。分布於中國江南、東南亞，台灣產於海拔 2300 米以下之路旁、

參考資料
• 陳益明〈戊子年說肖鼠植物〉，《動物園雜誌》第 110 期。
• 蘇鳳雪〈超可愛的米老鼠樹〉，《國語周刊》第 242 期，2008 年 11 月 16-22 日。
• 鄭元春《台灣的常見野花》第二輯，台北，渡假出版社，1984 年 12 月。
• 應紹舜《台灣的高山植物》，台北，渡假出版社，1985 年 8 月。
• 董立《球根花卉》，台北，自然科學文化事業出版部，1980 年 7 月。
• 《兒童動物圖鑑（上）》，台北，名遠出版社。
• 賴景陽《台灣自然觀察圖鑑：貝類》，台北，渡假出版社，1996 年 7 月。
• 張柱編著《動物》，紐約時代公司。
• 戴維・伯爾尼著、明天編譯小組譯《動物大驚奇》，台南，世一文化事業公司，2007 年 4 月。
• 喬伊斯・波普（JoycePope）著、明天工作室譯《大不列顛動物百科》，台北，明天國際圖書公司，2006 年 10 月。
• 姚秋如〈馬祖的露脊鼠海豚與保育經營管理〉，《生態台灣》第 29 期。
• 劉寧顏總纂《重修台灣省通志》，南投，台灣省文獻委員會，1995 年 8 月。
• 林明峪《地方特產》，台北，聯經出版公司，1991 年 1 月。
• 楊仕位等編纂《重修台灣省通志・土地志、博物志》卷二第一冊，南投，台灣省文獻委員會，1998 年 6 月。
• 參楊仕位等編纂《重修台灣省通志・土地志、博物志》卷二第一冊，南投，台灣省文獻委員會，1998 年 6 月。
• PatrickLouisy 著、周正滄譯《高山動物》，台北，曉群出版社，2000 年 12 月。
• 黃俊麟《動物生態大百科（四）哺乳類》，台北，華視出版社，1988 年 9 月。

• 〈刺蝟家族〉，《講義》，1994 年 1 月號。
• 〈台灣生物史上新發現——寬耳蝠、高山鼠耳蝠〉，《中國兒童》第 627 期，1996 年 6 月 23-29 日。
• 司紹晞〈珍奇的密麋香鼠〉，《八方風物》，台北，台灣商務印書館，1992 年 9 月。
• AndrewSmith、RichardB.Harris〈小鼠兔的大成就〉，《中國國家地理雜誌》第 37 期，2004 年 6 月。
• 崔香淑《兒童好奇心大百科》，台北，風車圖書出版公司，2007 年 6 月。
• 黃俊麟《動物生態大百科（三）哺乳類》，台北，華視出版社，1988 年 9 月。
• 徐玉清譯〈瀕臨危險的野生動物黃樹袋鼠〉，《牛頓》第 249 期，2004 年 5 月。
• 陳龍根總編輯《自然奇趣大觀》，香港，讀者文摘遠東公司，2002 年。
• 雪君〈嚇敵用的臭鼬彈〉，《國語青少年月刊》，2012 年 10 月。
• BarbaraTaylor 著、江慧珠譯《透視動物》，台北，啟思文化事業公司，2007 年 9 月。
• 劉明太等編寫《動物故事（上）》，台北，建宏出版社，1994 年 7 月。
• 于宏燦《有袋動物》，台北，圖文出版社，1994 年 3 月。
• CharlotteRuffault《地底下的動物》，台北，台灣東方出版社，1996 年 3 月。
• JeneBurton 著、陳一南譯《穴居動物的祕密》，新店，人類文化事業公司，1997 年 6 月。
• 明天出版社譯《可愛的動物世界》，牛津家族國際出版公司出版，2005 年 6 月。
• 陳琬婷〈錢鼠〉。
• 區宗明〈高山上的橫行鼠輩〉，《大地地理雜誌》第 149 期，2000 年 8 月。

荒地、田野和低海拔山區。鼠麴草名字由來「鼠」指葉形似鼠耳，「麴」指花如麴色。鼠麴草因莖葉全株毛茸茸的，形狀長得像老鼠耳朵，就因此得名。以前人釀酒時常會加入它，而也有人稱它為「鼠耳」。

● 鄒族以松鼠祭祀粟女神，為防止惡靈入侵。圖為鄒族禁厭作法。

鼠麴草在中藥占一席之地，全草具止咳化痰之功效，可鎮咳、祛痰、治支氣管炎、氣喘、風寒感冒、高血壓、胃潰瘍等。

台灣原住民泰雅族鼠麴草之利用，摘取鼠麴草的葉子晒乾，將晒乾之葉以杵臼搗碎，篩選後可得到似棉絮狀的葉脈筋絲，當以燧石點之際，和燧石持於手中，由燧石擦出之火花點燃生火。

鼠掌草

「鼠掌草」，別名貫筋，為籠牛兒苗科草本野生植物，中醫臨床應用的功能是祛風溼、強筋骨、通經絡、止瀉痢等。

鼠 相關的傳說故事

綜觀世界各民族，其發祥都有為數頗多的神話流傳，這些傳奇性神話之中所包含的內容，多半以妖魔鬼怪為主體，雖然是藉以影射，可說多是虛構的，常悖離史實，然雖有足以否定其學術價值之處，當吾人研討其民族形成之時，神話或傳說對歷史的影響，亦蘊涵著不容忽視的意義與價值。

老鼠娶新娘

對動物的信仰，實際是由對動物的恐懼心理而產生。如老鼠危害莊稼，破壞物什，農家對牠深惡痛絕。然而，在正月十七老鼠嫁女那天，人們卻要包餃

子慶賀，與鼠同樂。這一習俗還附會於一則民間傳說上：據說一位老頭擅長法術，一天，他在田裡幹活，忽聽天上傳來救命之聲。他抬頭一看，卻見一隻老鷹抓一隻老鼠，正疾飛而去。老頭忙施展法術，救了老鼠。老鼠無法報答老頭，請求做他的女兒。老頭欣然應允，就將老鼠變成女孩。過了幾年，女孩長大成人，想要出嫁。老頭知道女兒喜歡太陽，便親自去提親。太陽怕雲，沒有答應；老頭去找雲，雲怕風，沒有答應；老頭又去找風，風怕牆，沒有答應；老頭去找牆，牆怕老鼠；老頭又去找老鼠，問到老鼠時，老鼠滿口答應，並決定在當晚成親。這天是正月十七，晚飯時，老頭做了一頓可口的餃子讓女兒吃了，然後吹了燈，用法術將女兒變回老鼠。娶親的老鼠當晚就熱鬧登場迎娶。由於老鼠女兒的關照，老頭糧食滿倉，沒有鼠害。以後，人們也跟老頭學習，在正月十七老鼠嫁女那天，包頓餃子吃，然後吹燈早早睡下，惟恐驚擾了老鼠的喜事。

民間年畫中「老鼠嫁女」的題材，是說老鼠想高攀，改換門庭，擺脫陰暗的環境，託媒人先後到太陽、雲彩、風、牆那裡說親，都不行，最終嫁給了貓，成了貓的美餐。這是一個很有意味的民間童話，而且在各地廣為流傳。

湖北江漢平原一帶，將小初夜看作老鼠嫁女日，俗稱「鼠添箱」。那一天，家家要將插上花的面餅放在暗處，禁止舂米、磨麵，大人小孩不准喧嘩，如果

參考資料

- 李勉民《常見藥草圖說》，香港，讀者文摘遠東公司，1995年。
- 孟憲平、劉修海《節日大觀》，山東濟南，黃河出版社，1998年4月。
- 許鴻源《動物性中藥之研究》，新店，國立中國醫藥研究所，1977年6月。
- 蔡碧麗、謝松源、林德勳《瑞岩溪自然保護區植物簡介（二）》，行政院農委會林務局南投林區管理處，2000年7月。
- 簡錦玲〈鼠麴舅〉，《台北畫刊》第427期，2003年8月。
- 陳益明〈戊子年說肖鼠植物〉，《動物園雜誌》第110期。
- 清・汪訒庵《增補本草備要》，台南，第一書店，1986年3月。
- 張雅雲〈拯救窮人的鼠尾草〉，《地球公民365》第50期，2009年9月。
- 陳坤燦〈觀賞、食用、聞香：形貌千變萬化鼠尾草〉，《MyGarden》。
- 馬賽〈怎樣去戶外・野生食譜〉，台北，幼獅文化事業公司，1986年9月。
- 羅家祺〈平溪鄉的植物風情〉，《綠生活》第124期，1999年10月。

- 郭明正〈淺談泰雅族的植物利用－－天生我材必有用〉，《大自然》第。
- 鄭琳枝〈鼠家一族──以鼠為名的保健植物〉，《台灣月刊》第157期，1996年1月。
- 許秀夫總編輯《台灣民間驗方集錦：全國藥用植物聯誼會研討會驗方集》，台中，國定文教基金會，2011年10月。
- 朱振藩〈全方位食鼠〉，《歷史月刊》第240期，2008年1月。
- 詹宗祐〈論傳統中國時期的野味竹鼠〉，《中國飲食文化》第2卷第1期，2006年。
- 雪莉・普萊《芳香療法：針對一般疾病的治療》，台北，綠生活國際公司，1996年9月。
- 呂光榮原主編《氣功大辭典》，台北，故鄉出版公司，1990年9月。
- 簡非〈古代的養生術〉，《中央日報》，1995年1月10日。
- 馮祚建〈鼴鼠為什麼能終年在地下生活〉，王國忠、鄭延慧主編《新編十萬個為什麼（3）》，台南，大行出版社，1994年1月。
- 丹楊等編《影響世界的五十件大事・鼠疫大流行──整個歐洲陷入災難》，台北，添翼文化公司，1993年8月。
- 陳邦賢《中國醫學史》，台北，台灣商務印書館，1981年3月。

驚動了老鼠，來年就會搗亂。台灣民間也廣為流傳大年初三老鼠娶親的俗信。

● 傳說老鼠啟發邵族人造舟。
圖為鄒族獨木舟。

老鼠啟發邵族人造舟

　　日月潭流傳著一個故事。從前有五個交情甚好的壯丁，一天偕伴至中央山脈的森林打獵，雖然他們一無所獲，但卻不在意。直到天色昏暗，他們坐在一個巖石上休息，山上一片死寂，夜更深更孤寂時，不知何處跑來一隻如飛箭般快的白鹿，五人立刻起身追趕。白鹿到了日月潭，縱身一躍跳進潭中，游到一個小島上。他們飲恨的望著水面，突然看見一隻乘著樟木碎片的老鼠，一人問道：「你怎麼不會沈下去？又是怎麼前進的？」老鼠一聲不吭地用尾巴當槳划走了。眾人認為，一定是上天教牠們，討論後，伐倒一株大樟樹，挖空做成獨木舟，削板當舵，不久便在湖面上出航了，五個人像孩子般，享受這前所未有的樂趣，他們登上小島捕了白鹿後，安然無事的回來。原住民看到覺得十分便利，便提議以肉交換，因為他們認為，壯丁無法帶舟越過山嶺回家，但壯丁們不肯，等他們將舟放在陸上，才發現困難重重，只好與原住民換了肉。現在日月潭上的獨木舟，據說，就是當時小島與岸上往返的交通工具。

參考資料

● 松本州弘著、鄭振東譯《救中國、學台灣》，台北，黎明文化事業公司，1982 年 9 月。
● 暉舟編著《十二生肖縱橫譚》，台北，國家出版社，1990 年 8 月。
● 蔡豐安發行《中國古代故事名言》，台南，德華出版社，1979 年 4 月。
● 趙伯陶《十二生肖面面觀》，濟南，齊魯書社，2000 年 11 月。
● 郭立誠《中國民俗史話》，台北，漢光文化事業公司，1984 年 9 月。
● 魏敏〈中原正月的飲食信仰習俗〉，寧銳、談懿誠主編《中國民俗趣談》，西安，三泰出版社，2003 年 10 月。
● 張道一主編《吉祥如意》，台北，漢聲出版社。
● 馬銀春《中華民俗禮儀對聯大全》，北京，中國三峽出版社，2005 年 11 月

● 童聯登發行《中國滑稽故事‧雞和龍》，桃園，聯宏出版社，1984 年 6 月。
● 張百蓉等採錄、張百蓉初稿〈老鼠怎麼在生肖排行中拿了第一〉，金榮華整理《澎湖縣民間故事》，新店，中國口傳文學會，2000 年 10 月。
● 姜濤主編《中國傳奇‧民間傳說‧動物故事（上）》，台北，華嚴出版社，1994 年 7 月。
● 張木鏞發行《台灣諺語的故事》，台北，登福出版社。
● 高雄淨宗學會《福智樂園》，台南，和裕出版社，1993 年 11 月。
● 張雅雲〈拯救窮人的鼠尾草〉，《地球公民 365》第 50 期，2009 年 9 月。
● 中國民間文學集成全國編輯委員會《中國民間故事集成‧廣西卷》，新華書局北京發行所，2001 年 12 月。
● 尹建中《台灣山胞各族傳統神話故事與傳說文獻編纂研究》。

從肖 鼠 看性格運勢與命理

　　鼠年出生的人，感覺敏銳，天性聰穎，任何環境都能適應，直覺判斷很強，能做任何事，性情溫和樂觀，受人歡迎。

　　鼠人有時候也難免因利智昏，因小失大。外在環境有利時，得天時之助，但是，他們也容易陷入困頓，一旦陷入泥淖，有時往往很難脫困。不過鼠類雖是人們所厭惡、忌諱的動物，卻依賴人類生存；只要有人之處就有老鼠，農業社會更是如此，牠經常吃食人類的食物，具有凡可以吃的食物都吃的適應性，因此到處都可以生存。因此，鼠人在任何環境中都具有很好的適應能力，頗能隨遇而安。在地球上，鼠類繁殖力最強，活動範圍分布也是最廣，這就是適者生存的絕佳解釋。

　　鼠人的工作態度，奮力勤勉，雄心勃勃，常能成功。但有的時候，耐心往往只能維持短暫時間，敏感的神經又會偵測到其他事物，原先計畫好的理想，便被拋到九霄雲外去了。

　　鼠人美食第一，喜歡吃喝玩樂，尤其鼠男容易沉醉於聲色犬馬，無法抽離，是典型的享樂主義一族。鼠人也是小氣第一，喜歡收集資訊，精打細算，生活節儉，除非是他非常喜歡的人，不然是不會慷慨解囊的。

　　鼠人機靈精算，無論男女，都相當有機智，是十二生肖中最會算的。因為老鼠嘴上多了十根鬚，這種觸鬚可以讓他在黑夜摸索時，不致到處碰壁，遍體受傷；能預示危險，並因此適可而止，讓他安全通過崎嶇的路途。所以，鼠人應該很適合擔任會計的工作。不過，老鼠太會盤算，也常因小利益而忽略了大格局，成了聰明反被聰明誤。

　　鼠人喜歡擁有個人空間，總是喜歡隱隱藏藏。他會把所有的東西都收藏起來，而不管保留下來要做什麼，連不好的回憶也念念不忘。錢是鼠兒最喜歡的字眼，事事賺錢最要緊，有錢可使鼠推磨，他們為了存錢，可以做任何

事，省吃儉用，收穫自然多多。肖鼠的人非常有魅力，做事仔細，在處理財務方面，更是拿手。他們的組織能力強，善交際，個性堅韌，朝目標勇往直前。鼠兒做事不猶豫，但是祕密一大堆。

歷史上肖鼠名人，例如：

王莽：西漢施奸計謀皇位。

魏徵：唐代有膽識犯顏直諫。

杜甫：唐代著名詩人，有詩聖之稱。

白居易：唐代著名大詩人。

蘇軾：宋代著名文學家。

明成祖：43歲時反建文帝稱帝。

戚繼光：明朝不徇私情的抗倭名將。

李時珍：明朝名醫。

史可法：明朝抗清名將。

鄭成功：明末清初傑出的民族英雄，自荷蘭人手中接收台灣。

王清任：清代名醫。

林紓：中國第一個把歐美文學作品譯為中文，並介紹給中國讀者的翻譯家。

王雲五：著名苦讀學者。

劉其偉：著名人類學者與畫家。

李遠哲：曾任中央研究院院長。

連戰：曾任中華民國副總統。台灣史學家連橫的孫子。

甲子神將名王文卿

● 地支傳說中的甲子神將王文卿

參考資料
• 高雄道德院《玄妙真言典故集（八）》，高雄，2002年。
• 黃書瑋〈戊子鼠來寶平安〉，《中華寶筏》第37期，2008年5月。
• 余愚〈鼠兆豐年〉，《福智之友》第76期，2007年12月。
• 張天生〈鼠年話鼠〉，《中原文獻》第40卷第1期，2008年1月。
• 左秀靈〈鼠為何列十二生肖之首〉。

• 洪清泉《十二生肖的故事：民間笑話》，台北，偉文圖書出版社，1981年1月。
• 朱復良〈迎難送猴話生肖〉，《台灣月刊》，2005年2月號。
• 紀姬姬〈十二生肖性格大公開（五）〉，《台灣新生報》，1998年3月16日。

丑牛

古代，「立春勸農」是民間的大事，「立春」是農曆二十四節氣之一，在公曆每年的2月4日前後。封建時代，每年立春之日，地方政府在天剛亮時就要在衙門口放置一個泥塑的牛，由政府官員（州縣官）與農民手持彩色木棍鞭打泥牛（春牛），叫做「打春牛」、「鞭春牛」，意思就是提醒農民要開始春耕了，以祈豐年……

牛的名字 怎麼來？

牛的釋義

牛與人類的相處關係甚為密切，因此牠有許多稱呼與別名。漢文化以農為本，農業又以牛為動力，從牛的許多別名，可見早期農業社會中，牛與人類有著密不可分的關係。中國古籍中，記載牛之稱呼與別名五花八門，如「封牛」（《漢書·西域傳紀》）、「犂牛」（《論語》）、「累牛」（見《禮·月令紀》）、「童牛」（《易·大畜紀》）等。清代稱牛為丑官、吞青、土官、春官。土官、春官之謂，讓人想到土牛迎春的古老民俗。

牛的別名

牛的別名當中，常見有「犢」：小牛。「犙」：3歲的牛。「牭」：4歲的牛。「牻」：黑白相間的牛。「㸬」：白背的牛。「犉」：黑唇的牛。

另如「古𦏕」：牛也（《酉陽雜俎》）。《抱朴子》有言：「山中丑日稱書生者，牛也」，「書生」也指稱為牛。《世史正綱》則提到：「北人呼牛為不花。」

還有「太牢」也形容作為牲品的牛：牛曰太牢（大牢），羊曰少牢（小牢）。

● 早期的牛標回文膏藥廣告，利用文字造型畫出牛的形體，充滿趣味性

牛 的奇幻世界

在台灣，比較常見的是生活在鄉村、農場供役用的水牛和黃牛，以及牧場內豢養的乳牛，真正的肉用牛還不多見。

台灣農家畜用的牛分黃牛與水牛兩種。黃牛除部分是隨先民渡海來台，另有不少野生種，「千百為群，欲取之，先置木城四面，一面開門，驅之急，則皆入；入則局閉而飢餓之，然後徐施羈靮，豢之芻豆與家牛無異。」（《台海采風圖》）

● 1930年代台灣的水牛在水田中耕犁

屬肩峰牛的黃牛，早期用途僅限拉車；日人據台後，引進印度牛，跟台灣黃牛雜交，此後，黃牛才漸用來耕田。長久以來，牛一直為農家最忠誠的伴侶，農人們對牛更懷深厚的情

● 本是家牛的黃牛，近代卻被挪用為不好的詞語

感，尤其不少老一輩人，對牛的照顧無微不至，為表示對牛的敬愛，更不肯嚐牛肉。

黃牛和水牛的造型和體質、叫聲均明顯不同，水牛的角呈黑色，較為碩長，角向後彎曲，表面如波浪環狀皺紋，毛色黑或黑褐色，四肢自膝以下通常為白色，頸部下有一道明顯的白毛。黃牛角呈灰色，較為細短略向後彎曲，毛色淡棕色或棕褐色，黃牛身上也有五個螺旋狀的牛狀分布兩眉中間和四肢上方。

一般說來，水牛是用於水田耕作、拉壓蔗石研糖，黃牛是用於旱田工作。水牛和黃牛在早期農村生活，一直扮演著默默耕耘者的角色，是農人心目中親切和善、同甘共苦的好朋友。

鑑別牛之優劣

據《相牛經》記載，相牛有如下要領：眼圓且大，眼白和瞳仁相通。脖長股闊毛短者為佳。毛疏不耐寒，角細腰長，眉粗尾短，梢毛卷曲雜亂，不到三年，一命難保。《相牛經》又說，母牛毛白乳紅則多子，乳疏而黑則無子。母牛一夜下糞三堆，一年生一子；一夜只有糞一堆，三年生一子。

牛的胃

哺乳動物依照其食物特性，可以分為三大類：絕對素食類、絕對肉食類和既吃素又吃葷的雜食類。水牛完全以吃草為主，所以是絕對素食類動物。水牛也是典型的反芻動物，胃的構造十分複雜。

四個胃

牛是反芻動物，牠的胃構造十分奇特，消化道跟人類或單胃動物不同。牛有四個胃囊來幫助消化食物，分別是：瘤胃（第一胃）、蜂巢胃（第二胃）、重瓣胃（第三胃，俗稱牛百葉）與皺胃（第四胃）。消化食物時，每一個胃室都有不同的任務。

牛吃草或飼料時，先將食物簡略咀嚼一下，囫圇吞棗地全部吞進相連的第一胃和第二胃（瘤胃和蜂窩胃），這裡面有大量的細菌，將食物分解成可消化的漿狀物質，到反芻時，倒流回口內，成為反芻食物。經過再度咀嚼後，又進入第三和第四胃室（重瓣胃和皺胃），進一步分解，再進入小腸，這時，食物的營養已全被吸收。一根草自進入口內到排出體外，大約需時24小時。

● 台灣農夫與水牛

牛的牙齒

　　牛的年齡判定，是以牙齒發育及磨滅情況來估計。牛換牙有一定的時間與順序。牛也有乳齒，這些乳齒在一定時間內會換成恆齒，但恆齒如果斷了，那麼也就無法再生了。牛隻的牙齒構造不完整，由於長期使用後面的臼齒嚼食草料，上門牙和犬牙早已退化，僅能用臼齒磨碎青草。當牛吃飼料的時候，先伸出舌頭，然後捲起飼料，送到上頜齒板和下頜門齒中間，這樣，就可以把飼料切斷，再進一步把飼料咀嚼得更碎，由此看來，牛雖然沒有上頜門齒，但並不妨礙牠吃食物。

牛的鼻子

　　飼養的牛隻長大後要「貫鼻」，再套上繩子，就可以拉著走，變得非常順從，耕作時農夫就容易役使。

牛的角

　　牛是牛科動物中數量最多的一群，包括水牛、野牛等。牛科動物大多體型粗壯，牠們的頭上長著角，既不是螺旋形，也沒有結節，公、母都有角，種類不同，角的形狀也有差異，例如：水牛的角很堅硬，比一般的牛角長得多，由中間向兩邊彎曲往上翹起，很像菱角的形狀。

牛的眼睛

　　牛有一對大眼睛，但是牠的視力並不是很好，而且還是個色盲，只對深色有反應，淺色則視而不見。所以鬥牛的人總是用深紅的布來做為道具，以便吸引牛的注意與反應。

牛的嘴與舌頭

　　為什麼牛的嘴常常會流口水，因為牛有四個胃，是反芻動物，牠總是先把

草料囫圇吞下，然後才慢慢將之吐出來嚼碎，再吞進胃裡消化。牠的四個胃中，只有一個能夠分泌胃液，無法消化大量食物，所以必須分泌大量唾液來幫助消化。由於牛一天要反芻多次，因此看起來嘴總是動個不停，也就時常流口水了。

牛一天會分泌出 100-200 公升的唾液，分泌大量唾液是為了反芻時使食物軟爛，所以，保持第一個胃裡面一定的水分和酸度是必要的。再者，牛是從舌頭流汗，有人會以為牛是流口水，事實上流的是汗。

牛的體毛

世界上大部分的牛都屬於短毛種，冬天的時候，毛才會變長而且變密；也有少數品種的牛屬於長毛種。但無論是短毛種或長毛種的牛，都有一條長尾巴，用來驅趕蚊蠅。

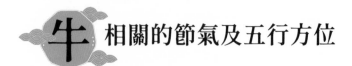

牛 相關的節氣及五行方位

古代，「立春勸農」是民間大事，「立春」是農曆二十四節氣之一，在公曆每年的 2 月 4 日前後。封建時代，每年立春之日，地方政府在天剛亮時就要在衙門口放置一個泥塑的牛，由政府官員（州縣官）與農民手持彩色木棍鞭打泥牛（春牛），叫做「打春牛」、「鞭春牛」，意思就是提醒農民要開始春耕了，以祈豐年。這一活動不僅是民間信俗，官府的介入使之有了濃厚的「勸農」色彩。

泥牛打碎後，四周圍觀的百姓就一哄而上搶奪破碎的泥牛碎片，為一年的

參考資料
• 張小林《中華民俗百科》，烏魯木齊，新疆人民出版社，2000年12月。
• 李魁賢《走獸詩篇》，台北，台灣省政府教育廳兒童讀物出版部，1988年6月。
• 〈牛年認識牛〉，《科學知識》第22期，1985年12月。
• 竹內均著、辛奇譯《你不必擔心沒有話題》，三重，新雨出版社，1992年6月。
• 陳彥榮〈吃草可長肉？玄機在胃裡──大型草食動物養細菌補充蛋白質〉，《國語日報》，2013年12月20日。
• 張吳雄發行《最新科學百科全書》，台北，暢文出版社，1989年2月。
• 雲海〈動物的角花樣多〉，《國語青少年月刊》第149期，2008年5月。
• 林壯舉主編《兒童小百科》，台北，新境出版公司，1983年3月。
• 徐東濱編輯《自然文庫：南北極》，時代公司。
• 黃朝明〈台灣畜牲複製史──複製牛失敗後複製羊技術邁向國際水準〉，《飛碟探索》第17集，2002年12月。

● 全牛摸透透,「摸春牛」
摸牛得福

農事搶得一個好采頭。此種農村祭祀儀典習俗,代代相傳沿用,到今天在台灣都還可以見到。

鞭春牛一向是官府所主持的活動,因而有其延續性。春牛多為土製,具五方之色;芒神即勾芒神,原為司春之神,後多作耕牧之神祀之,其服飾色彩也有一定之規。

春牛的顏色和芒神的樣子年年不同,那是古代欽天監根據推算結果製造的,春牛的皮、毛、頭角的顏色都按本年五行方色來做,芒神有老有壯有少,以本年天干為準。

春牛各部位的顏色,是根據當年干支、立春日的干支與五行陰陽的關係決定,芒神的年紀、服飾、姿態也由上述關係決定。如此一來,春牛芒神不但 60 年中(一花甲)不會雷同;60 年外的同干支年,因立春日的干支不同,也不會全同。此外,春牛芒神的尺寸規格也有規定:如春牛身高 4 尺,象徵四季;身長 8 尺,代表春分、秋分、夏至、冬至、立春、立夏、立秋、立冬 8 個節氣;牛尾長 1 尺 2 寸,象徵一年 12 個月;芒神身高 3 尺 6 寸 5 分,代表一年 365 天;手拿鞭長 2 尺 4 寸,則代表二十四節氣等。在古代,鞭春牛是一項重要的官辦歲事活動。

牛色以本年為法(如本年戊戌屬土,其色黃。餘倣此);頭、角、耳用本年天干(如本年天干戊屬土,其色黃,則頭、角、耳皆黃之類);身用本年地支(如本年地支戌屬土,色黃,則身黃之類);蹄、尾、腹用納音(如本年戊戌納音屬木,其色青,則蹄、尾、腹皆青之類)。籠頭、拘、索,以立春日日干為籠頭色(如本年立春日干戊屬土,其色黃),拘用桑拓木,索孟日用麻(謂寅申巳亥日)、仲日用苧(謂子午卯酉日)、季日用絲(謂辰戌丑未日)。造牛,以冬至節後辰日於歲德方取水土(甲年東方甲位、乙年西方庚位、丙年南方丙位、丁年北方壬位、戊年東南方戊位、己年東方甲位、庚年西方庚位、辛年南方丙位、壬年北方壬位、癸年東南方戊位)。

古代人將天干、地支和納音分屬於各種顏色,甲什麼色、乙什麼色,子什麼色、丑什麼色等,均有一定之規。土牛儀式,要以所逢年份、日期的天干色、地支

● 現代燈會的彩牛也頗有異曲同工之感，有如「鞭春」的五行色彩

色和納音色分別塗染土牛的特定部位。這樣，土牛也就身著五彩裝，富有禮俗色彩了。「鞭牛」、「鞭春」都是這一風俗的別稱。

關於立土牛於丑地，特別需要一敘。漢代季冬之月土牛送大寒，那土牛是要置於郊外丑地的。丑地，十二地支將遍周方位劃分為十二，丑的方位在北方偏東。十二相屬配地支，牛為丑。「立土牛六頭於國都郡縣城外丑地」，大概意在選取最佳方位吧！宋代呂陶〈觀打春牛和韻〉一詩，也涉及這方面的情況：「塊然形質本何殊，似為春來出舊墟。以色配年疑未可，與耕為候信非虛。升陽蓋自寅正始，取類還當丑位初。但得碎身資稼事，豈須功效載農書。」這首詩談到了土牛以土塊成型、以色彩塗抹，談到建寅正月陽氣上升和鞭碎土牛的民俗。其中「取類還當丑位初」，言之所及：丑與牛。

牛 在台灣的習俗與禁忌

人身牛首的神農氏

在中國某些少數民族的創世史詩中，牛是開天闢地的功臣，也是人的始祖，這無疑是原始圖騰文化的反映，具有文化人類學的價值。

其中傳說炎帝「人身牛首」（《史記・補三皇本紀》），所謂「牛首」，當是炎帝氏族以牛為其氏族圖騰（原始宗教崇拜）之一。民間則稱為：先農、五谷先帝、先帝爺、藥王大帝、開天炎帝、五穀大帝、五穀王（仙）、栗母王、藥王（仙）等諸多名稱。台灣移民的神農形象，臉色有白、黑、紅三種，說是與嚐百草有關，臉色因藥草在體內作用而產生變化，黑色表示一天遇了七十次毒？或說紅色是因他教人火燒山開墾，把身體烘得赤紅，更代表「炎帝」的顏色，似也合乎邏輯。眼睛大抵睜得圓滾滾，好像魁星、鍾馗，或像粗獷的農夫，其實這

大致遵循明代的形象，但也有斯文的尊像，與其他常見的台灣神像沒什麼區別。

● 傳說神農炎帝「人身牛首」

牛將軍廟

位於嘉義太保市南新村水虞厝「牛將軍廟」，據傳明天啟元年（1621）顏思齊率三千眾，登陸笨港（北港）墾拓，因而形成笨港外九庄，先後移入墾民達數萬人。

現今太保市北新，為笨港外九庄聚落之一，由鄭成功部將葉覲美率軍民墾荒，興築埤圳引水灌溉。葉首領為強化墾拓勞力，從福建移入八頭大水牛助耕，軍民合力開闢數百甲荒地，由於該地毗鄰北新聚落，故名「南新」。其中負責耕田的水牛之一，由於過度苦勞，終於累倒，飼主感念牛隻，將其埋葬大池塘邊，讓牠喜好「水牛翻浴」的習性，到了陰間猶能持續。

據村民流傳，該水牛安葬後，經常三更半夜跑出來啃食野草，靠近觀看，卻又消失不見，唯日間巡田時，竟發現農作物無損。又常有成群水牛於午後或休息，大池塘泡水，而在泡水的牛群裡，總多出一頭來，對於這些奇遇，居民咸認為是那頭水牛得道成神，此神跡傳遍笨港外九庄。

後來地理師說，葬牛之地為「金牛靈穴」，不可破壞靈穴及池塘，鄉民乃一直保存這 1 公頃餘的池塘。有一年寒夜，北風大吹，村落有一家戶失火，火勢很強延燒甚猛，據說陷入萬分火急時，「神牛」還曾沿門挨戶以牛角撞門，讓睡夢中的村民驚醒救火，全村倖免付之一炬。先民感念水牛「生而與人共甘苦，力竭而亡應厚葬」，厚葬之地即今「五恩主公廟」現址。

村落亦以水牛為名「水虞厝」，北邊環流的溪河稱「牛溪」，後改名牛稠溪迄今。民國 67 年 12 月 3 日，蔣經國先生蒞臨「牛將軍廟」參觀，並指示改建牛將軍廟，遷建後取名「慧明牛將軍廟」。而由嘉義縣府規畫興建的「牛將軍廟」亦在「金牛靈穴」正中央興建完工，四周闢為公園。此廟祭牛神之供品，與祭拜神明不

同，不用三牲酒醴，僅以牧草、清水、清香跪拜，且不燒金紙，已傳承300餘年。

靈驗的廣澤尊王

廣澤尊王又稱保安尊王、郭聖王，據說相當靈驗，信徒眾多。在台灣，傳說為郭子儀之後裔，名洪福，在看牛時坐於古藤上跌下死去，而變成神；也有傳說他為僱主家抓強盜，救了主人，因此死後成為除惡之神。

牛爺信仰

民間有牛頭人身之神明，稱為「牛爺」，相傳前世作牛時，被人類折磨致死，死後閻王命牠充做部屬，探查世間犯罪之人，並回報閻王以定懲罰。

摸春牛與打春牛（鞭春牛）

立春是二十四節氣的第一位，「摸春牛」是個有趣的民俗，摸牛的頭、耳、腳、尾等各部位，各有其意義，皆象徵年年有餘。而且農民曆上的春牛圖，每年各有不同，亦象徵當年農作物生長情形。古代，皇室及朝廷重要官員，每到立春日，都會以祀春儀式迎接春天來臨，祈求國泰民安、風調雨順。

「打春牛」又稱「鞭春」，台灣的民俗，會準備用五穀混合泥土製作的春牛或是紙糊像牛的模型，由官員鞭打春牛，象徵喚醒已休息一個寒冬的牛和人，休息的日子已經結束，該起來活動筋骨，專心幹活了，並下田示範播秧種田，民眾則會爭相摸春牛。儀式後，將春牛打碎，取回五穀種子播種。台灣光復後，將立春訂為「農民節」，各地亦都會在當天舉辦慶祝活動，並表揚模範農民。

從前的農民曆或日曆上，也常見有個人手拿柳枝趕水牛的圖，叫做「春牛圖」，圖中的水牛就是「春牛」，象徵春耕，據說摸春牛可以帶來大吉大利。往昔過年，廟裡會用竹子紮成水牛的骨架，糊上紙做成春牛，供信徒撫摸祈福。而且依照習俗，撫摸的部位不同，福分也不同，例如：摸牛頭，子孫會出頭；摸牛腳，子孫家產花不完；摸牛肚臍，會添丁發大財；摸牛耳，子孫會長壽；摸

牛嘴，子孫大富貴等。

● 摸春牛得福氣

牛頭馬面

　　「牛頭馬面」，這兩位難以捉摸的鬼差，壯健如牛馬，手持長矛和三尖叉，類似陽間所見的刑警，緝捕脫逃的鬼魂是他們的職責之一。個性直率的他們，有時會善待一些際遇堪憐的可憐鬼，但有時也會動用私刑，對付一些惡劣狡詐的罪鬼。「牛頭馬面」此二位陰間的神祇，在台灣廟宇很常見，並尊稱為「牛馬將軍」。

七月七日祀牛女二星

　　牛女二星：「牛」即牛宿，二十八宿之一，玄武七宿之第二宿，有星六，均屬摩羯座。古時多謂牛宿為牽牛，亦曰牛郎，今則均以河鼓為牽牛。「女」即織女星，有星三，屬天琴座，形如等邊三角形，位銀漢北，與漢南牽牛相對。《史記・天官書》：「婺女，其北織女，天孫也。」《漢書・天文志》：「織女，天帝

●「牛頭馬面」在民間被尊稱為牛馬將軍

孫也。」牛郎星君為銀河系中恆星，直徑約為太陽兩倍，表面溫度為攝氏 8500 度（太陽約 6000 度），光度為太陽之 9 倍。織女星直徑比太陽大 2.5 倍，表面光度較太陽強 60 倍，為天上第 5 個亮星。《物原》云：楚懷王初置七夕，即七夕之說，已近約 2300 年矣。按七夕乃牛女二星相會之期，台灣近俗亦作七娘媽誕辰。

牛犁陣

　　牛犁陣所演唱的歌，叫做「牛犁歌」，又稱「駛犁歌」。牛犁歌原是流傳於台灣中南部農村鄉間的耕農歌。為農民們耕作勞動之時，哼哼唱唱，藉以忘卻工

作辛勞的曲子。牛犁陣表演牛犁歌舞時，其中一人頭載紙紮牛頭，仿牛犁田狀。一人扮農夫，右手揚鞭，手執牛索，表演叱牛耕田。另有兩人打扮成村女，手執鋤頭，作鋤草狀，或手執紙扇，隨其左右，載歌載舞，配合著滑稽動作及幽默笑料，隨著牛犁歌的韻律，一來一往，一唱一和，與農夫相褒作打情罵俏。牛犁陣並沒有固定的唱詞或劇本，是屬於「雜唸」系統的地方小戲，歌唱內容大多是男女情歌之對答。

● 台南每年都會盛大舉行「七娘媽生‧作十六歲」活動

鬥牛陣

　　台灣民間遊藝行列中的鬥牛陣，並非真牛，是假牛，不過表演起來，也非常逼真，動人心魄。假牛是由竹、藤之類編製而成骨架，外披著粗布。表演時，由兩人玩弄，以不同的肢體語言，互相攻擊、扭打。彰化縣鹿港的「鬥牛陣」，有兩頭牛，一頭是老牛，另一頭是年輕的牛，各由兩個人扮演。從開始到結束，一路上都不斷的互相碰撞，打打鬧鬧，互不相讓。看熱鬧的人往往以為他們真的在打架，有時還有勸架的插曲。

● 原住民的農耕自古也依賴牛隻幫忙。圖為《諸羅縣志》載錄的「穫稻」番俗圖

恆春耕農歌

　　恆春耕農歌是恆春民謠之一，歌詞形容在地四季農耕的田園景象：「一半過了又一年，冬天過了又春天，田底稻仔青見見，今年定看是豐年。水牛赤牛滿山埔，看牛囝仔唱山歌，青年男女犁田土，頂坵下坵相照顧。」

● 原住民牛耕之花燈　　　　　● 日治時期原住民割稻情形，一旁並有牛隻

平埔族婚俗

　　前輩詩人畫家黃水文有〈平埔族婚俗〉詩，提到平埔族與牛相關的婚俗：
「聯婚埔族弄虛玄，故事奇聞一大篇；牛糞兩家當面潑，拍肩喜認血牽緣。」

卑南族婚俗

　　黃水文另一〈卑南族婚俗〉詩，則描述卑南族婚俗與牛的關係：「古制卑南
締晉秦，女方酒席宴嘉賓；岳家留婿完婚後，補送牲牛謝丈人。」

 相關的器物

● 台灣歷史博物館大門口
前的銅牛／胡文青提供

民俗文物

　　牛，除具有多種用途外，還具有忠厚、勤勞、耐勞等優秀品格，加上「農
家以牛為耕種之本」（見《續資治通鑑長編》卷二七四），「農者天下之大本，衣
食財用之所以從出，非牛無以成其事耶」，「牛之功多於馬也審矣」（見陳《農
書・牛說》）。於是，牛自被馴化成家畜，尤其被役使運輸和耕地以後，遂成人

們的好幫手，並與人們結下不解之緣，也成為藝術家和文學、口頭文學創作的重要題材，為我們留下大量藝術佳作，成為珍貴的民俗文物。

● 雙輪牛車民俗文物

台灣史博館銅牛

台北二二八公園內，臨館前路的台灣歷史博物館大門口有一對銅牛，這一對銅牛用以表示牛隻對台灣的經濟生計發展史貢獻良多。而它們的來源，國立臺灣博物館的說明員陳信鈞先生就曾在一篇網誌上解說，這兩座銅牛歷史悠久，日治時期被放置在圓山的臺灣神社（即現今圓山大飯

● 早期牛車

店），在神社改建為飯店後，這一對銅牛就被轉贈（1949）到台灣歷史博物館的前身，即省立臺灣博物館。放置於公園後，一直留存到現在。

禁止牧牛侵攻碑

台南「禁止牧牛侵攻碑」：道光 7 年（1827），王朝綱得悉母范氏墓園常遭受附近牧童破壞，請立石碑警告。

參考資料
- 陳益裕〈鬥牛陣──南台灣盛行的民俗藝陣〉，《台灣月刊》第178期。
- 方祥麗《古俗陣藝有看頭──鹿港萬人空巷》，《地方自治》。
- 簡上仁《台灣民謠》，《眾文圖書公司》，台北，1992年9月。
- 〈國之重寶褐綠釉陶牛車〉，《明倫》第294期。
- 南懷瑾《孟子旁通》，台北，老古文化事業公司，1995年4月。
- 慧511法師〈普賢化身的拾得大士〉，《聖德雜誌》第367期，台中，聖德禪寺，2006年11月。
- 江逸子《因果圖鑑（地獄變相圖釋文）》，台中，聖賢雜誌社，

2015年7月。
- 黃征〈十吉祥〉，《人乘》第29卷第2期，2007年9月。
- 沈橋〈祭牛神、拜牛王──中國人對牛的崇拜風俗〉，《台灣月刊》第170期，1997年2月。
- 李展平〈太保市水虞厝牛將軍廟〉，《台灣文獻別冊》，南投，國史館台灣文獻館，2002年12月。
- 曹永和〈士林寺廟志〉，林川夫編《民俗台灣》第一輯，台北，武陵出版社，1990年1月。
- 星雲〈禪與牛──不求作佛但求開悟〉，《講義》，2010年1月號。

牛 相關的藝術表現

● 黃土水雕塑的釋迦像

牛終年辛苦，體貌不如馬挺拔，也不若老虎搶眼，但牠厚道老實，也有揚眉吐氣的機會。歷代藝術家、畫家爭相以牛為題材樂於為牠造形，而且出了幾位畫牛高手，並有許多傑作。而台灣有關牛的藝術創作首推前輩雕塑家黃土水，〈水牛群像〉浮雕是台灣美術史上經典雕塑之一。

黃土水〈水牛群像〉

前輩藝術家黃土水〈水牛群像〉浮雕，現藏台北中山堂。1920 年，黃土水以第一位台人作品〈山童吹笛〉入選第二回帝國美術展覽會。1930 年創作〈水牛群像〉，旋因盲腸炎併發腹膜炎逝世，〈水牛群像〉也成為他最後的作品。

朱銘〈春耕圖〉

台灣名雕刻家朱銘的作品〈春耕圖〉，是一個戴斗笠披簑衣的老農夫，驅趕著一隻水牛，以犁耙耕耘，充滿力的震撼。藝術品，論功力，其刻苦耐勞的精神，表露無遺。老農夫認真的神色，水牛的努力、投入的狀態，實在是很可愛。

參考資料
- 吳詩池、邱志強《文物民俗學》，哈爾濱，黑龍江人民出版社，2003 年 10 月。
- 張壯年、張穎震《世界歷史掌故發現：實用有趣的歷史故事》，台北，究竟出版社，2005 年 4 月。
- 宋碧華譯〈故宮博物院——追尋命運坎坷的不朽遺產和中國數千年的歷史〉，《牛頓雜誌》，1998 年 10 月號，2003 年 5 月。
- 暉舟編著《十二生肖縱橫譚》，台北，國家出版社，1990 年 8 月。
- 瑞典·林西莉《漢字的故事》，台北，貓頭鷹出版社，2006 年 10 月。
- 沈橋〈祭牛神、拜牛王——中國人對牛的崇拜風俗〉，《台灣月刊》第 170 期，1997 年 2 月。
- 潘元石《民俗版畫大觀》，台北，行政院文化建設委員會，1991 年 12 月。
- 黃文博《南瀛歷史與風土》，台北，常民文化事業公司，1995 年 12 月。
- 陳信鈞《臺博記憶角落》你所不知道的臺博館銅牛，2011 年 6 月 7 日，http://ntmedu.blogspot.com/2011/06/blog-post_07.html

● 黃土水〈水牛群像〉／胡文青提供

牛 相關的動植物

● 矮牽牛花

牽牛花

　　旋花科一年生蔓生草本植物，藤蔓可以綿延幾尺長，原產於熱帶美洲。葉子心形，花冠呈漏斗形，花喇叭形，故又稱「喇叭花」。有紅、紫、藍、白等顏色。牽牛花藤蔓上披有絨毛，葉子互生，大都是心形，有長長的葉柄，是屬於夏季開花的植物。

牛樟木

　　「牛樟」，俗稱樟牛、臭樟、樟肉，生長在海拔 450-1800 公尺之森林區域，常與樟樹及其他闊葉樹混生。常綠喬木，徑達 120 公分，高可達 3 公尺。有濃烈香氣。由於樹型粗壯結實，所以被稱為牛樟。當牛樟樹齡高達千年以上時，通常根

參考資料

• 吳詩池、邱志強《文物民俗學》，哈爾濱，黑龍江人民出版社，2003年10月。
• 蔡玉玲〈黃土高原水文農耕篇：三天無雨苗發黃〉，《大地地理雜誌》1989年3月號。
• 沈橋〈蔡牛神、拜牛王——中國人對牛的崇拜風俗〉，《台灣月刊》第170期，1997年2月。

• 吳汝鈞《佛教思想大辭典》，台北，台灣商務印書館，1992年7月8。
• 《蘇州傳統版畫台灣收藏展》，行政院文建會、台北市立美術館。
• 潘元石《民俗版畫大觀》，台北，行政院文化建設委員會，1991年12月。
• 張枅編輯《自然文庫：沙漠》，時代公司。

部會叢生樹瘤，而稱為花樟。牛樟和樟木具有特殊香氣、高抗蟲性以及耐久性，自古以來，便是建築和木雕最重要的木質基材，舉凡大木、小木、家具、器具雕刻材料皆可見其蹤跡。牛樟為台灣特有原生木材，樹齡有時可達千年以上，材質堅實不易變形，是宗教界雕刻神明的上等木材。

牛遺

「牛遺」，即「車前草」，生長於台灣原野山麓、市街空地、庭園、路旁。多年生草本，無毛，地下莖粗短。

紫金牛

紫金牛科，葡萄性亞灌木，果實成熟時紅色，甚美。產華西、台灣中北部、日本、韓國。其他尚有短莖紫金牛、華紫金牛、麥氏紫金牛、黑星紫金牛、玉山紫金牛（雨傘仔）等。

牛栓藤

牛栓藤科，木質藤本。蔓狀的木質莖極強韌，鄉間用以製作牛鼻栓，故名。產蘭嶼、綠島。

青牛膽

「青牛膽」，葉面粗糙，葉背具茸毛。俗名裸花赤瓟、南赤瓟，瓜科，分布於全台中低海拔山區。果實球呈卵圓形，熟時朱紅色，非常醒目。青牛膽根性苦寒，有消腫排膿、通經下乳之效，常用於瘡毒腫痛、乳汁不下。青牛膽果實顏色由青轉橙而紅，果實猴子會吃，但人不吃。

斑花青牛膽

「斑花青牛膽」，分布中國華中、華南，台灣產於海拔 500-2400 公尺山區。

多年生草本攀緣植物，莖藤本光滑無毛，單葉，互生，卵形至卵狀披針形，葉緣具稀疏尖突狀鋸齒，葉面具白色斑點（疣狀紋），故名之。

天牛

屬於鞘翅目多食亞目金花蟲總科天牛科。天牛是因為頭頂上有對細長、神似彎牛角般的觸角，並且經常在空中展翅舒緩翱翔，因此得名。

牛頭伯勞

為台灣稀少之冬候鳥，10月上旬抵台，於翌年3月下旬離去。

台灣犀牛

1971年9月，台灣省立博物館和台灣大學的研究人員，在台南左鎮菜寮溪畔合力挖掘了一整隻完整的犀牛骨骼化石，年代約200萬年前。犀牛原產於北美洲，在更新世時代（1萬年前到180萬年前之間）經由當時隆升成陸地的白令海峽遷移到亞洲，然後再到歐洲和非洲。根據推測，台灣海峽也曾經隆升為陸地，包括犀牛在內的中國陸生動物，於是輾轉來到台灣定居。在菜寮溪發現幾近完整的犀牛化石，除了缺少脊椎骨以外，其他身體各部都保持得相當完整，是台灣至今發現最完整的犀牛化石。

犀牛鳥

犀牛鳥，又叫牛背鷺，喜歡飛停在犀牛身上，牠們會在犀牛身上的皺皮細縫裡找食物（如蚊、蠅、牛蝱、蝨子），啄食犀牛皮膚縫隙中的昆蟲，既填飽自己肚子，也解除了犀牛的痛苦。因為犀牛視覺差，犀牛鳥便成了牠的警衛鳥，犀牛鳥常常站在犀牛的背上，當遇到敵人來襲時，就會馬上起飛或鳴叫，也等於是在警告犀牛。

牛角江珧蛤

　　「牛角江珧蛤」，屬於江珧蛤科。雙殼綠褐色，半透明，呈不等邊三角形，一邊微彎，有數條弱放射肋，有時有鱗片突起，殼長約 15 公分，產於台灣海峽泥砂底，多產，肉可食用。漁民常稱牛角蛤。

 # 相關的醫藥及醫療

牛血

　　曾小英〈可以治病的牛黃、牛血、牛糞〉指出，「牛血可以起死回生，治刀箭重傷特效。元朝勇士布智兒屢次跟隨元世祖出征，臨陣時必身先士卒、奮勇力戰、異常驍勇。當他與回回作戰時，不幸身中數矢，血流遍體，以致悶撲幾絕，世祖憐惜愛將，連忙命人拔出布智兒身上的箭矢，並牽來一頭壯牛，剖開牛腹，把昏迷的布智兒放進牛腹，泡浸在牛的熱血中，不久，布智兒便甦醒過來了。明朝弘志進士何孟春，曾任雲南巡撫，討平十八寨叛蠻。他說：『我在軍中時，曾詢問各邊界守將，竟無人知道此術；蓋不讀元史則不得知也。』可知讀

參考資料
- 許月娥〈花名典故〉。
- 張繼忠等編著《智慧王生詞百科》，台北，閣林國際圖書公司，2004年1月。
- 黃珮玉發行《全方位兒童百科全書：繽紛的植物世界》，中和，優美音樂帶公司。
- 鄭元春〈十二生肖植物（上）〉，《國語青少年月刊》第70期，2001年10月。
- 〈材質也是一種記錄：牛樟木 VS. 同心協力〉，《朱銘美術館季刊》第30期，2007年夏季號。
- 張柱編輯《自然文庫：沙漠》，時代公司。
- 張勵婉等《蓮華池亞熱帶常綠闊葉森林動態樣區：樹種特徵及其分布模式》，台北，農委會林試所，2012年4月。
- 徐國士、呂勝由《台灣的稀有植物》，台北，渡假出版社，1984年12月。
- 蕭婉珍、劉婉玲、吳美蓮編輯《佛教的植物（上）》，台北，全佛文化公司，2001年7月。
- 蔡碧麗、謝松源、林德勳《瑞岩溪自然保護區植物簡介（二）》，行政院農委會林務局南投林區管理處，2000年7月。
- 張柱編輯《自然文庫：熱帶亞洲——山川與動植物》，時代公司。
- 鈴木知之監修、彭春美譯《世界的兜蟲・鍬形蟲》，新店，漢欣文化公司，2007年8月。
- 賴景陽《台灣自然觀察圖鑑：貝類》，台北，渡假出版社，1996年7月。
- 陳王時《台灣31種蛙類圖鑑》，台北，台北市野鳥協會，2003年7月。
- 陳龍根總編輯《自然奇趣大觀》，香港，讀者文摘遠東公司，2002年。
- 大眾書局《自然圖書館：萬物的祕密》，高雄，1982年3月。
- 徐東濱編輯《自然文庫：哺乳動物》，時代公司。
- 石茵譯《世界親子圖書館：挽救自然》，台北，台灣英文雜誌社，1988年6月。
- 黃俊麟《動物生態大百科（四）哺乳類》，台北，華視出版社，1988年9月。
- 林淑芬、楊琳琇、邱建倫、劉建英《好玩黏土遊戲：海洋生物篇》，中和，教育之友文化，2000年12月。
- 賴景陽《台灣自然觀察圖鑑：貝類》，台北，渡假出版社，1996年7月。

● 台灣牛肉麵店到處林立

早期台灣農民對於耕牛非常愛護，因為牠們是農業的原動力。從前沒有肉牛的時候，大家都不願吃牛肉。不但農民不吃，就是商人也不肯吃，所以菜館裡沒有牛肉，而且祭祀祖先，敬奉神佛（祭孔子是例外），也都不用牛肉，按一般的觀念，認為吃牛肉是一種罪過。

蔥爆牛肉

蔥爆牛肉材料：（一）牛肉；（二）油、酒、醬油、花椒粉、蔥、蒜；（三）醬油、醋、香油、鹽等。牛肉切片加（二）的調味料，使其完全入味。蔥切斜片，蒜切片。加熱爆蒜後，放入瀝乾汁液的牛肉，用大火拌炒。加蔥片拌炒後，加（三）的調味料迅速拌炒即盛盤。

牛肉麵

牛肉麵人人愛吃，百吃不厭。在過去，台灣有很多人不吃牛肉，他們覺得牛為人們拉車、耕地，很辛苦，不忍心吃牠的肉。目前已機械化，農家已很少用牛耕田了，相對的是大量飼養乳牛、肉牛，且供不應求，政府不得不開放牛肉進口。人是奇怪的動物，物以稀為貴，因為本地牛肉產量少，價錢昂貴，餐廳多半用進口牛肉，只有家庭主婦，肯多花些錢，買土牛肉。

滷牛肉

滷牛肉要看技術，洗淨後，把牛肉先滾一下再滷，滾過後的水很髒，還有一種怪怪的味道，把牛肉拿出來，換水後，和大骨頭一起滷，牛肉湯特別濃，味道也更好。

牛肉乾

以新鮮牛肉製成的牛肉乾，軟硬適中，鮮嫩有彈性，咬勁和味道佳，有五香、辣味、果汁、黑胡椒等口味。

牛肉燴飯

牛肉切片加鹽、胡椒混合，洋蔥片切半月形。加熱 1 大匙油炒牛肉，取出；其次炒洋蔥，倒入牛肉、紅葡萄酒拌炒，再加 1 杯水、蕃茄醬、蒜末以中火煮，中途加切小塊的洋菇、加入油、鹽與胡椒。加水溶太白粉勾芡後，淋入 2 大匙油，倒在撒有香芹菜末的米飯上。

砂鍋牛肉

牛肉（精瘦肉）切成薄片，抹食鹽、綠豆粉、黃豆芽、蒜苗入鍋加食鹽炒熟後入砂鍋。鍋置旺火上，摻沙拉油燒至七成熱，放入豆瓣、薑片爆香，加豆豉，摻入鮮湯略熬，放入牛肉片，煮熟後盛入砂鍋內，上面撒上乾辣椒、蒜末，炸上燒沸的麻油，撒上花椒粉即可。

黃耆牛肚湯

黃耆 30 克，牛肚一只洗淨切塊，共煮湯，牛肚爛後去黃耆渣，加調味品即可。食肚及湯，當菜食用。

杞子牛肝湯

牛肝 150 克、枸杞 30 克，煮湯。飲湯食肝，有調補肝腎的作用，適用於肝腎不足引起的血虛眩暈，夜盲目糊者。

番茄煮牛肉

鮮番茄 250 克，洗淨切塊，牛肉 100 克，切薄片，用少許鹽糖調味同煮。佐膳用，有平肝養血，健脾消食，養肝補脾的作用，適用於高血壓，慢性肝病者。

紫莖牛膝

「紫莖牛膝」，又名「台灣牛膝」，莧科，為多年生草本，莖方形，葉對生，橢圓形，夏至秋季開花，穗狀花序，圓筒形苞果。結果後向下著生，有勾，會附著於人類褲管或動物皮毛，以利四處散播，生長於平地低海拔地區。嫩莖及葉可以炒食。

參考資料

- 林瑤棋《思古有情》，台北，大康出版社，2005 年 6 月。
- 莊萬壽〈中國上古時代的飲食（下）〉，國立台灣師範大學《國文學報》第 2 期，1973 年 4 月。
- 至善〈吃的藝術〉，《台灣月刊》第 197 期。
- 高以晴〈無出其右的辣味佳餚——四川風味美食展〉，《美食天下》第 110 期，2001 年 1 月。
- 沈元非〈以好鍋烹鮮三陽（羊）開泰年年有餘（魚）〉，《美食天下》第 110 期，2001 年 1 月。
- 梅翔〈中國傳統文化吃補〉，《科學知識》第 39 期，1994 年 6 月。
- 謝苹愉〈鮮乳哪裡來〉，《國語日報》，2015 年 10 月 28 日。
- 倪宏坤〈青草怎樣變成牛奶〉，《地球公民 365》第 23 期，2007 年 6 月。
- 陳淑英主編《追根究底》，台北，將門文物出版公司，1991 年 10 月。
- 石永貴發行《職業婦女家事晚課》，台北，台視文化公司，1986 年 4 月。
- Kim，SunHee 著、吳德君譯《101 個科學常識》，台北，飛寶國際文化公司，2005 年 2 月。
- 李瑞年〈牛奶是如何變成奶粉的〉，王國忠、鄭延慧主編《新編十萬個為什麼（18）》，台南，大行出版社，1994 年 3 月。
- 李錦楓《食品的真相（下）》，台北，健康世界雜誌社，1996 年 5 月。
- 馬銀春《中華民俗禮儀對聯大全》，北京，中國三峽出版社，2005 年 11 月。
- 〈珍珠奶茶起源於台中〉，《地球公民 365》。
- NoelVietmeyer〈水牛：能力驚人的家畜〉，《讀者文摘》，1989 年 4 月號。
- 林明峪《地方特產》，台北，聯經出版公司，1991 年 1 月。
- 〈台灣名產之旅——酷似牛舌的點心牛舌餅〉，《小牛頓》第 168 期，1998 年 2 月。
- 林美容、鄧淑慧、江寶月《宜蘭縣民眾生活史》，宜蘭縣政府，1998 年 12 月。
- 陳樂雲〈牛軋糖的傳說〉，《國語周刊》第 286 期，2009 年 9 月 20-26 日。
- 鄭元春、簡錦玲《野花野果端上桌》，台灣省政府教育廳，1999 年 6 月。
- 〈吃蟲美食家〉，《講義》，1993 年 10 月號。
- 余苑綾〈牛蛙變怪獸〉，《Top945》第 193 期，2011 年 7 月。

史書除了可以究天人之際、通古今之變，原來還可以略得醫術呢！」

《本草綱目》記：牛血味鹹、性平、無毒，可以解毒、利腸，治金瘡折傷垂死，若煮熟拌醋食用，可治血痢、便血。

犀牛角

自古以來，犀牛角就是人類覬覦的對象。希臘神話指稱，犀牛角可以淨化水質，波斯人認為，犀牛角可以偵測食物是否含毒，在阿拉伯地區，鑲上寶石的犀牛角是製作匕首的上選。在東亞地區，犀牛角是藥材，用犀牛角製成的杯子飲酒，除了具有藥效更顯身分尊貴。

犀牛原本可以無憂無慮地在棲地內繁衍，偏偏人類覬覦牠們鼻子上的犀牛角，不斷地濫捕濫殺，使牠們成為瀕危動物。

牛膝

「牛膝」，別名紫莖牛膝、對節草、掇鼻草。莧科，多年生草本，全株有毛，莖方形，節部膨大；夏季開綠色小花，穗狀花序，無花瓣，具針狀小苞；蒴果小，被宿存苞及萼。

牛膝被收錄在《神農本草經》草部上品。古來即善用作驅瘀血劑、利尿劑等。牛膝莧科，牛膝之根。藥效肌肉痛、關節痛、月經不順，為淨血、利尿、鎮痛藥。藥方牛膝散、牛車腎氣丸料、大防風湯、疏經活血湯等。

牛蒡

牛蒡含有水分、醣類、脂肪、蛋白質、纖維質、菊糖、維生素 A、B1、C，以及鈣、磷、鉀、鐵等礦物質。

牛蒡中較特別的是含有非水溶性的膳食纖維以及菊糖，可以刺激腸胃蠕動，預防便祕、清腸、淨化血液。以菊糖來說，它屬於一種水溶性膳食纖維，在腸道內可促益菌生長，抑制脂肪吸收，降低血膽固醇。

治痱子、溼疹時，取根葉浸入浴池，可做消炎之用；蚊蟲咬傷、小刀傷，可塗抹汁液；取根或葉三錢三分，加水200CC煎服，可有效治療扁桃腺炎。

中藥裡常用的牛蒡子，正是牛蒡的種子，具有袪痰止咳、清熱解毒、利尿等功用，如痛風、尿酸高、小便不暢的患者，均可視情況加減使用，因為牛蒡有去瘀及促進血液循環的功能，亦很適合久坐的上班族食用。

● 牛筋草

牛筋草

「牛筋草」，禾本科，又稱牛頓草、萬斤草、力草、生筋草、蟋蟀草等，堅韌的根和莖，有一點牛脾氣，不論你花多大的力氣，也很難將之拔起。其根深入土裡，硬是固定在地上不讓你拔起來。

《本草綱目拾遺》中記載：「牛筋草，夏初發苗，葉似韭而柔，六至七月起莖，高尺許，開花三叉，其莖勁韌，拔之不易斷，很難芟除，故有牛筋之名」。它也能整株入藥熬煮青草茶，有利尿、袪風解毒、散瘀止血的功效。

以前原住民族，會將牛筋草餵食牛和豬。

牛尾草

「牛尾草」，即龍芽草，又稱仙鶴草，薔薇科。多年生草本，全株被粗毛，葉互生，奇數羽狀複葉，長橢圓狀披針形，粗齒緣，夏末至秋開黃色花。藥用部位全草。有止血、補虛之效，治癆咳、吐血、尿血、便血、牙齦出血、血痢、痔出血等。

牛樟芝

「牛樟芝」是台灣特有的菌種，寄生於牛樟木上，在枯死倒伏的牛樟木上或心材中空的牛樟樹幹內，就有可能看到它的蹤跡。相傳牛樟芝是原住民在採

伐過程中無意間發現的菇蕈類，吃了以後意外發現有解酒、改善體力、強肝解毒等功效，久而久之，牛樟芝的療效便不斷流傳下來，被喻為「森林中的紅寶石」。

牛樟芝所含的成分複雜，有很多生理活性物質，如多醣體、小分子蛋白質、維生素、微量元素、核酸、固醇類、血壓穩定物質等，牛樟芝具有治療腹痛，活化中樞神經，安眠等作用，亦用於嘗試治療肝癌及子宮癌。

大鐵牛

「大鐵牛」，別名丁公藤、大鐵牛入石、麻辣子、伊立基藤、亨利伊立基藤。全草辛、溫、有毒。全草有祛風勝溼、舒筋活絡、消腫止痛之效，用於風溼性關節炎、類風溼性關節炎、坐骨神經痛、半身不遂、跌打腫痛、無名腫毒、青光眼。

參考資料
- 王碧如《戲說從頭（二）》，台北，雨墨文化公司，1994年4月。
- 曾焰《中藥趣談》，台北，中華日報出版部，1996年7月。
- 姜濤主編《中國傳奇（下）》，台北，華嚴出版社，1994年7月。
- 曾小英〈可以治病的牛黃、牛血、牛糞〉，曾子南《十二生肖傳奇話龍穴》，台北，中國堪輿學會。
- 顏靜君〈都是犀牛角惹的禍〉，《地球公民365》第66期，2011年1月。
- 清·汪訒庵《增補本草備要》，台南，第一書店，1986年3月。
- 姜濤主編《中醫趣談》，台北，華嚴出版社，1995年7月。
- 將門文物出版社《台灣青草藥》，台北，1984年9月。
- 林子亭〈牛蒡〉，《常春月刊》第226期，2002年1月。
- 符國華、符麗娜《瓊島風姿》，香港，天馬圖書公司，2001年3月。
- 邱年永編《常見藥用植物解說手冊》，台灣省林務局南投林區管理處，1998年5月。
- 蔡碧麗、謝松源、林德勳《瑞岩溪自然保護區植物簡介（二）》，行政院農委會林務局南投林區管理處，2000年7月。
- 鄭元春〈不牽牛只牽喇叭的牽牛花〉，《國語週刊》第872期，1998年5月7-12日。
- 鄭元春《台灣的常見野花》第二輯，台北，渡假出版社，1984年12月。
- 黃珮玉發行《全方位兒童百科全書：繽紛的植物世界》，中和，優美音樂帶公司。
- 不驚〈忍辱大仙牛筋草Y檔案〉，《真佛報》第806期，2010年7月29日。
- 卜堃〈牛筋草〉，《綠生活》第108期，1998年4月。
- 李勉民主編《常見藥草圖說》，香港，讀者文摘遠東公司，1995年。
- 許秀夫總編輯《台灣民間驗方集錦：全國藥用植物聯誼會研討會驗方集》，台中，國定文教基金會，2011年10月。
- 徐基東〈靈芝和牛樟〉，《明道文藝》第333期，2003年12月。
- 曾琴蓮、李俊秀《世界發明·發現大事典》，台北，牛頓出版公司，1999年10月。
- 孫鐵主編《影響世界歷史的重大事件》，台北，大地出版社，2005年1月。
- 吳相湘《晚清宮廷與人物》，台北，文星書店，1964年10月。
- 黃氏鳳姿〈往事——適痘疹〉，林川夫編《民俗台灣》第三輯，台北，武陵出版社，1990年3月。
- 張樹柏主編《瀛寰搜奇》，香港，讀者文摘遠東公司，1978年。
- 金洛梅〈狂牛症讓每個人都瘋狂〉，《地球公民365》第55期，2010年2月。
- 劉壑〈狂牛病可能惹起非洲羚羊〉，《中國國家地理》，2001年9月號。
- 林瑤棋《透視醫療卡卡卡》，台北，大康出版社，2004年2月。

牛 相關的傳說故事

嫁妝一牛車

　　牛車是早期台灣的主要交通工具，農耕、運輸等都需要用到牛車，台灣牛車還有另一任務，早期在鄉間，尤其是嘉南平原常用牛車娶新娘，通常新娘用轎子抬，嫁妝是用牛車來拖，也有少數人家新娘是坐在牛車上。牛車娶新娘的現象，在中部以北絕跡得比較早，可是雲林縣以南，直到民國40年代末期，還有人用牛車娶親。牛車不管是用做新娘車或是嫁妝車，外觀都打扮的喜氣洋洋，牛角纏著紅紙，牛車杴也貼紅紙掛鮮花，牛身及牛車都洗得乾乾淨淨，牛夫也穿戴整潔，一看就知道這是花車。新娘是坐在牛車前座，後面坐花童，新娘牛車後面又跟著一輛載嫁妝的牛車，這種用牛車娶親畫面，在現代人想像中，是極有趣的新鮮事。

● 牛拉喜車

● 現代人已難有機會坐牛車

參考資料
• 淺草〈泥牛入海〉，《人間福報》。
• 林瑤棋《思古有情》，台北，大康出版社，2005年6月。

台灣的牛隻在 17 世紀初的荷據時期，由荷蘭人引進來，目的是為了耕田，故從中國大陸福建大量引進閩南人及牛隻，所以台灣以牛耕田的農業文化延續了 300 多年之久，可以看到台灣與牛相關的文化不計其數，以地名為例，○○張犁、牛埔仔、牛稠仔、牛屎崎等，在台灣到處可見，由此可見牛與台灣人息息相關，連台灣人公認的民族圖騰也是「牛」，故台灣精神叫「台灣牛」。

埔里烏牛欄

二二八事件是台灣族群對決的事件，是台灣歷史的悲情，不少台灣菁英受難，這場族群衝突，在 1947 年 3 月 16 日在埔里烏牛欄一役畫下句點。二二八事件最後的戰役烏牛欄之役，為二七部隊由台中撤往埔里，在 3 月 16 日與前來鎮壓的國軍進行最後的遭遇戰，雙方各有傷亡，而二七部隊即因彈盡援絕而鳥獸散，也是劃下最後戰役的時地；當年烏牛欄戰役即在今日的愛蘭橋兩岸，在牛耳石雕公園附近。如今烽火已遠，時代變遷，已使人們逐漸淡忘這段時代的悲情。

南投牛食水

台灣南投市大庄一帶，舊名「牛食水」，尚留有一座古井為歷史作見證。1998 年 3 月，當地「受興宮」進行整修時，特別由當年的牽牛童，合資 10 餘萬元，在廟門口設置一尊水牛飲水的雕像，希望「牛食水」老地名，永遠活在人們心中。早年農業社會，住在八卦山區的居民，欲添購物品，要千里迢迢下山到南投或草屯，由於山路難走，因此牛隻成了不可或缺的代步與背負物品的工具。當年的中興路與大庄路一帶，有著潺潺的流水，當牛隻氣喘吁吁的走到這裡，清涼的水流剛好可供牛隻沖涼以及解渴，久而久之，民眾遂給當地起名「牛食水」，後來並逐漸形成聚落，同時興設了一座主奉玄天上帝的「受興宮」，成為居民的信仰中心。現在「牛

● 牛車是早期主要的運輸工具

● 南投牛食水意象

食水」已經是車水馬龍，高樓四起，商家林立的地方了。

草屯牛屎崎

「牛屎崎」聚落位於台灣南投縣草屯鎮，形成於清乾隆年間，由洪姓家族首先移居墾殖，因聚落多陡坡，牛隻爬坡需使盡力氣，因用力太猛而拉出糞便，造成路上多牛屎而有牛屎路之名。水牛、烏溪水，打造了「稻米王國在牛屎崎」美譽，這是 1731 年至 1965 年間；隨著時代變遷，工業的興起，工廠如雨後春筍般在聚落成立，而成為「製鞋王國的牛屎崎」，是 1965 年至 1984 年間。

台中牛罵頭

台中市清水原稱「牛罵頭」，此地原本是平埔族牛罵頭社所屬的荒地，後來漢人遷入，並向平埔族人買地耕作，形成了市街之後就稱為牛罵頭街。日治時代，大肚台地西緣處湧出豐富質純的泉水，所以改稱為「清水」。

彰化牛埔厝

彰化縣鹽埔鄉舊地名「牛埔厝」的區域，包括永樂、永平二村。永樂原名「牛埔厝」，以前村落四周為草埔，供放牛之地，故稱牛埔厝，後來水利發達，草埔變成良田，現在變成永樂村。牛埔厝又包括永平村，原名番同埔，原為平埔族巴布薩牧牛之地，因此而得名。

石岡土牛村

台中市石岡區有一土牛村（下土牛），「土牛」是清代漢番交界的重要界碑，用土堆築成，名為「土牛」，當時築有 19 個土牛，今在土牛國小校園

● 牛罵頭遺址營區內的石獅／胡文青提供

057

內有一涼亭仍保留土牛漢番界碑。而德興村舊名上土牛，則是相較於下土牛的地名，本村屬大甲溪的上游部分。

牛欄河

新竹關西小鎮東安古橋位於牛欄河南岸，興建於日治時代昭和 2 年（1927年）。這座橋以在地著名的方解石堆砌，非常穩固，五拱設計具藝術特色。牛欄河從桃園石門水庫而下，河寬約 92 米，水資源豐沛又清澈，嘉惠鄰近農地耕作，加上乾淨的空氣和無工業污染，讓關西的稻米得獎無數次，風華無限。為什麼叫「牛欄河」？古早時期春耕，牛犁田後身上總沾滿泥巴黏答答，農人插秧時又擔心牛隻亂跑，於是大家把自家牛都趕到這條河集中在一起，做了一道大木欄，讓牛群在欄內自個兒玩得盡興，待夕陽下山，農人幫牛隻洗個澡後再牽回家，因此這條河就得名「牛欄河」。

• 參考資料
• 林瑤棋《思古有情》，台北，大康出版社，2005 年 6 月。
• 〈牛年漫談〉，《佛教觀音》第 127 期，2008 年 12 月。
• 杜殿文〈中國大陸的麥加——北京牛街〉，《大地地理雜誌》，1998 年 6 月號。
• 汪興智《潭潭感懷錄》。
• 〈牛王堰村名小考〉，《豐縣文獻》第 28 期，2004 年 1 月。
• 輔新書局《中國民間故事傳奇》，永和，1992 年。
• 李少文〈老牛灣〉，《探索人文地理雜誌》第 1 期，2006 年 9 月。
• 許麗雯總編輯《雲貴西旅遊面》，新店，高談文化事業公司，2000 年 8 月。
• 王清華〈小涼山彝家三村實錄〉，《大地地理雜誌》第 173 期，2002 年 8 月。
• 劉昭民〈河套印象〉，《科學月刊》第 34 卷第 1 期，行政院國家科學委員會科學教育處。
• 杜世拔《海南山水風物傳說集》，海口，南海出版公司，1999 年 11 月。
• 楊昭寬主編《海南旅遊導趣》，海口，海南出版社，2002 年 5 月。
• 參余炎昆〈百合之春弔念烏牛欄之役〉，《聯合報》，1998 年 3 月 17 日。
• 參劉敏華〈投市大庄舊名「牛食水」逐漸被人遺忘：受興宮設雕像喚起記憶〉，台灣日報，1998 年 3 月 19 日。
• 王鑫《高屏濱海公路沿線的環境與資源解說》，內政部營建署墾丁國家公園管理處，1999 年 10 月。
• 張啟文〈石岡地名探源〉，《中縣文藝》，台中縣立文化中心，1998 年 12 月。
• 連雅堂《雅言——台灣掌故三百篇》，台北，實學社出版公司，2002 年 8 月。
• 黃福森〈看見藍色太平洋——北宜山道坪林頭城段〉，《新活水雙月刊》創刊號，2005 年 7 月。
• 黃多加〈關西小鎮仙草香〉，《台灣教會公報》第 3332 期，2016 年 1 月 4-6 日。

從肖 牛 看性格運勢與命理

　　想到牛這樣的動物，腦海裡不免出現肖牛人並非吹牛之人，而是牛年出生，生肖為牛的人。在十二生肖中，牛給人的印象一直是善良、實在的，最能吃苦耐勞的家畜。

　　生肖屬牛者，冷靜、溫和，但有時也會偏執而獨斷。充滿自信，但脾氣暴燥，往往有勇無謀。雄辯滔滔，膽大心細，才智聰敏到可以說是天才的程度，但個性倔強不熱情，這常使夫婦之間相處得不愉快。通常並不與家人關係密切。牛年出生的人具有不屈不撓、貫徹始終的性格，溫和有耐性。一旦發起脾氣，固執不願服輸，是強硬型的領導人物，處事多慮。

　　牛在十二地支中為「丑」，丑有土的意涵，因此生肖屬牛的人，通常性格上比較穩重。在農業未有耕耘機之前，完全以水牛和黃牛來耕田，牛是耕田的主要幫手。默默地耕耘是牛的特性，這是令人敬佩的態度。牛在當時農業社會中是非常重要的耕耘伙伴。俗話說「牛駛犁兄」是指耕田犁田的高手。因此牛年生的人也具有此特性。

● 丁丑牛神將趙子玉

　　牛之「五德」如是說：

　　（一）盡忠職守：堅守崗位，牛為主人忠心耿耿，每天日出而作，日入而息，不發牢騷，不誤時間。或耕田或拉車，或碾米，辛勤耕耘，有始有終，一德也。

　　（二）生活簡樸：操守廉潔，牛每天為主人工作，所得報酬不過清水嫩草而已，

然均能安之若素，怡然自得，二德也。

（三）心胸坦蕩：與世無爭，牛終日辛勞，為主人開闢財富，從不要求任何代價，也不以有功自居，與人相處，和善為懷，與鷺鷥、八哥相處（常見彼等停于牛背上）態度和藹，並常臥地「反芻」自我反省，實足為人類效法者，三德也。

（四）腳踏實地：沉著穩健，牛做事不投機取巧，實幹苦幹，走路時不徐不疾，步伐穩健，一步一印，勇往直前，具有君子之風範，四德也。

（五）犧牲奉獻：捨己為人，牛生前為人辛勤工作，牛奶供人滋補，牛糞供人作肥料，死後牛肉供人食用，牛毛供人作氈，牛皮供人作鞋，牛油供人作皂，骨髓供人作茶，甚至口涎耳垢供人作中藥，鞠躬盡瘁，死而後已，五德也。

屬牛的人動作較緩，慢條斯理，不管別人怎麼說，不過，最後也會完成任務。但是在講求效率、步調快速的現代社會，很容易令人心生同情。他們在行事之前已經過慎思熟慮，有時考慮時間會稍長了些，會讓他人覺得動作太慢，不過，一旦付之行動，也一定會一口氣完成。

屬牛者即便面對混沌局面，不管周遭如何困苦，依然能夠鎮定如常。他會不在乎地以自己的步調一步步做下去。其實他們有很強的事業心，內心也十分在意別人的肯定。牛人做事有條不紊，深思熟慮，具有毅力、耐力強，遇到再大的困難也會堅持到底努力突破。對牛而言，任何苦都不算什麼，什麼工作他都願意做。

牛年出生的人，對情感的表達比較含蓄、保守，就是少了一點溫柔，不

夠熱情。一般而言,他們沒有忙碌的活動。他們在愛情的表現上多屬於細水長流型,因為他們不好意思表達內心的感情,又拙於言辭,所以常常需要長時間的友誼來醞釀愛情。一旦步入家庭,責任感強烈的他們都會用心做好在家庭中的角色。

據說牛年出生的人,最佳之結婚對象是:鼠、雞、蛇;次佳之結婚對象是:牛、龍、兔、豬、猴;不宜之結婚對象是:羊、虎。

● 牛年標誌裝飾

● 在西洋星座中,金牛座的人具有堅強的耐力與意志力

參考資料
• 高雄道德院《玄妙真言典故集(八)》,高雄,2002年。
• NoelVietmeyer〈水牛:能力驚人的家畜〉,《讀者文摘》,1989年4月號。
• 汪興智《潭潭感懷錄‧肖牛者牛話》。
• 黃書瑋〈牛轉乾坤增福壽〉,《佛教世界月刊》第402期,2009年2月24日。
• 吉光〈童牛之牿〉,《明倫》第391期,2009年1月。
• 張天生〈牛年話牛〉,《中原文獻季刊》第41卷第4期,2009年10月。
• 等待微風〈淺談十二星座特質〉,《郵人天地》第551期,2016年1月。

寅虎

虎在十二地支為「寅」，是天地能量開始聚集的時刻，屬虎的人，在性格上有果斷乾脆和做人武斷的傾向，最不喜歡人家龜毛的樣子。自我期許高，屬於完美主義者，既能幹也肯幹，不怕勞苦……

虎的名字？怎麼來

虎的釋義

老虎，虎屬，為該科中最大的種，與獅、豹同為犬型吼叫的貓科動物。分布於亞洲，北至俄羅斯的西伯利亞，南抵印度，西至高加索山脈，東達印尼。

漢文的「虎」字，從甲骨文中自然寫真的圖象，經過金文的變形，到了小篆寫法，成為一種象徵性的象形字，等秦漢隸書整理寫定，抽離了象形的繪畫性，文字就成為書寫的線條。羅振玉研究甲骨文的虎字，認為虎字的造形是：「象巨口、修尾、身有文理。」質樸自然的甲骨文，到了金文時期，文字就站起來了。人們使用文字的時候，把繁複仔細的寫畫工作簡化了，而且直立虎形，使文字結構更適合於「上下長度大於左右寬度」的書寫方式，所以，林義光解釋金文虎字：「橫視之，象形。」小篆的虎字，象徵性更為濃厚。

虎是由「虍」和「儿」兩字合成的。「虍」音呼，是虎文的意思，「儿」是以人腿狀虎腿。《說文》中這樣解釋：「山獸之君，從虍從儿」，說明了虎的本義是百獸之王。「虍」指虎頭和虎身，下半部的「儿」象徵虎腳，分明是一隻蹲踞的虎形，只露出了頭、身和兩足。小篆寫定以後，經過秦漢隸變，於是圖象的情味減少，書寫的意思增多，文字的美術性降低了，整體藝術性卻因為書寫者的學養、人格、情操影響而益見提升，或行或草，繼而形成一種獨立的書法藝術。自此以後，歷代書

● 1938年新春，日人宮田彌太郎以虎年為主題的版畫

家以他們各自的認識來詮釋虎字的造型，書法的表現融入了個人精神，於是，我們看到了各種不同的面目。

●《說文》的文字解釋「山獸之君」，即是將虎稱作是百獸之王

虎的別名

古代自然生態環境優越，虎較多，對於人的生活有影響，於是虎就有了眾多的別名或異稱。

「寅」：虎的雅號。寅有生動之意，因此亦指春天時草木初生的狀態。在後世，人們為了便於記憶，因此將每一地支順序對應每一生肖，所以寅與十二生肖的虎搭配。

「彪」：原稱虎身的斑紋，但也稱虎。彪，會意，從虎，從彡。「彡」，《說文》：「象其文也。」本義：虎身的斑紋。

「虒」：似虎而有角的獸，當出於古人想象。《廣韻》曰：虒、似虎。有角。能行水中。按《韻會》引《說文》。屬以《廣韻》語。非儷古之法。從虎。厂聲。息移切。十六部。

「甝」：白虎，《爾雅‧釋獸》。唐‧李白〈大獵賦〉：「行甝號以鸛睍兮，氣赫火而敵煙。」

「程」：《莊子‧至樂》「程生馬」，宋代《夢溪筆談》卷三解釋說：「嘗觀《文字注》：『秦人謂豹曰程。』予至延州，人至今謂虎豹為『程』，蓋言『蟲』也。」沈括記錄了宋代時方言中稱虎豹為蟲的情況。

「䝗」：黑虎。《說文解字》：「䝗，黑虎也。從虎，儵聲」。《集韻‧入聲‧屋韻》：「䝗，《說文》：『黑虎也』或省作箛。」

「虦」：淺毛的虎。

「貙」：似虎而五指。

參考資料
• 黃斂柔〈中國虎的造型〉，《國文天地》。

虎 相關的星宿與五行方位

虎雖然是真實動物，但自古以來，在人們心目中，卻跟幻想創造出來的龍一樣具有神祕性。龍、虎往往相提並論，從成語裡可見一斑，例如：虎擲龍拏、龍爭虎鬥、

● 位於西方的白虎星宿

龍虎相搏，代表兩雄相爭的意思。龍行虎步，表示威嚴莊重的姿態；龍吟虎嘯，代表同類相應，也表示雄偉的氣象；龍虎之姿，代表英雄氣質；甚至用龍虎並伏一詞來形容藥效宏大。其他如龍虎氣、龍虎榜、龍虎日、龍虎經、龍虎狗、龍虎山、龍虎節等，真是不勝枚舉，皆取虎兇猛之習性及雄偉的外表，也因此而為人所畏懼，進而產生崇拜心理。

古人在觀測天空時，把天空劃分為四象、二十八星宿，分別用四種動物來當代表，即青龍、白虎、朱雀、玄武。在四象中，青龍、朱雀、玄武都是想像的動物，只有白虎是現實世界中看得到的。

青龍、白虎、朱雀、玄武象徵著「四極」，被譽為「四方之神」，也被稱為「四靈」。四方神指的就是青龍「孟章神君」，守護東方；白虎「監兵神君」，守護西方；朱雀「陵光神君」，守護南方；玄武「執明神君」，守護北方。四方神也叫「四方護衛神」，是中國道教傳說中神仙，保護一方，以壯威儀。

青龍、白虎、朱雀、玄武表示方位可溯源至先秦、夏商周，思想體系來自春秋戰國之前的陰陽五行中的「五方」，即東（青龍）、西（白虎）、南（朱雀）、北（玄武）、中（天子）。青龍的方位是東，左，代表春季；白虎的方位是西，右，代表秋季；朱雀的方位是南，前，代表夏季；玄武的方位是北，後，代表冬季。

在五行學說盛行的年代裡，五行家依照陰陽五行，給東南西北中配上五

種顏色，而每種顏色又配上一個神獸與一個神靈；東為青色，配龍；西為白色，配虎；南為朱色，配雀；北為黑色，配玄武；黃為中央，黃色。

不過，白虎的「白」是代表方位，古人認為世界是由金、木、水、火、土所組成，稱之為「五行」；就方位來說，東方屬木，青色；西方屬金，白色；南方屬火，紅色；北方屬水，黑色；中央屬土，黃色。

 # 虎 在台灣的習俗與禁忌

虎作門神

相傳，上古時代，在東海有一座度朔山，山上有一棵大樹，樹幹枝芽方圓三千里。在大樹的東北方，有一處枝葉茂密，酷似一道門，據說所有鬼怪都是從這裡出入，因此叫做「鬼門」。駐守鬼門的是神荼和鬱壘兩員神將，他們注視著那些剛從人間回來大大小小的鬼怪。這些鬼怪只能在晚間外出活動，天亮之前，不等天雞叫喚便應該回來。

如果一旦發現有鬼怪留在人間危害，神荼和鬱壘兩員神將就會將它們綁起來，送給老虎吃。因此，鬼最害怕的是：神荼、鬱壘、天雞和老虎。相傳到了上古黃帝時代，黃帝不僅管理人間，也統治鬼域，為了人民生活平安，下旨人們在門上畫上神荼、鬱壘和老虎的像，以便驅鬼。於是神荼、鬱壘和老虎一齊成了最早的門神。

虎是萬獸之王，生性兇猛，足以驅除百獸，嚇阻邪魔，因此在民間信仰中，奉祀最廣的動物神就是虎爺。虎神的祭祀，起源自周代，當時天子有「八蠟」的郊祀祭儀，所祭的八神之一就有虎神，祀虎的目的在於消除害穀百獸。

參考資料
• 莊伯和《民間美術巡禮‧藝術見聞錄之二》，台北，雄獅圖書公司，1982年7月。
• 高雄道德院《玄妙真言典故集〔八〕》，高雄，2002年。

古代銅器上也經常出現「虎食鬼」的圖案，由此可看出，虎被崇為驅鬼逐魔之神，已有數千年歷史。《山海經》記載，神荼與鬱壘擒拿害人惡鬼後，將他們餵食老虎，後人基於這個典故，就在門前掛上虎符辟邪。

虎是神明的坐騎

坐在神明桌下的虎爺公，依照民俗信仰中的造型，約略分為兩種：

（一）黃虎爺：黃毛黑紋的虎爺，是土地公的坐騎，又尊稱為「虎爺公」。

（二）黑虎爺：又尊稱為「下壇將軍」、「虎將軍」或「黑虎將軍」，通常是西王母、保生大帝吳真人、正一張天師、武財神趙玄壇、李鐵拐、西秦王爺、天上聖母、池府王爺、霞海城隍等的坐騎或前導部屬。池府王爺的「黑虎大將」則是以傳令與鎮廟、巡境為職責。

虎是中國許多神明的坐騎，能夠擁有老虎當做交通工具，這樣的神明一定得法力高強，因為這個交通工具太凶猛了，膽量不夠大的還不敢接近牠呢！

中國諸神中的「王母娘娘」，可以說是神仙中的第一夫人，看起來慈祥又美麗，但其實她最早的形象卻是半人半獸，令人敬畏，後來愈變愈美麗，而她的坐騎就是老虎。

一般寺廟神案下所供奉的虎爺，是專供土地公騎乘的老虎，有鎮廟堂的功用。一般來說，虎爺並沒有特別被奉為主神，通常與土地公同祀。傳說土地公收伏統宰虎的最高靈虎神，我們統稱為「虎爺」，成為祂的坐騎，是黃毛黑紋的老虎，稱為「虎爺公」。

● 台灣民間信仰騎虎尊王相傳為雷萬春

另傳說「虎爺」為媽祖馴服，而成為媽祖的腳力，故成為神案桌下的配祀神明。

總而言之，四靈之中的白虎，所象徵的意義非常

● 福虎生風之招財虎

多，而且這些意思更有不同種類。這可能是由於虎是眾多神仙的坐騎，而各神仙亦有不同的代表。

虎爺是財神

虎爺嘴大，可以叼來財寶，因此，人們就當成財神祀拜。有些賭徒在賭博之前，也會特別拜一下虎爺，轉順手氣。

傳說中虎爺是土地公、保生大帝、西王母、趙公明等神明的座騎或腳力，祂跟隨著這些神明修行，也因此具有這些神明的神性。其中土地公和趙公明分別屬於民間信仰中的「文財神」和「武財神」，所以民間也相信虎爺具有「財神」的神性，能夠為信眾帶來財運。土地公之所以為文財神之一，主要源自於民間「有土斯有財」的觀念。人們認為，土地公掌管各地的土地以及農作收成，因此能帶來財富；以致於土地公的職能除了是一方土地之神，還是庇佑財運興盛的財神。

虎爺是招財的神，在廟裡的工作除了守護廟外，也會招財興旺，助廟香火鼎盛，也是生意人和賭客的最愛。老虎雖然是動物神，但是民間相信祂能夠咬錢招財，特別是武財神玄壇趙元帥「黑虎將軍」。玄壇趙元帥的黑虎將軍，是在主人聖誕農曆3月15的隔日慶祝。

肖虎者的婚俗禁忌

台灣民間習俗，生肖屬虎的人，不可以參觀結婚典禮，以免新婚夫妻不和、不懷孕。也禁止探望新房，避免凶煞侵犯新娘與胎神。

黃水文〈婚嫁忌肖虎觀看〉詩：「婚嫁兇神本忌嫌，年庚肖虎莫觀瞻；耽耽虎視傷人命，吊膽提心警戒嚴。」生肖屬虎人士，在台灣的習俗禁忌還不少，像出席婚喪喜慶不方便，什麼「羊入虎口」，最好不要和屬羊者結婚，雖然是迷信，還是有人相信。

撒喜錢

黃水文有〈撒喜錢〉一詩:「結伴孩童阻轎前,搶先擁擠睹嬋娟;新娘有備開通路,調虎離山撒喜錢。」

換花

黃水文〈換花〉詩:「花轎相逢在路途,換花用解煞沖無;祇今此俗全除廢,舊慣毋提馬虎夫。」迎娶途中,倘若花轎與花轎相逢,為免「喜沖喜」之不祥,雙方媒人各以預備之造花交換,此稱「換花」。

迴避新娘

從源遠流長的虎文化觀察省思,人類從遠古時期即與動物關係密切,所產生的動物圖騰崇拜,深深影響了人類的生命禮俗。

台灣民間風俗,在迎親時最禁忌屬虎的人,新娘的像頭、戴冠,或上轎(車)、進房,屬虎的人必須迴避。因為虎會沖犯新娘。但安床的時候,新郎都要由一個屬虎的男童作陪,在新床睡覺,這時候被認為虎能鎮壓凶神惡煞。

在台灣的婚嫁場合,忌諱生肖屬虎的人參與,俗信虎會傷人,「虎」成了不受歡迎的邪煞。但在現實的社會裡,虎是保護神、是祖先神、是吉祥瑞獸,但又是凶獸;虎既是吉祥物,又是邪煞物,可以說在虎文化及現實世界裡,這種觀念是吉凶混合與矛盾的存在。

忌與白虎女子房事

台灣民間有忌與白虎女子行房事的禁例,白虎指女性無毛者。其由或為對少女的保護作用,或以成年女子陰戶無毛為異常凶象,故禁忌之。

忌生眼、肖虎者來窺探嬰兒

初生嬰兒十分忌諱生眼(即生疏的陌生人)來探視,尤其是肖虎者的虎性

強，恐怕會被沖煞到或驚嚇到。萬一被沖煞驚嚇到，就會使嬰兒發燒、囈語、突然大哭，而不能安睡，俗稱「打驚著」。症狀輕微的，可由嬰兒母親或婆婆自己來「收魂」，將嬰兒的魂魄收回肉體；嚴重時，就必須由紅頭司公來「吹龍角」、「打法索」、「撒鹽米」、「唸咒」，畫「生驚符」，來鎮壓與化解。不如此的話，恐怕被「打驚著」的嬰兒有夭殤之虞。

金門孕婦的禁忌

金門懷孕婦女忌夜間出門，否則，恐遭「白虎神」、「黑虎神」影響，胎兒易被侵襲。盂蘭會，孕婦家中忌將腰桶（產兒盆）露出庭前，否則，恐將觸怒「普渡公」或「白虎神」，而危害胎兒。

鬼忌虎形

民間常畫虎於門，或以虎形裝飾兒童（穿虎頭鞋戴虎頭帽），據說可以避邪驅鬼。可見在民間想像中，鬼也像人一樣懼怕老虎、避忌老虎。

● 花蓮聖天宮虎壁堵

根據民間說法，鬼忌虎形，因為老虎是威武兇猛的象徵。所以民間常常畫虎符懸於門上，以祈求合家平安。也有讓小孩子穿虎頭鞋、戴虎頭帽者，希望藉著巫術的力量，孩子能夠順利平安無事，快快長大。

寧叫青龍出頭，不叫白虎張嘴

建屋格局，建東西屋，「寧叫青龍出頭，不叫白虎張嘴」，「寧叫青龍高一丈，不叫白虎壓一頭」，亦即，西屋不能比東屋的間數多。蓋房的間數，習單忌雙。通常以單間、三間、五間為一座。不蓋雙數房間的房屋。俗說：「四六不通脊，通脊死閨女。」又以為「四六不作主」，若蓋成四、六間房屋住進去不能主家，家人皆無主見。

虎頭牌

台灣不少民家門楣上掛有八卦牌或獸牌，獸牌上大都繪上獅頭（也有雕刻或泥製者）或虎頭。獅頭牌除辟邪外，又含招福的意思；虎頭牌則用在凶事，有「嫁禍於人」的咒咀作用。

在台灣辟邪民俗中，門楣上安置獸牌的習慣，有獅形有虎形，幾十年前台灣仍多見虎牌，如今獅牌占盡優勢，但某些地區如馬祖仍以虎牌居多。

屋頂辟邪物黃飛虎

相傳「黃飛虎」是個將軍，披甲，兩手作張弓狀，跨坐在一隻似虎又似獅的猛獸上。日人片岡巖在《台灣風俗誌》上有載：「黃飛虎就是《封神傳》裡，被封為東嶽大帝的人。屋頂安置黃飛虎手執弓矢，騎在虎上的瓦像，相信可驅逐惡鬼，家中會平安。」

白虎鏡驅邪

傳統民居還有「白虎鏡」，白虎是一種邪神，白虎鏡則是一面圓鏡，掛在天花板上，據說能夠驅邪，使家內平安。

宅第牆上的辟邪物「白虎鏡」，也稱為「倒鏡」，多懸掛在屋角或門楣上，以化解遠處屋角、牆角、屋脊、寺廟及旗杆的煞氣。

謝白虎

「謝白虎」，這個「謝」字，是謝絕的意思。人生病時，若請乩童代為問神，大部份乩童都會說，是因為沖犯了白虎神。接著就要將金銀紙、白飯、豬肉、蛋、魷魚、魚等和紙糊的白虎，一起放在竹籠中，盡可能拿到河的下游祭祀。燒香以後，將豬肉塞在白虎的口中，並且唸：「食豬肉、笑呐呐、食飯去遠遠。」再將金銀紙和紙虎燒掉。最後，把石頭壓在燒灰上，說：「提石頭，壓路頭。」然後急急踏上歸路。用意在將作祟的白虎謝絕至遠方，不要再回來。

白虎吞胎

　　一般民間俗信婦人受到「白虎神」作崇時，一生都無法懷孕。就算懷孕了，胎兒也會被白虎吞掉，但是，若請道士或青瞑仔（眼盲的卜者）來驅邪祈請，則就算是石女，也能夠懷孕。與白虎神相對的是「黑虎神」。傳說孕婦晚上不可外出，若不小心遇到了黑虎神，會導致胎兒危險，甚至孕婦本身也可能死掉。

虎爺具有醫療能力

　　虎爺是醫神保生大帝的腳力，因此人們相信，跟隨在保生大帝身邊的虎爺同樣具有醫治疾病的能力，不只能夠治好「豬頭皮」，也能有效控制成人疾病，甚至是家禽家畜的瘟疫。

虎頭法

　　在台灣的道教儀式中，有許多奇特的風俗至今仍保存著。例如新增設的神明，在神像背後裝入兇猛的虎頭蜂。屏東縣萬巒鄉信奉王母娘娘的承天宮，為神明安座，即裝入比拇指還大的特大號虎頭蜂。

參考資料
- 江寶釵編著《黃水文詩選》，高雄，麗文文化公司，2002年1月。
- 林曙光〈虎爺賜人幸運（下）〉。
- 簡榮聰〈中國虎文化〉，《書評》第43期。
- 任騁《中國民間禁忌》，北京，中國社會科學出版，2004年1月。
- 林明峪《台灣民間禁忌》，台北，聯亞出版社，1983年8月。
- 鄭藩派〈信不信由你──金門民間百般禁忌〉，《金門季刊》第72期，金門縣政府。
- 許文綺〈造型古樸的人天兵將──虎爺〉，《靈鷲山》第62期，1999年10月。
- 莊伯和《民間美術巡禮‧藝術見聞錄之二》，台北，雄獅圖書公司，1982年7月。
- 陳淑慧〈新港奉天宮虎爺供案桌神氣十足〉，《台灣新生報》，1998年7月26日。
- 林茂賢主持《南投縣民俗及有關文物普查計畫（第三階段）：民間信仰與歲時節慶成果報告書》，南投縣政府文化局、台灣民俗文化工作室。
- 三島格〈獸牌〉，林川夫編《民俗台灣》第一輯，台北，武陵出版社，1990年1月。
- 高燦榮〈建築藝術──屋頂辟邪物的審美〉，《藝術家》第248期，1996年1月。
- 曾景來〈虎年談虎──台灣對虎的認知與禁忌探源（續）〉，《重生》第71期。
- 林會承《傳統建築手冊：形式與作法篇》，台北，藝術家出版社，1995年7月。
- 溫筆良〈神像塞入虎頭蜂──虎頭法顯神威〉，《聯合報》，2000年7月7日。
- 劉還月《台灣民間信仰小百科廟祀卷》，台北，台原出版社，1994年2月。
- 林文龍《台灣掌故與傳說》，台北，台原出版社，1992年7月。

虎 在台灣的民間信仰

虎爺信仰

　　虎爺是民間信仰中動物神的一種,「動物神」乃泛指動物因特殊因素而升格的神。一般而言,動物神的香火皆相當興盛,因為人們普信動物靈的庇佑之力。

　　在民間宗教信仰裡,對於猛獸一直有獸性、人性、神性的矛盾心理表現,台灣民間觀念裡的老虎是最兇猛的野獸,甚至生肖屬虎的人也變成節慶祝賀場合的忌諱,但另一方面虎又為百獸之王,取其勇猛,又作為鴻圖大展的預兆,所以虎有既是吉又是凶的象徵。

　　傳說台灣的虎爺係土地公的屬神,虎傷人必先求得土地公准許。保生大帝跟老虎也有關係,民間傳說保生大帝醫好了一隻老虎的喉痛,為感謝保生大帝的相助,老虎誓言不再吃人,並願為他的部下,替他看守廟門,連帶的虎爺也有驅除疾病的威力。不過在台灣民間一般廟宇內神桌下多設置虎爺,跟境主公一樣,做為守護廟境內之用,甚至連賭徒也拜牠,聽說會帶來大利。

安座虎爺

　　虎爺在宮壇廟宇中,除了協助抓鬼除妖外,大部分是扮演著監督看守五營兵將的角色,一般神明誕辰,會先放兵,讓五營兵將出去玩幾天,順便趁外出休假的時間,剷除五方凶神惡煞,再來是收兵、犒賞,結界其中有一個重要的儀式,就是拜請黑虎金唇將軍來鎮守監督,五營兵將各自歸營,有兵亂跑者、馬亂跑者,黑虎將軍就把他們抓回來處分。若是在家裡供奉,因為沒有像廟宇樹立五營,不需要再拜請虎爺回來。虎爺開光完,安座要先選日子,看方位,

● 民間常見的虎爺亭

● 虎爺亭內的虎爺

再來才是神明的安座，安得好，居家平安、財源廣進，安不好，凶神邪靈進駐，影響家人的健康安全。虎爺乃屬動物神，如果處理不好，很有可能會被反咬一口，謹慎之！

神虎爺

　　道場醮局中，鎮守大門口的除了大士爺或大士山，還經常可見到「神虎爺」。神虎爺又稱「虎爺」、「神虎將軍」，用竹紮紙糊而成，並非每醮都設，若設置一般都立於大士爺之前或左側，民間信仰中，牠和大士爺是一對最厲害的鬼王，任何孤魂野鬼都不能脫離祂們的掌握。

虎的避邪趨吉信仰

　　台灣廟裡有虎爺、虎壁信仰，石敢當信仰上也有虎形裝飾。虎爺，傳說是土地公的部屬，也是保生大帝的部下，有驅除疾病的威力。台灣的虎爺信仰，大多放置在神桌下作為守護廟境之用。虎爺往往像貓的形貌，泯除了凶惡的成分，使人覺得更容易接近。此外，還有「虎頭」，在寺廟或住家的牆壁、門扉上，掛著唰劍身、面容嚴厲的畫像、塑像，據說可以驅除惡鬼，而這虎頭上幅8寸、下幅6寸4分、高1尺2寸，據說象徵著八卦、六十四卦、十二時。

　　在民俗節慶上，民間俗稱惡月的五月端午節時，家家戶戶都有避邪驅毒的習俗，香包是其中之一。虎形香包，據說能讓兒童平安度過炎夏。端午節時，我們常會看到一種繪有猛虎和五毒（蛤蟆、蜥蜴、蜈蚣、蠍、蛇）的圖案，民間傳說這五種爬蟲，一物剋一物，彼此間各懼怕其中一種，但當牠們會合時，為了維護自己的安全，卻不敢爭鬥，才得以保持和平局面。用意也在利用辟邪的虎，以及以毒攻毒的五毒，來戰勝百毒、除百病。

● 一般廟宇虎神只能在神桌底下祭祀

虎爺的職責

‧ 廟宇守護之神

　　虎爺具有凶猛威武之勢，能使各種妖邪退避，所以遠在漢代就已是鎮墓獸之一，後來也轉變成廟宇中的守護神。台灣大部分的廟宇都會供奉虎爺，主要的目的就是請虎爺保護主神，並且負責廟宇環境安寧，確保廟中環境不被打擾，具有驅除瘟疫、惡鬼以及鎮護廟宇的能力。

‧ 前導與先鋒角色

　　虎爺，又稱「虎神」，台灣民間的祠廟中，多配祀有「虎神」，迎神賽會時，則恭請虎神，為前導開路先鋒，可辟邪驅魔。

‧ 防制小人暗害中傷

　　民間信仰認為，拜虎爺，還可以防制小人暗中傷害。所謂小人，並不一定是壞人、惡人，而是指對自己前途有阻礙的人。據說，拜黑虎比黃虎有效。

虎將軍

　　民俗厭勝物中的「虎將軍」，並不同於神明信仰中的「虎爺」。神明信仰中的虎爺，主要扮演神明的護衛，而立於村莊通衢或寶塔之上的虎將軍，則需負起鎮守鄉里、護衛地方的重責。

黑虎信仰

　　黑虎將軍的誕辰是在每年農曆 4 月 16 日，每到這一天，信徒們會特別為祂舉行祭祀活動，顯示黑虎將軍在民間信眾心中的重要性。相當普遍的虎爺誕辰一般是農曆 6 月初 6，台中廣天宮的黑虎將軍聖誕千秋日即是此日慶祝；但也有少數不同的地方，如有主神聖誕的第二天給虎爺做生日的習俗，像保生大帝吳真人與玄壇趙元帥的黑虎將軍，都是在主人聖誕農曆 3 月 15 的隔日慶祝。

　　關於黑虎將軍的傳說跟故事相當多，而供奉於台中廣天宮的千年黑虎將軍，正是與開基始祖財神爺以及萬年香火爐，一同從四川峨嵋山羅浮洞恭請來

台，駐駕於此地。

天虎與地虎

　　台灣許多宮廟奉祀虎爺，虎爺分「天虎」、「地虎」兩種，是獸格神。天虎供奉於桌上，地虎藏身主神案前桌下。

　　新港奉天宮青眼觀天虎又區分左邊（龍方）為虎爺大將軍、右邊（虎方）虎爺二將軍。奉天宮媽祖出巡遶境開路先鋒，除了千里眼、順風耳兩位將軍外，還有虎爺大將軍與二將軍隨鑾駕出巡。新港虎爺公廣受各行各業士農工商敬奉，尤其是商人的最愛。

　　奉天宮虎爺殿，虎王共有五十二尊，青眼觀天虎為其中之一，其他則如黑虎、青虎、紅虎、黃虎、白虎、開山虎、下山虎、文虎、天虎、地虎、日月雙虎、飛天虎、石虎、朝虎、柑仔虎等。

土地公、保生大帝與虎

　　一般寺廟都將虎爺供奉在神案下，專供土地神乘騎。神格不高的虎爺造型相當親切，具有治病、驅邪的神力。據說虎爺未成神之前，常傷害生靈，被害者求告土地公，由土地公出面收伏，虎爺就成了土地公駕前屬神。除了土地廟外，在保生大帝廟中也奉有虎爺，起因於保生大帝醫治虎喉的故事。民間相信，虎爺能治小孩的驚嚇病症與腮腺炎，患病小孩親自向廟中的虎爺叩頭禱祝，病況就能好轉。

斗南騎虎尊王祭

　　台灣民間信仰中，崇拜的神明大都有「神威顯赫」的背景或傳說，此外，便是強調其「忠義」精神，前者如媽祖、王爺、保生大帝等皆是，後者包含各地的義民爺或忠

● 竹山社寮開漳聖王廟伏虎尊者

勇公，此外，死守睢陽城的張巡和許遠，也是典型的忠義之神。張巡、許遠死
守睢陽的故事，發展成忠義之神的典型後，其部將也在「有忠義將軍必有忠義
部將」的心態下，延伸發展成忠義之士，「騎虎尊王」便是其中一例。騎虎尊王
傳說為雷萬春，又稱武安尊王、騎虎王或雷大將等。安祿山事變，萬春奉張巡
之命守雍丘，被叛軍圍困城中彈盡無援，終以身殉國。台灣主祀「騎虎尊王」
的神廟並不多，大都屬角頭廟，祭期各不相同，農曆9月9日為斗南新崙護國宮
例祭「騎虎尊王」之期。

龍虎壁

　　龍虎壁通常位於寺廟前埕、三川步口壁堵或天井，甚至大門石鼓、正殿神
龕也可採用「左龍右虎」紋飾，代表「入龍門，出虎口。」其題材大多是「龍吟
虎嘯」，表現「雲從龍、風從虎」的傳統觀念。因為龍是水畜，雲是水氣，故龍
吟則景雲出；虎是猛獸，風是震動之氣，故虎嘯則谷風生。設置目的不外乎辟
邪逐厲、迎祥納福的民俗意義。

虎爺是小孩子的保護神

・虎爺保護小孩子

　　虎爺通常是供奉在神桌下靠內，比較隱密的位置，或是主神後面的走道
上。因為位置低，高度與小孩子最接近，所以虎爺和小孩子很有緣，常常在夜
裡跑去和小朋友玩，有虎爺照顧的小孩子，可以平安無事的長大，因此，虎爺
被視為小孩子的守護神或保護神。

・驅逐瘟疫和降服惡鬼

　　虎爺具有驅逐瘟疫和降服惡鬼的威力，尤其對小孩子的各種驚嚇病症具有
保護作用。凡是歹飼（不好養，健康不佳或易吵鬧）的囝仔，帶到有供奉虎爺的
廟裡，在徵求虎爺的同意後認虎爺為「契父」，以此希望虎爺能保佑小孩平平安
安的長大。在民間傳說中，虎爺能保佑小孩平安長大、聰明伶俐。在傳統觀念

中，老虎能趕走妖邪、鎮壓煞氣，而小孩子不好養，就是因為有妖邪作怪，因此讓小孩認虎爺作「契父」，妖邪就不敢靠近小孩了。

虎 相關的器物

白虎鏡

一般民宅，門楣上常見掛著一面鏡子，這個鏡子叫做「白虎鏡」，是一種厭勝物。

● 日治時期台灣的民俗虎玩具

虎玩具

布老虎作為舊時兒童的玩具或實用的枕頭，在布玩具家族中也獨領風騷，立虎、臥虎、細尾虎、矮腳虎、懸膽鼻虎、水滴鼻虎、囂虎等，名目繁多。

虎頭帽、虎頭帕、虎頭鞋

虎頭帽有用珠子嵌入的眼珠，有用絲線繡成的鼻子、嘴巴、鬍鬚，兩側還有用皮毛製成，兩隻豎立的毛茸茸虎耳，有的中間還用絲線連成一個王字，整個帽子就是個虎頭形狀。

虎年出生的男孩被稱為「虎子」，傳說讓小孩子戴虎頭帽、虎頭帕、穿虎頭鞋，能對小孩子的成長起著「保護神」的作用。

參考資料
• 莊伯和《民間美術巡禮・藝術見聞錄之二》，台北，雄獅圖書公司，1982年7月。
• 台中廣天宮官網 http://gtg.org.tw/goIndex.phd。
• 曾景來〈虎年談虎——台灣對虎的認知與禁忌探源〔續〕〉，

《重生》第71期。
• 高雄道德院《玄妙真言典故集〔八〕》，高雄，2002年。
• 劉還月《台灣歲時小百科〔下冊〕》，台北，台原出版社，1989年9月。

螭虎圍爐

「螭虎圍爐」的圖紋樣式，常見於傳統寺廟、大宅第之明間、次間門屏中堵（堵字或做垛字）或下裙堵。所謂螭虎，有說是龍生九子之一，因未能像龍，所以稱為「夔龍」，台灣本土則習稱為「螭虎」。牠好文采，常見立於石碑兩旁，在工藝圖案設計上則廣泛應用。

虎獅爺

在傳統建築物的屋脊上，常見樹立一座人物騎著走獸的造型，此即用來鎮宅平安的「虎獅爺」，不過一般都稱為「風獅爺」。這風獅爺與金門地區常見的不同，金門純粹是獅的造形，但台灣所見的是人物帶騎，據說是《封神榜》書中的黃飛虎，不過，在書裡黃飛虎騎的是「五色神牛」，與虎沾不上邊，為何稱「虎獅爺」就有待考證了。

龍喉虎口花燈

從前，台灣鹿港供奉媽祖的新祖宮，每年元宵節也都擺設了巨型花燈，一邊是龍喉（口），另一邊虎口，內有階可以爬上燈橋，說是「鑽燈腳生卵胞」，從龍喉進入，由虎口出來，稱為「入龍喉出虎口」，龍是吉祥靈獸，「虎口餘生」，能出虎口就是否極泰來。龍喉虎口趨吉避凶的象徵，也常見寺廟建築裝飾，高雄左營龍虎塔即為一例。

幡頭與虎牌

道場科儀中，有部分必須出巡外場或者帶領隊伍到河邊放水燈，為了增加出巡隊伍的威儀與壯盛，大多會備一些儀仗，包括幡頭、虎牌、字牌等。幡頭或稱香幡，竹紮成半圓形，有點像圓帽狀，上端繫於竹上，可供出行持用，下端綴有許多細長紙條，可隨風飄動，兩個為一組，醮祭規模大時，常設有多組，以便道士們分成幾組外壇獻敬時，可分別為前導。虎牌和字牌，也稱平安牌，近似寺廟

中的長腳牌，差別在於用紙糊成，虎牌因繪有虎頭形而名，字牌則僅書寫文字，如「××廟建醮法會」，「合境平安，風調雨順」等字樣，其功能和目的都只是增加道士隊伍的排場而已，數量、性質並不限制，以夠用為原則，出行時，由人持舉跟隨在幡頭之後。幡頭、虎牌和字牌之間，並沒有必然關係，任何地方都可能僅有其中一項，而缺其他兩項，也可能是有三項都不備之列。

白虎錢

白虎在道家的世界中，包含了兩種完全不同的意義，第一、是西方之神，民間口訣謂：「前朱雀，後玄武，左青龍，右白虎。」顯見白虎為代表西方之神，春夏秋冬四季中，則為夏季之神；第二，是歲中的凶神，《人元祕樞經》謂：「白虎者歲中凶神也，常居歲後四辰。」民間信仰中的白虎大多指凶神，每個年辰都有犯白虎之人；新廟落成時，必須安青龍在廟中，白虎神又是所有凶神中最惡的一種，無論是和解或祭奉，都不得稍為怠慢，否則便可能厄運當頭。另有長形黃紙製成，上印白虎圖案的「白虎錢」，專門用於祭送白虎時，焚燒以供白虎神使用。

龍虎裙

靈媒人物的法師（法仔）系統，衣著和道士有明顯不同，無論是紅頭或黑頭，大都僅頭結布巾，身穿便服，腰下繫「龍虎裙」。

另有俗稱戰甲的戰袍，為「人」穿上身，以前是泛指乩童、乩身，而演變到現在，則又多一尊稱為「神明的代言人」。顧名思義，神明藉由「人」的身體，下凡世間救渡眾生。基本的戰甲分二部分：上半部為肚兜，綁在上半身的脖子及腰處；下半部為龍虎裙，繫在下半身的腰部。

● 老虎花燈

黃虎旗

● 台灣民主國黃虎旗

雖然台灣地區無出產虎，民間在祭祀和禮俗活動中一直保有虎文化，成為驅邪、求福不可缺的角色。台灣民間故事裡「虎姑婆」的傳說，廟宇裡的「虎爺」，一再代表「虎」在民間深植的意識，甚至甲午戰爭後出現的台灣民主國，亦以「藍底黃虎」為旗。

清光緒 21 年（1895）4 月，清廷與日本簽訂馬關條約割讓台灣。丘逢甲等台灣仕紳得知後訪台灣巡撫布政使唐景崧，於 4 月 29 日（5 月 23 日）表明「台灣民主國自主宣言」，推唐景崧為民主國總統，製藍地黃虎的國旗。之後發行紙鈔、郵票，郵票上繪虎，上列台灣民主國字樣，至次年 9 月，日軍山口素臣少將率兵進入台南城，抗日的民主國全面瓦解。今台灣

● 台灣民主國之郵票，以老虎為符號

民主國國旗「獨虎團」典藏在台北市的國立台灣博物館內。

虎字碑

虎字碑在貢寮鄉雙玉村遠望坑草嶺，為清同治 6 年，台灣鎮總兵劉明燈所書。清道光年間，板橋林本源開瑞芳、頂雙溪至三貂嶺及貢寮經嶺至大里之淡蘭古道，以利其噶瑪蘭稅租之徵收。同治 6 年，台灣鎮總兵劉明燈開山撫番，經草嶺巡視噶瑪蘭，沿途題「虎字碑」及「雄鎮蠻煙碑」，兩碑相距約 1 公里半。

「虎字碑」位於台北與宜蘭交界草嶺山巔上，高 4 尺 7 寸，寬 3 米，傳說當地有鬼怪棲息，今颳起暴風，傷害過往旅人。清同治 6 年（1867），清代台灣總鎮兵劉明燈路過該處，突遇暴風雨，乃寫下草書「虎」字，特命手下將字刻於石碑上，以制邪魔、辟邪逐厲、鎮風止煞，含有「雲從龍、風從虎」的寓意。

虎眼石

虎眼石是青石棉被二氧化矽置換後，所形成的礦物。由於原本青石棉的纖維質是以規則的形狀排列，被置換後，虎眼石呈現了特別的光彩效應，有點類似貓眼效應，但是光彩不似貓眼光亮而細直。一般常見的虎眼是黃色的，但也有少數是藍色，有人稱之為鷹眼。也有紅色別稱為紅鷹眼。台灣花東就有出產少量虎眼石，走一趟花東縱谷或是到花蓮豐田玉礦區，也能撿到虎眼原礦。現今一般市面上看到的虎眼原礦，大都從非洲各國進口，如莫三比克。

相關的動植物

虎咬癀

「虎咬癀」，即「金錢薄荷」。分布於日本、韓國、台灣平地及低海拔山區。多年生草本，全株具香氣，莖直立或呈匍匐狀，莖葉密被毛茸，葉腎形或心形，邊緣為鈍鋸齒緣，表裡均被有毛茸。

老虎心

「老虎心」，別名搭肉刺、鷹葉刺，豆科。台灣產於南部海岸及山麓。為攀

參考資料
- 簡榮聰〈中國虎文化〉，《書評》第43期。
- 蔣勳〈三星論壇——虎的庇佑〉，《中國時報》，1999年5月5日。
- 宋龍飛《中華文物》，交通部觀光局，1990年12月。
- 蘭川〈虎虎生風話虎年〉，《聯合報》，1998年1月19日。
- 純慧〈談話話吉祥〉，《國語週刊》第1478-1479期，2010年2月14-27日。
- 簡榮聰〈台灣與中國的虎文化－－虎年談虎之一〉，《台灣源流》第9期，1998年3月。
- 簡榮聰〈台灣童帽藝術——從台灣童帽探賞禮俗藝術〉，《訓練通訊》第324期。
- 施鎮洋〈螭虎圍爐〉，《傳統藝術》第19期，2002年6月。
- 連雅堂《雅言——台灣掌故三百篇》，台北，實學社出版公司，2002年8月。
- 陳正之〈迎虎年話民俗〉，《台灣月刊》第181期，1998年1月。
- 劉還月《台灣民間信仰小百科廟祀卷》，台北，台原出版社，

1994年2月。
- 楊天厚、葉鈞培《守護的神祇：金門風獅爺與辟邪物》，金門，金門縣文化局，2009年11月。
- 劉還月《台灣民間信仰小百科靈媒卷》，台北，台原出版社，1994年2月。
- 劉峯松〈台灣虎話〉，《台灣文藝》第85期，1983年11月。
- 〈古鏡的故事〉，《小牛頓》第169期，1998年3月。
- 趙伯陶《十二生肖面面觀》，濟南，齊魯書社，2000年11月。
- 吳裕成《十二生肖與中華文化》，台北，知道出版公司，1993年8月。
- 姜竹如〈虎信仰虎文化在民間生活中的轉化〉，李進發《中國巨匠美術週刊林玉山》第067號，台北，錦繡出版公司，1994年9月。
- 盧千惠〈黃虎旗與台灣歷史明暗的兩面〉，《共和國》第20期，2001年7月。
- 李承倫《環遊世界挖寶趣》，新店，新時代能量寶石公司，2007年9月。

緣或蔓狀的木質藤本植物，全株被褐色短毛，並具銳鉤刺。

爬牆虎

「爬牆虎」，葡萄科，地錦屬的落葉藤本，遍布台灣全島。這類植物的最大特點是會爬牆，葉蔓藤具有三出複葉，及粗短卷鬚，卷鬚先端有吸盤，枝條賴以攀附牆域、石壁。它身上有很多小鬚鬚，每根鬚鬚上有個小小的吸盤，不管表面多麼滑，都能牢牢吸上去。如果沒有牆壁或山壁供它攀爬，那麼就會沿著地面蔓延成一大片，因而也有人稱之「地錦」。

台灣老虎七

「台灣老虎七」，蘭科，拖鞋蘭屬之高山原生地生蘭。本種特色為其對土之圓扇形翠葉，表面有縱紋，中央抽出別緻的單生花朵，唇瓣呈囊狀，粉紅色而襯有紅色斑點，初夏盛開於全台海拔 2000-3000 公尺之高山幽谷間，因具地下莖，常成群出現，十分動人壯觀。

虎頭柑

「虎頭柑」，是一種柑橘類的常綠灌木，果實碩大、扁圓形而得名。果皮細胞粗糙，是過年春節期間用來供佛或案頭擺飾的水果。虎頭柑原產於中國大陸福建及廣東。在台灣主產於桃園、苗栗、台中縣東勢、石岡，果農大多是在家裡種上一、二株虎頭柑，自用或分送親友用。

虎尾蘭

虎尾蘭，多年生草本，地下部成為根莖。葉肥厚而多肉，叢生，依其種類有扁平至圓筒等形狀，是多肉植物的一種。葉有橫紋，看來像老虎尾巴。虎尾蘭的名稱雖然有一個蘭字，卻不屬於蘭科植物，來自乾旱的非洲和亞洲，在惡劣的環境下，

● 虎尾蘭

也容易生存，甚至只要切一段葉片種植，一個月內就可以發芽成株。這種用葉片來繁殖新株的方法稱為扦插法，扦插法在園藝上普遍被使用。不過，黃邊虎尾蘭用葉扦插法繁殖，新長出葉子的黃邊會消失，全部變成綠色，是比較特殊的現象。

虎婆刺

「虎婆刺」即薄瓣懸鈎子、刺莓，又稱虎不刺，薔薇科，為台灣特有植物，產於低、中海拔山區、山麓、路旁等。

全株莖帶刺，每年 4 月清明節到暑假 7、8 月間，田野及開闊道路旁，都能看到虎婆刺的果實成熟變紅，可以採來吃，味道酸酸甜甜，還能做成果醬。以前物質貧乏，小朋友會聯想到草莓，因此俗稱「野草莓」。

台中泰雅族斯拉茂部落，在神話傳說中，虎婆刺的果實是靈界的敵首。

虎鯊

「虎鯊」，真鯊科虎鯊屬的大型鯊魚，成年後可長至 3 米以上至 4 米，體重800 至 900 公斤，相當凶猛。虎鯊也叫鼬鯊，小時候背部有像老虎一樣的黑色條紋，故稱「虎鯊」。這些條紋長大後會慢慢消失。大尾虎鯊幼魚全體有二十餘條明顯之黃色橫帶，成魚橫帶不明顯而密布白斑，產於蘇澳、基隆、澎湖、東港等地。

赤斑吻鰕虎

「赤斑吻鰕虎」，俗稱「狗甘仔」。分布於全台各河川中下游或池沼中，魚體延長，呈亞圓形，頭部略平扁，後部略側扁。頭大，無觸鬚。口端位，口大，口裂大。無側線。屬於雜食偏肉食性動物，不論是石頭上的藻類，或是水中昆蟲和小魚、小蝦，都照吃不誤。

煙仔虎

「煙仔虎」,屬於鯖類,體背有多條黑色條紋,體長約 30-50 公分,最大的有 100 多公分,愈大愈值錢。冬天時節煙仔虎最好吃,肉質特別鮮甜細緻。不論是生吃、紅燒、乾煎或者煮薑絲湯都很鮮美。

石虎

台灣石虎是脊椎動物門、哺乳綱、食肉目之貓科動物,分布在全島山區,低於海拔 1500 米的森林及森林邊緣、闊葉林的叢林裡。通常棲息在林木茂密且有很多嚙齒類動物的地方。牠是夜行性單獨活動的動物,最常在夜晚的林間活動。石虎具有可收縮變化的瞳孔,藉以調節進入眼睛的光亮。白天棲息於樹洞或岩石洞縫中。至薄暮或夜晚方單獨行獵。行動靈巧,善於爬樹,即使在小樹枝上也來去自如。

虎 相關的醫藥及醫療

台灣早期的傳統民家,神桌之下大都供著老虎爺的木刻雕像,主管小兒吃的草藥是否安全,有毒無毒。因為老虎天天巡山,當知百草之性。可見老虎的屬性對先民有一定的影響力。

虎尾蘭

虎尾蘭在台灣由南到北,似乎處處都可以見到蹤跡,不論在荒郊野外,或是屋簷牆角,它都能任意伸展,似乎只要有泥土之處,就能表現出它獨特且堅強的生命力,也因此有「千歲蘭」之稱。由於其肥厚、肉質的葉上,具有深綠橫條斑紋,規律排列著,有如老虎的尾巴一般,也有人說與虎皮類似,所以才稱之為「虎尾蘭」或「虎皮蘭」。根據中醫草本藥典上記載,虎尾蘭的葉子有清熱解毒,

去腐生肌的功效，中醫多用以治療感冒、支氣管炎、肝脾腫大，甚至是毒蛇咬傷也有效。

虎耳草

　　虎耳草具有解熱消炎、涼血止漏功效。內服主治小兒發燒、耳炎、肺炎、熱性感冒、熱症百日咳、痔瘡崩漏、衄血、胃出血、熱性氣喘。外用治火傷外傷、中耳炎、丹毒、痔瘡、癰腫、溼疹、風斑、毒蟲傷及外傷出血。

書虎字治腮腺炎

　　一般供奉於廟內的虎爺，據說能使小孩的腮腺炎痊癒，也就是說，只要拿著金銀紙摩擦虎爺之腮，然後將金銀紙帶回去，貼在小兒的腫包上，就能夠痊癒，此舉是取其「虎咬豬」的象徵意義。時至今日，多數父母仍會為子女的平安而去參拜虎爺。

　　據說古時候小孩子易患腮腺炎，父母親也會用毛筆在臉頰上畫上一個紅紅的「虎」字，咸認用老虎的威力，足以驅逐疾病。

參考資料
- 陳益明〈寅虎年迎虎名植物〉，《動物園雜誌》第 118 期，2010 年。
- 張勵婉等《蓮華池亞熱帶常綠闊葉森林動態樣區：樹種特徵及其分布模式》，台北，農委會林試所，2012 年 4 月。
- 雲海〈爬出一片天的高手爬藤植物〉，《國語青少年月刊》第 188 期，2011 年 8 月。
- 胡信華編輯《仙人掌與多肉植物》，台北，綠生活股份公司，1991 年 11 月。
- 王銘琪主編《台灣可供外銷之花卉種苗》，台灣區花卉發展協會，1978 年 6 月。
- 鄭元春〈十二生肖植物（上）〉，《國語青少年月刊》第 70 期，2001 年 10 月。
- 陳大風《室內觀賞植物栽培》，台北，華聯出版社，1981 年 6 月。
- 黃墩岩發行《最奇異的動物故事》，板橋，彩童文化事業公司，1994 年 10 月。
- 陳龍根總編輯《自然奇趣大觀》，香港，讀者文摘遠東公司，2002 年。
- 邵廣昭主編《台灣常見魚介貝類圖說（上）》，農委會輔導處、台灣省漁業局，1996 年 5 月。
- 趙世民《台灣岩礁海岸的海參》，台中，國立自然科學博物館，1998 年。
- 戴維·伯爾尼著、明天編譯小組譯《動物大驚奇》，台南，世一文化事業公司，2007 年 4 月。
- 喬伊斯·波普（JoycePope）著、明天工作室譯《大不列顛動物百科》，台北，明天國際圖書公司，2006 年 10 月。
- 楊仕俊等編纂《重修台灣省通志·土地志、博物志》卷二第一冊，南投，台灣省文獻委員會，1998 年 6 月。
- 毛瑜〈鯨骨奇觀──偽虎鯨化石在苗栗出土〉，《中國時報》，1998 年 4 月 4 日。
- 劉寧顏總纂《重修台灣省通志》，南投，台灣省文獻委員會，1995 年 8 月。
- 東方出版社《台灣四季小百科（秋）》。
- 張柱編輯《自然文庫：熱帶亞洲─山川與動植物》，時代公司。
- 賴景陽《台灣自然觀察圖鑑：貝類》，台北，渡假出版社，1996 年 7 月。
- 黃榮洛《台灣客家民俗文集》，新竹竹北，新竹縣文化局，2004 年 8 月。
- 康宗虎總編輯《中華兒童科學畫刊》第 194 期。
- 朱錦忠《校園生態導覽》，經國管理暨健康學院。
- 綠地球國際公司編著《自然科學大百科（2）無脊椎動物》，台北，綠地球國際公司。
- 殷登國《賞心樂事說故》，台北，世界文物出版社，1984 年 10 月。

·虎·
飲食文化

● 1920年代虎骨酒標

● 1930年代虎骨酒標

虎皮可製衣褥，肉可食，虎骨可入藥，但由於虎的瀕臨滅絕，皆已被國際禁止。

虎骨酒

「虎骨酒」，主治風溼處方，據說這種酒是中國人認為可以增進精力的酒類，長時間的熬煮虎骨，去掉膠質，然後屬入酒中。現在因為虎骨太少，所以也用其他的動物骨頭代替。

熬煮骨頭所得到的膠質與白朮、白芍藥、生地及其他多種高貴中藥材長期浸入高粱酒，如果材料中的膠質、中藥材與高粱酒都是上選的貴重品，則不但價錢昂貴，同時也是酒中聖品。至於「虎鞭」，古人講求以形補形，自古以來虎鞭就是壯陽聖品，雖然目前禁用，不少人還對「鞭」存有迷思，仍相信鹿鞭、蛇鞭等「鞭類」，具有相當的壯陽效果。

虎咬豬

「虎咬豬」，哇！這名稱好嚇人，不過這可是你常吃、愛吃的食物「刈包」，因為刈包的外皮打開就好像老虎張大了嘴，而內餡往往會包上一片豬肉，所以人們就取它的外形，稱為「虎咬豬」。從外表看來，其形狀和錢包極為相似，故有象徵發財之意，自然也就成為尾牙上的主角之一。

青龍白虎湯

豆腐叫作白虎，蔥叫作青龍，所煮的湯叫「青龍白虎湯」，古詩曰：「儒餐自有窮奢處，白虎青龍一口吞。」便是指「豆腐湯」。

參考資料
• 蔡漁琴《越吃越長壽》，台北，台視文化公司，1991年1月。
• 陳金生〈酒聞〉。
• 趙惠群〈台灣酒情別有滋味〉，《聯合報》，1994年12月25日。
• 趙伯陶《十二生肖面面觀》，濟南，齊魯書社，2000年11月。
• 丁秀山《談中國料理》，台北，大展出版社，1988年1月。
• 劉洪淼主編《歷史文化名城鞏義市》，河南省鞏義市人民政府。
• 張哲永《神祕的官府筵席與民間佳餚》，台北，弘文出版公司，1997年11月。
• 王川〈食有魚〉，《講義》，1997年2月號。
• 〈大自然老師——向萬物學習〉，《中國兒童週刊》第908期，2001年11月11-17日。
• 楊立心〈有虎名的植物〉，《國語周刊》第1478-1479期，2010年2月14-27日。

壁虎藥材

「壁虎」藥材以身乾、完整、帶尾者為佳。壁虎性寒，味鹹，有小毒。中醫認為有祛風、鎮痙、散結之功能。用於中風癱瘓、手足不舉或歷節風痛、風痙驚癇及淋巴腺結核，神經痛、慢性關節炎等。

虎壁草

「虎壁草」，又名虎咬癀、虎尾絲、飛天虎，由於大多屬於野生的草本植物，在台灣各地山坡地都可見到，算是曝光率相當高的植物。虎壁草的葉子味道辛、苦，具有消炎、解毒、祛腫等功效，中醫主要用來治療泌尿系統問題及痢疾、腸炎等病症。

爬牆虎

爬滿住家牆壁和屋頂的「爬牆虎」，非常美觀，爬牆虎有點像葡萄，所以又叫紅葡萄藤，也有人稱它為地錦或紅骨蛇。爬牆虎其莖汁有甜味，可直接榨汁飲用；也可將莖汁之水分蒸發，析出結晶作砂糖之代用品。

艾虎

古人發現，艾葉能夠去積敗毒，而虎能夠辟邪，所以民俗便把艾葉與虎結合在一起，名叫「艾虎」。

艾草用於醫藥，由來甚久，《詩經》中即有記載。古法於陰曆5月5日（即端午）採艾，連根刨起，曬乾取葉，以石臼木杵搗爛去渣，可得柔軟如棉之艾絨。艾絨或加入其他藥草也可用火點草冒煙而無火焰，像是點燃的香煙一樣，以點著的艾絨刺激人體穴道或傷痛部位，即有治療效果。這是中國傳統的一種特殊醫術，叫做「灸」。

虎 相關的傳說故事

有虎有王的傳說

　　虎是漢人心目中最具權威的吉祥動物，古代皇帝甚至有「有虎有王」的觀念，認為信仰老虎，王位才得以鞏固。台灣並不產虎，明朝末年，鄭成功從暹邏引進兩隻老虎養在深山中，後來竟被以狩獵維生的原住民所射殺，鄭氏政權在台灣只維持了30多年，有人迷信的將帳算在這兩隻早夭的老虎身上。

虎形山

　　台北市大直對面有一山，俗稱虎形山，而大直前面有一池塘，俗稱虎形陂。距虎形山約500米之遠，即可遙望山形宛如老虎，此山不僅整個山形似虎，且山上樹木繁茂，疏密得宜，點綴得如虎皮斑紋，栩栩欲生。

專吃小孩的虎姑婆

　　傳說有一對姊弟，因為父母出遠門，而將他們獨自留在家裡。傍晚時，一隻吃人的老虎精變成了老太太來敲門，並謊稱是他們的姑婆。兩姊弟很輕易就上了虎姑婆的當。半夜裡，他們發現虎姑婆的背包裡藏著許多人的手指頭，狡猾的虎姑婆卻騙說那是她最愛啃的雞腳。發現祕密的姊弟在老鼠的幫助下，用尿遁的方式逃過一劫。最後，虎姑婆則是被姊弟的父母及村子裡的人聯手制伏，這對姊弟幸運地逃過一劫。虎姑婆的故事在台灣流傳甚廣，故事也因地區不同而有部分轉變，如宜蘭、雲林或澎湖地區都有各自的版本。

虎鼻獅

　　台灣話說「虎鼻獅」是指嗅覺特別靈敏的人，這應該是從「好鼻司」的意思訛音而來。從前老一輩的人會告訴小孩子，古時有一個很聰明的人名叫好鼻

司，除了嗅覺敏銳外，還能預測未來的事，比方說何時會下大雨啦，哪裡將有災難啦，因此鄰居聽了他的話，就可以預先防備。

卑南族熊和虎的來源

卑南族熊和虎來源的童話故事：古時候有個男子，時常到一位姑娘家裡去聊天、玩耍，並且以此為樂。可是，這位男子到姑娘家時，從來沒有坐過椅子，都是坐在臼上，有一天，姑娘開他玩笑，把臼藏起來，男子一生氣就走，從此不再到姑娘家。後來，聽說有人在山上遇到這名男子，那時男子已經變成了熊。那麼，熊的身體為什麼是黑的呢？原來，這男子長得太英俊，以致引起了朋友嫉妒，用木炭將他的身體塗成黑色所致。不過，這名男子也同樣用木炭去塗他朋友的身體，但塗的是一條條的條紋，顏色許久未褪。後來這一個朋友也入山去了，變成黑黃間雜的老虎（佐山融吉，1913）。

從肖 虎 看性格運勢與命理

虎在十二生肖中居位第三，並且被人們稱為「特別生肖」，為什麼特別呢？這要從虎的自然屬性談起。在人們心目中，虎的屬性有兩種：一是力量的象徵，二是凶惡的象徵。人們崇慕虎的雄壯，又恐懼牠的凶惡，便產生了

參考資料
- 夏元瑜《龍騰虎躍》，台北，九歌出版社，1987年8月。
- 夏元瑜《談笑文章・畫虎和剝虎》，台北，言心出版社，1977年12月。
- 張小林《中華民俗百科》，烏魯木齊，新疆人民出版社，2000年12月。
- 夏元瑜《酸心話老虎》，《講義》，1994年1月號。
- 譚興〈想虎虎生風，糠粃有用嗎〉，《聯合報》，1998年1月26日。
- 殷登國〈虎年談虎〉《台灣新生報》，1998年1月25日。
- 《奇妙的動物世界》，讀者文摘遠東公司，1980年。
- 許鴻源《動物性中藥之研究》，新店，國立中國醫藥研究所，1977年6月。
- 吳淑芬〈虎尾蘭〉，《綠園藝生活雜誌》第17期，1990年9月。
- 逸雨〈我們也是虎家族〉，《台灣月刊》第181期，1998年1月。
- 李勉民主編《常見藥草圖說》，香港，讀者文摘遠東公司，1995年。
- 將門出版社《台灣青草藥》，台北，1984年9月。
- 陳益明〈寅虎年迎虎名植物〉，《動物園雜誌》第118期，2010年。
- 鄭石春《台灣常見的野花》，台北，渡假出版社，1984年3月。
- 林果《實用鄉土植物》，台北，淑馨出版社，2000年4月。
- 符國華、符麗娜《瓊島風姿》，香港，天馬圖書公司，2001年3月。
- 劉還月《台灣歲時小百科（上冊）》，台北，台原出版社，1989年9月。
- 曾景來〈虎年談虎——台灣對虎的認知與禁忌探源（續）〉，《重生》第71期。
- 邱旭伶〈虎威趕跑病魔〉。
- 戴斌、李劍東、丘翠嫦、周麗娜、陳少鋒〈虎牛鑲風類傳統瑤藥的調查報告〉，李筱文編纂《中國瑤族地區科技薈萃》，北京，民族出版社，2002年12月。

中國大陸產虎，台灣並沒有真正的虎，儘管如此，由於移民帶入傳統習俗，在台灣民眾的生活當中，亦出現許多具有濃厚老虎色彩的現象，單就事物上，就有很多附有虎字的名稱，例如地名、山名、河川名、寺廟名、人名、藥草名等。

虎尾

虎尾略位於雲林縣之中央，南臨虎尾溪，全域屬濁水溪沖積扇平原之一部分。虎尾舊稱「五間厝莊」，往昔並無市街，1908 年 1 月，大日本製糖株式會社在此建虎尾第一工場，嗣於 1910 年再建第二工場，於是虎尾成為該會社之總部。因大規模製糖業興起，大批人口湧入，乃於糖廠之西北部，介於後庄、後壁寮、五間厝間之地，迅速形成街市聚落。初稱「五間厝」，而將原五間厝叫做「舊五間厝」以別之。至 1920 年，以其臨虎尾溪岸，乃改稱「虎尾街」。

虎頭山

台東富源村西南方有一座「虎頭山」。位在台南玉井盆地東方也有一座「虎頭山」，因山勢酷似虎頭而得名。桃園的一座「虎頭山」，其旁有一「桃園神社」。在台灣現存的仿唐建築中，桃園神社應該是最完整的一座。在苗栗泰安鄉虎頭山下的山村裡，則有虎山溫泉靜靜地流淌著。

虎山巖

虎山巖位於花壇鄉巖竹村，即昔日白沙坑庄大坑內地。距花壇鄉公所約 5 公里，因形似臥虎盤踞而得名。據彰化縣志載：「白沙坑在縣治南 6 里，峰巒特秀，奇麗莫比，內有龜山、馬仔山、埤仔后山、虎山、岩山，樹木陰翳，松竹交加，頗饒遊覽之勝，故以虎巖聽竹，為邑治八景之一。」清乾隆 12 年（1747）5 月間，里民賴光高等發起創建虎山巖寺。基地有 430 餘坪，奉祀觀音菩薩。巖旁有亭顏曰「聽竹」，每當春夏之交，遊人休憩亭中，竹影參差，鳥語花香，清風徐來，令人心曠神怡，彷彿人間仙境。

虎頭埤

因位於新化鎮東部的虎頭山麓而得名，埤水清澈，翠竹環抱，清幽可人。

最引人注目的是八大美景：虎溪釣月、虎嶼歸雲、虎頭倒影等諸景。虎頭埤有台灣最早興建的水庫，現在已成為觀光景點。園區內除了提供小船，讓遊客泛舟，還開闢了環湖步道，讓遊客散步健行。虎頭埤風景區在日治時期曾名列台灣十二景之一。湖上有一條「虎月橋」通到湖心的「虎月亭」。

其他虎地名

　　台灣還有許多以「虎」字頭命名的地名，例如：新北市：有虎形、虎林街。台中市：有虎腳瘡。彰化縣：有虎岡。南投縣：有虎仔坑。雲林縣：有虎子寮。嘉義縣民雄：有虎尾溪。台南市：有虎安寮。屏東縣：有虎舍、虎頭。澎湖縣：有虎井嶼。

● 以地名命名的虎尾虎花燈

●「彰化八景圖」中的虎山巖

參考資料

- 馬筱鳳〈莿桐和虎尾的地名典故〉，《國語週刊》第 877 期，1998 年 8 月 9-15 日。
- 劉寧顏總纂《重修台灣省通志》，南投，台灣省文獻委員會，1995 年 8 月。
- 施怡雯等採錄〈虎頭山的風水傳說〉，姜佩君編著《澎湖民間傳說》，台北，聖環圖書公司，1998 年 6 月。
- 王鑫《高屏濱海公路沿線的環境與資源解說》，內政部營建署墾丁國家公園管理處，1999 年 10 月。
- 劉峯松〈台灣虎話〉，《台灣文藝》第 85 期，1983 年 11 月。
- 廖財聰編纂《重修台灣省通志・土地勝跡篇》卷二，南投，台灣省文獻委員會，1996 年 12 月。
- 曾習賢〈懷古之旅蘇杭歷史行〉，《中外雜誌》第 80 卷第 1 期，2006 年 10 月。
- 黃啟權主編《福州鄉土文化彙編・閩江口五虎》，福州市對外文化交流協會、台灣羅星塔月刊社，1990 年 4 月。
- 蘇俊源撰《看故事明道裡：孝的故事》，台北，明聖經推廣學會，2010 年 10 月。
- 林樹嶺主編《古代精彩故事》，台南，金橋出版社，1993 年 3 月。
- 杜洪、葉春生搜集整理〈猛虎石〉，《花城傳奇》，台北，可筑書房，1992 年 5 月。
- 葉春生搜集整理〈虎門〉，《花城傳奇》，台北，可筑書房，1992 年 5 月。
- 逸雨〈我們也是虎家族〉，《台灣月刊》第 181 期，1998 年 1 月。

既懼怕又崇拜的心理。民間認為，虎年出生的孩子會像老虎一樣威猛雄壯，是吉祥的象徵，往往選以虎字來取名，如虎子、虎娃、虎妞、虎女等，認為屬虎的孩子命大好養。雖然肖虎令人羨慕，在某些場合卻又頗多忌諱，比如在婚嫁場合，屬虎的人都要避開，家裡的貓狗等動物生產，屬虎的人也要迴避。據說如果屬虎的人看了新生的小貓，母貓就會把小貓叼到隱祕的地方去。因為虎肖既被人們羨慕，又被人忌諱，所以虎肖被稱為「特別生肖」。

● 圖為 1926 年《台灣日日新報》「臺日漫畫」專欄中，漫畫家國島水馬為寅虎年所畫

　　虎在十二地支為「寅」，是天地能量開始聚集的時刻，屬虎的人，在性格上有果斷乾脆和做人武斷的傾向，最不喜歡人家龜毛的樣子。自我期許高，屬於完美主義者，既能幹也肯幹，不怕勞苦，而且可以做得很好，平常沉著內斂，責任上身時絕不推卸，單打獨鬥的本事很高。爆發力特強，但往往後繼無力，生性較驕傲，明顯固執，不太能接受別人的批評。

　　欠缺與別人協調、配合的能力，是虎人的缺點，在朋友之間的交際，自然會受到侷限。其強勢的作風，常常在無意間為自己招來妒忌和不滿。樹大招風的結果，便是不斷的受到打擊和應接不暇的麻煩。太過自信的性格，常導致無法及時亡羊補牢，最後只有遭遇兵敗如山倒的惡運。剛愎自用更是虎人最致命的缺點。

　　肖虎之人的金錢觀念，屬於敢賺而且勇於享受的態度，對朋友很慷慨，朋友有困難的時候會伸出援手，能夠贏得許多友誼，所以經常居於領導開創的地位。

　　虎年出生的男性很有男子氣概，感情豐沛，能夠吸引許多女孩的注意。但是他們比較大男人主義，不懂得甜言蜜語。虎年出生的女性氣質高雅，

甲寅虎神將明文童

有獨特的魅力，拜倒在她們石榴裙下的人也是不計其數。不過，她們有不喜歡受人約束，卻常愛干涉別人的毛病。虎人敢愛敢恨，愛恨分明，一旦分手，容易由愛生恨，更甚者還會暗中採取報復行為。據說虎人最佳之結婚對象是：豬、狗、馬、龍；次佳之結婚對象是：鼠、牛、兔、虎、羊、雞；不宜之結婚對象是：猴、蛇。

歷史上的肖虎名人，例如：屈原、文徵明、陸游、努爾哈赤（清世祖）、孫中山、于右任、郭小莊、楊英風、馬英九等。

參考資料
- 曾景來〈台灣對虎的認知與禁忌探源〉，《重生》第70期。
- 〈台灣民俗雜談〉，《地方自治》第499期，1981年7月。
- 黃連發〈台灣民間故事・變成螞蟻的虎鼻獅〉，林川夫編《民俗台灣》第四輯，台北，武陵出版社，1990年5月。
- 張蘭〈有虎有王的傳說〉。
- 高山富夫〈地方拾遺・台中州竹山地方〉，林川夫編《民俗台灣》第五輯，台北，武陵出版社，1990年7月。
- 林川夫編《民俗台灣・虎形山》第五輯，台北，武陵出版社，1990年7月。
- 張木鑫發行《台灣地名故事》，中和，登福出版社，2000年。
- 臧振華等編纂《重修台灣省通志・卷尾謄錄叢談》，南投，台灣省文獻委員會，1996年5月，頁112。（採自台北市志稿，卷十雜錄，叢錄篇）
- 陳茂祥編著《慶福里水果的故鄉——東勢鎮慶福里社區總體營造：文化觀光休閒產業導覽手冊》。
- 余遠炫、陳冠儒〈虎虎生風虎什麼〉，《地球公民365》第55期，2010年2月。
- 賴氏金花〈蘭陽民話・虎姑婆〉，林川夫編《民俗台灣》第四輯，台北，武陵出版社，1990年5月。
- 西川滿、池田敏雄《華麗島民話集》，台北，致良出版社，1999年9月。
- 陳益源《民間文化圖像：台灣民間文學論集》，廣西南寧，廣西民族出版社，2001年12月。
- 鄭瑞章等採錄〈虎姑婆〉，姜佩君編著《澎湖民間傳說》，台北，聖環圖書公司，1998年6月。
- 張百蓉等採錄、姜佩君初稿〈虎姑婆〉，金榮華整理《澎湖縣民間故事》，新店，中國口傳文學學會，2000年10月。
- 賴芳伶《台灣・嘰咕嘰咕》，台北，幼獅文化事業公司，2000年4月。
- 金榮華〈不怕老虎衹怕漏故事試探〉，中國口傳文學學會、南亞技術學院主編《2002海峽兩岸民間文學學術研討會論文選》，新店，2002年12月。
- 劉寧顏總纂《重修台灣省通志（卷三）住民志同冑篇（第一冊）》，南投，台灣省文獻委員會，1995年5月。
- 高雄道德院《玄妙真言典故集（八）》，高雄，2002年。
- 黃秋芳〈虎年談虎印〉，《國文天地》。
- 于平、任憑〈虎的俗信〉，《國語日報》，1992年8月1日。
- 秦草《對禁忌與迷信的101個問題》，台中，好讀出版公司，2005年12月。
- 于愷駿〈虎躍龍騰迎虎年〉，《清流》第18卷第7期，2010年1月。

卯兔

兔在十二生肖之中居四，地支「卯」，卯者，季節為春，時間約清晨5至7點，晨曦為一天之始，旭日東昇之時開始接收陽光，萬物甦醒有生機盎然的景象……

兔的名字？怎麼來

兔的釋義

　　「兔」在中國是一個美好的字眼，既是十二生
肖之一，也與人類的生命、人們的美好希望密切
相連。

●「兔」是動物兔的象形字

　　十二生肖中，兔子的排行在虎後龍前，作為
年歲的標幟。兔子可說是非常古老的物種，中國古代甲骨文中，就已經出現
「兔」這個象形文字，且唯妙唯肖地描繪出兔子大耳短尾的形象。

　　根據中國文化，兔年在十二生肖中排第四位，相應的地支是「卯」。按照
干支紀年順序是：丁卯、己卯、辛卯、癸卯、乙卯，在這幾年出生的人，生肖
即屬兔。

　　漢代許慎《說文解字》解釋說：「兔，獸名，像距後其尾形。」甲骨文、篆文
描畫的正是「兔」長耳短尾的形象。

　　「兔」在甲骨文的寫法中，羅振玉先生認為「長耳而厥尾象兔形」；石鼓文
的兔：象兔蹲踞形，與小篆兔略同；《說文‧兔部》的小篆兔：象兔面向左而足向
右稍屈，右下為尾，兔好蹲踞，與犬相同，故僅見二足，其本義作「兔獸」解
（見《說文‧段玉裁注》，乃俗稱之兔子）。

兔的別名

　　漢代《太平御覽》引劉向《五經通義》：「月中有兔與蟾蜍何？月陰也，蟾蜍
陽也，而與兔并明。」東漢科學家張衡《靈憲》書，也對此說堅信不疑。後世演

化，常以金兔、玉兔或蟾兔為月亮別名。

兔子的稱呼與別名甚多，茲述如下：

「毚」：體形特大的兔子稱為「毚」。《廣志》曰：「兔大者曰毚。」

「兔闕」：月宮。高啟〈次韻酬張院長見貽太湖中秋玩月之作〉：「兔闕何年丹桂種，龍宮今夜白蓮浮。」

「兔魄」：謂月也，屠隆〈明月榭賦〉：「川原澄兮雲氣鮮，瑤台朗兮兔魄圓。」李紳〈奉酬樂天立秋日有懷見寄〉：「水兔半升魄，銅壺微滴長。」范梈〈贈郭判官〉：「慈烏夜夜向人啼，幾度紗窗兔魄低。」劉基〈怨王孫・兔魄又滿詞〉：「兔魄又滿，天長鴈短。」騷人墨客將月落說成「兔魄西墜」。

「兔輪」：月之別名，俗稱玉兔為月，其圓之如輪，故名。元稹〈夢上天〉：「西瞻若木兔輪低，東望蟠桃海波黑。」

「兔月」：月亮的別名。江總〈簫史曲〉：「來時兔月滿，去後鳳樓空。」

「月兔」：謂月中兔也。月的別稱，相傳月中有玉兔搗藥，黃滔〈省試內出白鹿宣示百官詩〉：「形奪場駒潔，光交月兔寒。」陸游〈梅詩〉：「月兔禱霜供換骨，湘娥鼓瑟為招魂。」

「顧菟」：屈原〈天問〉：「夜光何德，死而又育？厥利維何，而顧菟在腹。」「兔」與「菟」相通。「菟」就是牽藤寄生的草本植物「菟絲」，也叫「菟絲子，又名女「夢」，或寫作「兔絲」。

「顧兔」：原意為兔，後借以指月。何遜〈七召〉：「踆烏始照，官槐遽而欲舒；顧兔纔滿，庭英紛而就落。」牛僧孺〈初夜文〉：「蹲烏顧兔，升落常自在彼。」

「蟾兔」：傳說月中有蟾蜍和兔子，借指月亮。《文選・古詩十九首・孟冬寒氣至》：「三五明月滿，四五蟾兔缺。」歐陽詹〈玩月〉詩：「八月十五夕，舊嘉蟾兔光。」劉向《五經通義》：「月中有兔與蟾蜍何？月，陰

● 自古月中有兔的想像，引人無限遐思

也；蟾蜍，陽也，而與兔並，明陰繫於陽也。」

「白兔」：稱月亮。俗傳月中有兔，故多以玉兔、白兔為月的代稱。庾信〈宮調曲〉：「金波來白兔，弱木下蒼烏。」杜甫〈八月十五夜月〉：「此時瞻白兔，直欲數秋毫。」

 **的奇幻世界**

兔子的耳朵與聽覺

兔科的耳朵一般都較長且靈敏。因為柔弱的兔子聽力不敏銳，如果不能及時發現敵人，就會有危險，所以耳朵經常處於警戒狀態，能夠聽清楚細微的響動。兔子豎起耳朵，就能聽清楚四面八方的聲音。

兔子的耳朵可以自由轉動，能夠確定聲音方向，把耳朵朝向聲音來源。甚至站起來觀看，並且抽動鼻子聞味道，牠的嗅覺比人類靈敏 6 倍呢！牠們的聽覺與嗅覺都相當敏銳，遇到危險的時候，依賴聽覺更甚於視覺。

需要散發熱氣的時候，人會透過排汗，把熱氣排出體外，狗會伸出舌頭喘氣散熱，兩者都是利用蒸發水分來降低體溫，但是，這種方法需要隨時補充水分。然而，兔子不能排汗也不蒸發水分，當體內熱氣升高時，兔子會用長耳朵直接從皮膚散熱。兔子也會煽動耳朵來散熱。不過，牠們的耳朵十分脆弱，有許多微血管和神經，絕不能直接抓牠們的耳朵提起，不然會受傷。

參考資料
- 王輔羊〈兔年說兔〉，《溫州會刊》第 144 期，2010 年 12 月。
- 黃書瑋〈玉兔迎春獻吉祥〉，《中華寶筏》第 47 期，2011 年 4 月。
- 陳映勳〈兔年萬福──吉兔迎春話新年〉，《行天宮通訊》第 183 期，2011 年 2 月。
- 暉舟編著《十二生肖縱橫譚》，台北，國家出版社，1990 年 8 月。

● 吃蔬菜的兔子

● 吃牧草的兔子

● 雪白的兔毛也常被用作象徵潔白。圖為日治時期化妝品廣告

兔子特殊消化系統

兔子是屬於食草類中的單胃動物，牠們沒有龐大的瘤胃，但卻代之以容積很大的盲腸，並且有大量可以消化纖維素的微生物生存，與瘤胃有異曲同工之妙。牠們雖然不能反芻，可是靠堅實的臼齒和下頜有力的橫向運動，通過反復的咀嚼，能將草磨得粉碎。兔是嚙齒動物，咀嚼、磨碎粗飼料的能力，就不言而喻了。

兔子的領域意識

兔子有領地意識，同其他許多哺乳類動物一樣，也是用氣味來圈定領地並布置邊界線。所不同的是，狼、犬、虎、豹、象這些動物，是用自己排泄出來的尿液、糞便當作氣味標記，而兔子則用腺體分泌出來，一種能散發特殊氣味的分泌物，來當作自己的氣味標記，塗抹在領地四周。這一點，兔子的行為與貂、獾、檬、鼬這些動物差不多。

兔子偽裝保護自己

動物為了尋找獵物或躲避敵人，也會用偽裝來保護自己。大部分動物都有保護自己的方法，讓自己不被發覺，以防兇猛動物攻擊。有些是牠們的皮膚、外殼或皮毛的顏色和周遭環境顏色相似，只要靜止不動，別的動物就幾乎看不見牠們躲在哪裡了。又或者依季節變化改變身體顏色，如雪兔和北極兔的皮毛，到冬天變為白色，以利偽裝。

兔 相關的星宿及五行方位

　　兔在十二生肖之中居四，地支「卯」，卯者，季節為春，時間約清晨5至7點，晨曦為一天之始，旭日東昇之時開始接收陽光，萬物甦醒有生機盎然的景象。卯年生者，謙讓有禮，有責任感，能以柔克剛，不重金錢，人緣好，初年耗財，中年行運，男女各犯有水厄之災，宜加注意。卯兔女性，平靜溫順，依賴心強，容易感情用事，晚年體衰，宜加保養。

　　若以五行論命則可細分為，丁卯年生：五行屬火，為望月之兔，為人身心不閒，衣祿不少，靈巧聰明，處事有頭無尾，如能謹慎，晚景享福；火兔女性，稟性好靜，安穩有幸，多福之命。己卯年生：五行屬土，為山林之兔，為人風流，衣祿半足，自立自營，秉性剛烈，不受人欺，六親冷漠，骨肉難圓，妻招年長，配偶和合；土兔女性，溫文賢良，男女皆長壽之命。辛卯年生：五行屬木，為蟾窟之兔，為人口快心直，執負權柄，利官近貴，身閒心不閒，六親少靠，白手成家，少年耗財，中年勞碌，晚年大利；木兔女性，中運多財，興隆之命。癸卯年生：五行屬金，為出林之兔，命帶酒食，福祿有餘，凶中化吉，初年耗財，中年行運，晚景幸福；金兔女性，為人平穩，中年聚財不易，晚景保持之命。乙卯年生：五行屬木，為得道之兔，為

參考資料

- 曾景來撰、闞正宗譯〈兔子的傳說（上）〉，《菩提長青》第 415 期，1988 年 6 月 25 日。
- 吳立萍〈耳朵的祕密〉，《康軒學習雜誌》第 102 期。
- 陳品悠〈長長耳朵惹人愛——兔子〉，《國語週刊》第 256 期，2009 年 2 月 22-28 日。
- 柯琇雪發行《兒童自然科學小百科（五）》，中和，鐘文出版社，1996 年 6 月。
- SylvieRollin〈野兔〉，《世界地理雜誌》第 158 期，1995 年 10 月。
- 陳龍根總編輯《自然奇趣大觀》，香港，讀者文摘遠東公司，2002 年。
- 劉俊祥〈兔子的大耳朵〉，《益智國語周刊》第 627 期，2009 年 5 月。
- 林美玲發行《有趣的動物世界（一）》，台北縣中和市，育昇文化出版公司。
- 凌復華〈另類家人——培養尊重生命的態度〉，《行天宮通訊》第 183 期，2011 年 2 月。
- 陳益源〈從前有一隻兔子〉。
- 陳琬婷〈台灣野兔〉，《清流月刊》第 11 卷第 3 期，2002 年 9 月。
- 科技文庫編輯小組主編《物理趣談（二）》，台北，世茂出版社，1984 年 10 月。
- 明天出版社譯《探索生態的祕密》，牛津家族國際出版公司出版，2005 年 6 月。
- 沈石溪〈兔年話兔〉，台北，台灣省政府教育廳兒童讀物出版部，1998 年 12 月。
- 楊喬雯〈兔子的消化及營養〉，《動物園雜誌》第 122 期，台北市立動物園，2011 年 4 月。
- 徐堂清編輯《自然文庫：哺乳動物》，時代公司。
- 張簡琳玫〈台灣野兔現蹤〉，《動物園雜誌》第 122 期，台北市立動物園，2011 年 4 月。
- 黃書瑋〈玉兔迎春獻吉祥〉，《中華寶筏》第 47 期，2011 年 4 月。
- 喬伊斯・波普（JoycePope）著，明天工作室譯《大不列顛動物百科》，台北，明天國際圖書公司，2006 年 10 月。

人剛猛，志氣軒昂，自信心強，一生近貴，能文能武，凡事皆通，中年後行大運，晚景享福；木兔女性，福壽無虧之命。

兔在十二地支中位居卯位，在一年之中是 2 月，也就是仲春的時候，此時草木萌芽，正開始茂盛。方向是正東方，屬震宮。在一日之中，卯時指上午 5-7 時，是太陽已東昇，光芒四射的時候。

兔在十二地支中為「卯」，表現逐漸上升，但性質溫和的能量，就像曙光乍現時的晨曦一般，讓人感到很柔和、安詳。

● 丁卯兔神將司馬

兔 在台灣的習俗與禁忌

祭祀月亮

對於月亮和月亮中的玉兔，民間有專門祭祀活動。明清時代，很多地方流行中秋節之夜，由婦女在自家庭院祭祀月亮。尤其以北京、山東為甚。明代北京人用一張「月光紙」代表月亮。畫面上方是佛教的月光菩薩，下方是搗藥玉兔。供品是圓形的水果、餅子。在月出之時，面對月亮進行祭拜。

與月亮有關的習俗，在台灣則是農曆 8 月 15 中秋節，中秋賞月吃月餅、文旦與烤肉，已是普遍而盛行的習俗與節日。

懷孕婦女的禁忌

傳說兔寶寶是由母兔缺唇中吐出來的！還有一種民間迷信，說懷孕的婦人千萬不可以吃兔肉，也絕不能看到兔子，否則會生下如兔子般缺嘴的小孩。也許是從前的兔子大半為野生，而野生的兔子又是穴居，所以一般人無從知其生

活情形。而且，看到兔子的嘴唇與平常動物的構造有所不同，於是就附會成這般由缺唇中產子的趣事了。

在古人的觀念中，兔子是陰物，所以記載有很多種兔子產子的故事，在《埤雅》這本最古的字典中，就釋兔為咀嚼而生者。因為在從前人的自然觀裡，以為動物皆有九竅（九個洞），而凡有九竅的動物都是胎生的。但兔子就不同其他，不論是公兔、母兔，都只有八穴，所以產子時，便只好從缺唇中吐生出來了。

我們現在常說，一些受孕率高的媽媽們有如「月兔」，要是不知其原由的話，還真有點摸不著頭腦呢！究其因乃古時的人，都認為母兔容易懷孕，且並不一定要雄兔來交配，有時只要舐一舐雄兔的毫毛，或抬頭望明月，便會受孕。現在聽起來雖然可笑，但是這種傳說，就有如固有文化一般，已深植民心，即使今日科學昌明，大家已經全盤了解這種說法純屬迷信，但還是有人引以為喻，來形容子女眾多的婦女。

兔 在台灣的民間信仰

● 太魯閣族崇德部落野兔壁雕

兔爺信仰

對於北京人來說，「兔爺」是最熟悉不過的了，即便在兵荒馬亂的年代，北京人也沒有淡忘「兔爺」。中國民間的「兔爺」據說就是月宮中的玉兔下凡，驅趕人間的一場大瘟疫，故此家家供奉「兔爺」，而供奉「兔爺」的時候，就在每年農曆8月15中秋節。在民間，老百姓們都遵守著「男不祭月，女不祭灶」的俗約，所以，祭月多由婦女承當。通常總是跟在母親身邊的小孩子，非常喜歡模仿大人的行為，因此產生了專供

● 雖非兔，但關公的坐騎赤兔馬也跟兔名有關。圖為花蓮市聖天宮帝君廟赤兔馬

參考資料
• 高雄道德院《玄妙真言典故集（八）》，高雄，2002年。
• 溫情〈兔年話兔子風情〉，《台灣月刊》第194期，1999年2月。

兒童祭月用的造像：兔爺。故宮博物院
現藏多種「兔爺」，就是皇家小兒祭月
的遺物。

　　明代還出現一種泥塑的彩色兔子，
叫「兔兒爺」，可用在祭月活動中代
表玉兔。明代陸啟法《北京歲華記》記
載：「市中以黃土博成，曰兔兒爺，著花
袍，高有二三尺者。」這種習俗一直延

● 台灣每年的燈會，總會以十二生肖為主角，年與生
肖的觀念在漢人傳統中有根深蒂固的地位。圖為2011年
兔年主題燈（苗栗燈會）

續到清末，社會各階層都購買兔兒爺加以供奉。徐珂《清稗類鈔‧時令類》云：
「中秋日，京師以泥塑兔神。兔面人身，面貼金泥，身施彩繪，巨者高三四尺，
值近萬錢。貴家巨室多購歸，以香花餅果供養之，禁中亦然。」這時候，兔子已
經完全成為月亮的代表了。

　　台灣近年則有引進「兔兒神」傳說，並設兔兒神殿供人祭祀，此流傳故
事最早記載於清袁枚《子不語》。

佛經中的兔子信仰

　　印度傳入中國的佛教經典中，兔子扮演一個非常獨特的角色——供養人。
這和佛教進入之前，中國關於兔子的固有文化傳統存在很大區別。佛教對中國
文化影響深遠，在明代的月光紙上，佛教所謂的「月光菩薩」就代替了中國傳統
的月亮神嫦娥。而佛教關於兔子捨身供養的故事經常出現在漢譯佛經中。

　　吳康居國沙門康僧會譯《六度集經》第二十一條〈兔王本生〉云：古代有個
梵志，避居山林數十年。狐狸、獺、猴子、兔子每天供養他並聽經。後來山果

參考資料

• 簡榮聰〈中國兔文化及其類緣〉，《中國民曆》，台灣新生報印
行，1999年。
• 陳連山〈世俗的兔子與神聖的兔子——對中國傳統文化中兔子形
象的考察〉，《民俗研究》，2011年第3期。
• 暉舟編著《十二生肖縱橫譚》，台北，國家出版社，1990年8月。

• 鏡泊〈仙奔入月中千里共嬋娟——嫦娥故事與中秋詩歌〉，《行天
宮通訊》第238期，2015年9月。
• 江寶釵編著《黃水文詩選》，高雄，麗文文化公司，2002年1月。
• 馬銀春《中華民俗禮儀對聯大全》，北京，中國三峽出版社，
2005年11月。

吃完了，梵志打算移居。四獸為了繼續聽經，各自設法尋找食物。其中有兔子積柴自焚，以身體供養梵志。梵志非常感動，就繼續留下來。佛說：「梵志者，錠光佛是也。兔者，吾身是也。獼猴，秋鷺子是也。狐者，阿難是也。獺者，目連是也。」這隻犧牲自我以供養梵志的兔子是為佛的化身。

佛教經典中的兔子，與中國文化關於神聖兔子的固有傳統很不一致，捨身供養的兔子，似乎不大符合中國主流文化的價值觀。因此，它在中國民眾中影響不大，迄今未見此類民間故事報導，也未見相關習俗出現。由於不具備典型性形象，不足以代表中國人關於兔子的觀念，算是一個特殊的例外。

兔 相關的動植物

兔耳花

「兔耳花」，亦稱兔子花，報春花科。多年生草本。球莖扁圓形。葉心臟形，叢生，質厚，濃綠色，邊緣有鋸齒，表面有白斑，葉背紅色。早春葉間抽生細長花梗，每梗頂生一花；花冠深裂成五片，向上反轉，形似兔耳，有紅、白、深紫等色。產於希臘、敘利亞、中國及日本，通常在溫室栽培，供觀賞之用。

阿里山兔蕨

「阿里山兔蕨」（細裂羽節蕨），蹄蓋蕨科，根莖細長被鱗片，二至三回羽狀複葉，葉柄淡褐色，孢子囊群圓型至橢圓形，長在葉脈上，無孢膜。本種曾出現在武上耕一（1922）列舉和動物有關的植物名中，日名直譯為阿里山兔蕨，經查一些日文植物書籍得知，日本有一種羽節蕨植物，其最下羽片有關節，羽片脫落後，其痕跡類似兔子嘴形，和名即為兔羊齒，因此阿里山兔蕨一名當屬日人類比該和名而取。產於台灣中央山脈，另分布於中國東北等北半球溫帶地區。

兔絲

「兔絲」別名豆寄生、吐血絲、無根草、菟絲子、菟蘆、菟縷、絲子、金絲草、大碧草、無根葛、菟藁、金線草、菟丘，客家語稱無根藤或金線草、無根草。

自生於全台山區、海邊的灌木叢、河邊的小樹間及石壩上，攀爬於灌木、沙地、綠籬之上。它不需要陽光，但卻喜歡生活在陽光下。

● 吃蔬菜的兔子

菟絲子屬於旋花科，一年生草本植物，它沒有根和葉子，而且全株找不到一點綠色，既不能從土壤裡吸收養分，也不能行光合作用，那要如何生存呢？原來菟絲子是一種寄生植物，黃色的莖會纏繞在別的植物上，而莖上面有很多圓吸盤，可以吸食寄主的養分和水分。每年夏天到冬天，菟絲子會開白色或黃色小花，一旦寄主的養分被吸收殆盡，便枯萎死亡，而這時，菟絲子也完成開花結果的工作了。

菟絲子的種子在土壤裡生長、發芽的過程，和一般植物相同，但是菟絲子的幼株會搜尋另外的一株植物，纏繞在它的莖上生長，並把絲線狀的根，深深地扎在另外那棵植物的莖裡，去吸取它的水分和礦物質。當菟絲子在寄主的身上長得穩固以後，自己的根就枯萎掉，接下來就一輩子纏繞在寄主身上過日子了。

海兔

海兔在海中棲息，外形卻像小兔子，非常可愛，是雌雄同體的生物，身長可以大至 10 公分左右，是最大且最長的後鰓動物。頭上有兩對明顯的觸角，看起來像兔子的耳朵。前面一對稍短，管理觸覺；後面一對觸角則分開成八字形，管理嗅覺。身上的顏色很多，而且炫麗耀眼，歐洲水域的海兔，顏色呈橄欖綠、褐色或紅色。

海兔身上大多具有「保護色」，呈現和周遭環境類似的顏色，以免被天敵發現，平白斷送一條性命。海兔取食大型海藻，有一套很特殊的避敵本領，就是

吃什麼顏色的海藻，身體就會變成那種海藻的顏色。

斑葉海兔

　　「斑葉海兔」，體長小者 0.5 公分，大者可至 2.5 公分左右。身體柔軟扁平，顏色主要呈綠色斑駁，體背有白色斑點突起，體背兩側的側足瓣較小且幾乎癒合。東沙島潮間帶共記錄有 6 種海兔，分別為斑葉海兔、截尾海兔、斧殼海兔、條紋柱唇海兔、長尾柱唇海兔、黑邊海兔。

兔耳袋狸

　　兔耳袋狸這種動物的樣子長得很奇特，鼻子又長又尖，身體的大小跟貓差不多，但看起來卻像一隻老鼠，長著兔子的耳朵。兔耳袋狸會在沙地裡挖個長長曲折的隧道。白天牠就在裡面休息，這樣可以躲避可怕的炎陽。夜晚涼爽了，兔耳袋狸才走出來到處亂翻亂掘，找白蟻和毛蟲吃。就跟澳洲其他野生小動物一樣，兔耳袋狸也有一些麻煩。來自歐洲的狐狸吃掉了不少兔耳袋狸，誤陷捕兔機的也死了不少。人們喜歡牠們柔軟的毛皮，以前也獵殺了不少。由於兔耳袋狸太稀少了，現在受到極嚴格的保護，以阻止數目再繼續減少下去。

兔袋鼠

　　「兔袋鼠」，生活在世界上天氣最惡劣的地方，澳洲的大沙漠。小型的兔袋鼠不喝水，比相同大小的其他動物更善於保存水分。

台灣兔耳蝠

　　「台灣兔耳蝠」，即「台灣長耳蝠」，主要棲居在高海拔山區森林中，為目前台灣蝙蝠海拔分布最高的種類，甚少見。

台灣唯一兔科──台灣野兔

在台灣地區，僅產台灣野兔一個亞種。兔科廣布於全世界各大陸及較大之島嶼，但不見於馬達加斯加、澳洲及紐西蘭。台灣野兔只分布於台灣，是台灣特有亞種，亦名山兔、膛兔、兔仔。分布於台灣從低海拔郊區到海拔兩千公尺的山區。

台灣野兔原本普遍分布於全島各地平地至林地、田野間的動物，近年來數量已非常稀少。在今日平原與山坡地早已開發殆盡的台灣，野兔失去了原先的棲息環境，逐漸往高冷山區退避，族群數量愈來愈少。從前在台灣鄉間，野兔仍然是鄉下人常常遇見的朋友，多在蔗田或圳溝旁的芒草堆內掘穴育子。現在可能在 2000 公尺以上的高山才能看得到。

台灣野兔雖然具有敏銳的嗅覺和聽力，以及強壯有力善於奔跑跳躍的後腿，但仍難敵人類強大的獵捕壓力及棲地開發，族群數量亦日益漸少。

台灣野兔喜愛棲息於附近有灌叢樹林的草地處，不論白天棲息或生殖育幼，通常不挖洞穴居住，而多棲居躲藏於林下草叢密蔽處或做一個簡單的巢；或是乾脆住在別人挖好的洞穴裡。日落黃昏時始外出覓食，整夜均可活動，喜食植物之幼葉、嫩芽。

參考資料

- 陳益明〈說卯兔植物名〉，《動物園雜誌》第 122 期，台北市立動物園，2011 年 4 月。
- 胡信華編輯《仙人掌與多肉植物》，台北，綠生活股份公司，1991 年 11 月。
- 李勉民主編《常見藥草圖說》，香港，讀者文摘遠東公司，1995 年。
- 李幸祥《台灣藥草事典（三）》，台北，旺文社公司，1999 年 9 月。
- 洋蔥妹〈待宵花和菟絲子〉，《國語週刊》第 1361 期，2007 年 11 月 18-24 日。
- 原住民族委員會 104 年度原住民生物多樣性傳統知識保護實施計畫《都歷部落期末調查成果書面資料》，台東縣原住民族委員部融岸文化教育促進會，2016 年 6 月 16 日。
- 邵廣昭主編《台灣常見魚介貝類圖說（下）》，農委會輔導處、台灣省漁業局，1996 年 5 月。
- 琦琦〈五光十色的軟體動物海兔〉，《益智國語週刊》第 267 期，2005 年 12 月 11-17 日。
- 陳吉賢〈海邊的無殼蝸牛〉，《兒童的雜誌》第 216 期。
- Christine Lazier《海邊生物》，台北，台灣東方出版社，1996 年 3 月。
- 賴景陽《台灣的貝類》，台北，自然科學文化事業公司出版部，1980 年 4 月。
- 喬伊斯・波普（Joyce Pope）著、明天工作室譯《大不列顛動物百科》，台北，明天國際圖書公司，2006 年 10 月。
- 石茵譯《世界親子圖書館：挽救自然》，台北，台灣英文雜誌社，1988 年 6 月。
- 淨琉璃〈玉兔獻瑞迎新年〉，《佛教觀音》第 67 期。
- 戴維・伯爾尼著、明天編譯小組譯《動物大驚奇》，台南，世一文化事業公司，2007 年 4 月。
- 黃俊麟《動物生態大百科（二）哺乳類》，台北，華視出版社，1988 年 9 月。
- 陳龍根總編輯《自然奇趣大觀》，香港，讀者文摘遠東公司，2002 年。
- 徐翔麟〈掃雪、蒿兔子〉，《八方風物》，台北，台灣商務印書館，1992 年 9 月。
- 黃書瑋〈玉兔迎春獻吉祥〉，《中華寶筏》第 47 期，2011 年 4 月。
- 沈陌農主編《小學生知識之旅：動物祕密》，高雄，愛智圖書公司出版部，1990 年 5 月。
- Jene Burton 著、陳一南譯《穴居動物的祕密》，新店，人類文化事業公司，1997 年 6 月。
- 今泉吉典、吉行端子、松井孝爾、宇田川龍南《動物》，紐約，時代公司。

1
0
9

台灣野兔後肢顯然較前肢長，善於跳躍，奔躍時趾行，慢步時蹠行，但亦有例外。前肢五指，後肢四趾或五趾。由於趾墊之間有毛髮覆蓋，因此在比較鬆軟的泥地上，當野兔出現活動後，往往會留下毛髮痕跡明顯的腳印。能適應各種環境且不懼強敵，後腿強壯有力，更擅於擺脫獵人追蹤，野兔跳躍奔跑的能力比穴兔好。

台灣野兔耳朵短，長度約為 6-8 公分，耳殼狹長，耳基為圓筒狀，末端有塊黑色的三角型斑。眼睛大而圓，顏色並非紅色，為黃褐色。

周璽修《彰化縣志》：「每孕一月而生。」早期台灣人對兔子陌生而有許多誤解，例如周鍾瑄修《諸羅縣志》引《埤雅》說：「兔，吐也，生子從口中吐出，視月而孕，目尤瞭。」可見先民對這種溫馴動物的理解相當少。

兔子是適應力強、繁殖又快的動物。母兔會把剛生下的小兔仔藏在安全的草堆或地洞中，然後四處去尋找食物，先把自己餵飽，才會產生高脂肪、高蛋白質的乳汁來哺育牠的兔仔們，因為小兔仔的爸爸可不會照顧自己的小孩。

台灣野兔一般為單獨行動，夜行性，常於黃昏或清晨時出來覓食，尤其在月光明亮的夜晚，野兔活動性最強。以禾草、樹木嫩葉、農作物及箭竹筍為食，是典型的植食性動物，具有發達的盲腸來消化植物纖維，喜愛取食植物之嫩葉、幼芽及樹皮，對於人類種植的農作物如竹子、花生、甘薯、稻子等亦來者不拒。

兔 相關的傳說故事

烏兔

「烏兔」，代稱日月，猶言光陰。在台灣的舊習慣，太陽叫金烏或金雞；月亮叫月兔或玉。

·兔·
地名考

兔子坑

「兔子坑」是台灣桃園市龜山區的一個舊地名，早期有「兔仔坑庄」，位於該區南部。1920 年街庄改正，改為「兔子坑」，其範圍大致包括龜山區今兔坑里、福源里、新嶺里南部。相傳其意指的是此地常有野兔在山谷中出沒。

參考資料
• 維基百科 https://zh.wikipedia.org/wiki/%E5%85%94%E5%AD%90%E5%9D%91

● 兔子大大的耳朵是明顯的特徵。圖為 2014 年花蓮太平洋燈會

在台灣南部的客家人就流傳著一種傳說，月亮裡面所見的黑點是一棵老樹，樹下住著一位名叫張老古的仙人，由於月世界非常寒冷，為了砍倒樹要取得足夠木材，只得日以繼夜地砍樹，不過張老古有一隻愛犬總是來妨礙，至今仍無法把樹砍倒。張老古砍樹暫時休息，愛犬就把他賴以活命的白飯盜走。沒有吃的麻煩就大，只好拚命追他的愛犬，等他再回到樹下的時候，剛才樹木被破掉的部分又通通恢復原狀。就這樣在月世界的張老古伐木未成功，一直不斷進行著。

《西遊記》中也有月世界的故事，其中兔子居於月之神家，月兔在人嫁娶時，下凡化作王女來湊熱鬧，十分富有趣味，月亮裡有兔子似乎是東方人普遍的信仰，有人說兔子是在搗餅，也有人說兔子是在搗藥。

參考資料
• 曾景來撰、闕正宗譯〈兔子的傳說（上）〉，《菩提長青》第 415 期，1988 年 6 月 25 日。
• 暉舟編著《十二生肖縱橫譚》，台北，國家出版社，1990 年 8 月。
• 鄭生仁〈同性戀是不是舶來品──中國同性戀的相關語辭與書籍〉，《國文天地》。
• 林語堂《中國古代故事名言》，台南，德華出版社，1980 年 2 月。
• 鏡泊〈仙奔入月中千里共嬋娟──嫦娥故事與中秋詩歌〉，《行天宮通訊》第 238 期，2015 年 9 月。

龜毛兔角

「龜毛兔角」為佛家語，指虛構的，在現實中不存在的東西。其意思是稀有而不易得到。俗信兔子長角、烏龜長毛，這世界就會亂七八糟。也有人認為，從前的兔子是長角的。

傳說中兔子有角，眼睛跟人一樣是黑白的，而今天的兔子沒有角，眼睛也變成了紅色，以下就是其由來。從前兔子與猺仔住在一起，猺仔是鹿的一種，外形毛皮與普通的鹿一樣，長著與一般大的角，至今在本島的山地深處居住，不過當時的猺仔是沒有角卻有長耳朵。有一次猺仔看見兔子美麗的角就非常想要，心裡暗想，自己的頭上能生角就好了，另一方面，兔子看見猺仔的長耳朵也非常羨慕，因此猺仔就開玩笑說要以自己的長耳朵交換兔子美麗的角，而兔子也很快就同意了。

猺仔取下兩隻耳朵拿給兔子，兔子也拔下兩隻角給猺插上，就這樣猺長了角變得強壯，非常得意地向深山走去。兔子看著猺的背影，左思右想，感到孤單，後悔取下角來，於是就追趕猺的背後而去，卻找不到猺仔。兔子悲從中來哭泣著，踞著前腳良久，揉著眼睛，因此兩眼變成紅色，而無法痊癒。這就是今日兔子紅著眼睛以及大耳朵的由來。

從肖 兔 看性格運勢與命理

兔在十二屬相中排列第四，兔年出生的人是十二屬相中最走運的人，正如中國神話中所說，兔是長壽的象徵，是月亮的靈魂，也是理想的婚配，民間因此流傳著「蛇盤兔，必定富」、「兔兒抓如意，姐姐招弟弟」的俗語。兔性和平溫馴，是吉祥的小動物，由牠值年，應該是一個和平豐收的一年。

生肖屬兔者，聰明，能言善道，有才幹，野心頗大，但很保守。有道德且謹慎，尚風雅。一般而言都很幸福。受人欽佩與信任，是商場上的能手，很守

信用，通常運氣都不錯。對於自己所愛的人非常溫柔體貼，但有時喜怒無常，且常無緣無故就哭起來。這種人大多時候生活得平靜無波，恬澹自適。

兔人清新有餘，有自己的風格，活潑機伶，鬼主意特別多，「狡兔三窟」是形容兔子常常備有幾個藏身之處，好在危急時能有不時之需，保障生命的安全。平時兔人喜歡留心觀察世事變化，收集情報，確實掌握局勢演變，好做未雨綢繆。但是有時候思想太複雜，結果令自己困在死胡同裡了。

大多數兔人均喜歡業餘嗜好多於實際工作。兔年出生的男生似乎喜歡動手做些家事，整理庭院，裝飾室內，屬於家庭型，常會分擔太太的家務工作，像隻安靜的兔子。所以，對象也要尋找能配合個性的，柔弱型女子較合適，穩重大方很重要，太外向型的女人會難以共同生活。屬兔的男性真的符合「狡兔三窟」的手腕，他們往往善於裝蒜也不輕易認錯。因為他的異性緣很好，職場上容易獲得異性幫助，其實是吃窩邊草的，經常譜出戀曲。屬兔的人很愛家也講究舒適的起居生活，但應該特別注意，切勿感情用事。

溫柔、細心的兔年生女生是許多人心目中理想的賢妻典型，善良具有敏銳的色彩感，但是為了保護自己，她們偶爾也會偽裝一下，戴著迎合環境需要的面具，熟識之後，她們才會表現出另外一面。她們也很重視情緒和氣氛，因此是一位感性的對象，心思細膩且照顧周到，祕書型很合適，也適合擔任宴會女主人或招待工作。

在十二生肖當中，肖兔的人是最有福氣且最好命的人。肖兔的人好命，與他們謹慎小心、溫文儒雅、和藹親切、個性害羞含蓄、聰明伶俐、有才智、體貼細心、口齒清晰、有抱負、保守、有卓越的愛好、思慮周詳、仁慈謙虛、和氣友善、多愁善感等，以及能夠以柔克剛的個性大有關係。這些可靠的特質，讓屬兔的人在十二生肖裡運氣最佳。

這種好運也會在職場上顯現。做事認真的人，未有不能成大功、立大業者，這正是一個領導者所必須具備的條件。他們高潔正直，誠實、守本分、盡忠職守，常獲主管的信賴。有人緣，是最受眾人愛憐的對象。

肖兔的人品味高，因此對於錢財不會節儉，應該要養成儲蓄的良好習慣，不要過度於品味的追求，而導致經濟透支。

　　至於傳說中的嫦娥奔月，有許多傳奇的故事，膾炙人口。寂寞的月宮裡，有一隻玉兔陪伴在美麗的嫦娥身邊。在許多童話故事中，兔子經常代表善良、機警勇敢，打敗邪惡狐狸和狼。在孩子的心目中，小白兔永遠是幸運、吉祥、純潔、美好的象徵。

　　歷史上肖兔名人，例如：

秦始皇嬴政：13歲繼秦王位，37歲滅齊，統一天下，在位12年。

漢武帝劉秀：昆陽之戰建奇功。歷史上著名的皇帝，施政被稱為光武中興。

周瑜：三國吳國的大都督，曾指揮歷史上著名的赤壁之戰。

魏文帝曹丕：三國時期魏國的建立者。

司馬昭：三國魏國大臣，其子司馬炎篡魏稱帝，即晉武帝。

嵇康：魏晉時期文學家、思想家、音樂家。

陶侃：東晉大臣。

岑參：唐代邊塞詩人。

晏殊：北宋一代名相，也是大詞人。

米芾：北宋著名書畫家。

郭守敬：元朝傑出科學家。

清乾隆愛新覺羅‧弘曆：在位60年，太上皇28年。

● 米芾的書法墨寶

石達開：太平天國翼王。

鄧世昌：清末海軍名將。

李寶嘉：清末小說家。

陸皓東：中國近代愛國者。

蔡元培：中國近代教育家。

胡適：近代學術界著名學者。

參考資料
• 高雄道德院《玄妙真言典故集（八）》，高雄，2002年。
• 溫情〈兔年話兔子風情〉，《台灣月刊》第194期，1999年2月。
• 江寶釵編著《黃水文詩選》，高雄，麗文文化公司，2002年1月。

● 荊軻刺秦王的典故被收錄在司馬遷《史記》的〈刺客列傳〉中

辰龍

龍在十二地支中位居辰，一年中的辰月就是3月。3月，是大地草長花開的季節，萬物生生不息……

龍的名字，怎麼來？

龍的釋義

　　「龍」本是一種想像傳說中的珍獸，誰也沒親眼目睹過，直至今日仍未發現「龍」的化石，而且古人所言的「龍」又是如此的四不像，所以據今人推斷，古人所謂的「龍」可能純屬代代相傳的一種圖騰式傳說。因此「龍」這個字就異於他類動物字，是形聲字而非象形字。

　　中國古代的農業社會，人們非常重視新年後的第一聲雷響（即十二節氣中的驚蟄），因為雷響的早晚會影響未來一年的雨量，農民相信雷響得早，當年的雨量將會比較豐沛，作物收成自然比較好。雷電的天象變化關係著百姓生計，經過人們的想像，電光石火和打雷的聲響成為龍降臨大地的跡象，有些人因此認為雷響的（隆隆）聲被轉化成「龍」的發音、形象，成為今天「龍」字的造字基礎。

　　龍隨著時代有興替消長，始終與漢人社會緊密結合，因此可以說，是最能代表中國文化的一種圖案。

龍的別名

　　隨著歷史演進，龍的形象也不斷改造，目的總在符合當時的人們期望。而龍的種類、名稱也日益增多，且在形式上產生了一定規範。

　　龍雖然僅是傳說中的動物，是「人造」而非「自然」的，但其「家族」卻出奇龐大，種類繁多，充斥於古代典籍之中。

　　龍的稱呼有「虬龍」、「螭龍」、「應龍」、「蟠龍」、「蛟龍」等等，其集飛禽走獸海潛特質於一身的吉祥瑞氣象徵，自古不單指帝王至尊，且是神靈之精的

● 龍雖是傳說，但隨著歷史演進，龍的形象也不斷的改造。圖為象徵金神的龍圖騰

代表。每年生肖屬龍的時候，生育率就明顯上升，畢竟龍子得寵。

中國人尤其對四靈：龍、鳳、麟、龜，有一種神祕崇敬之感，幾千年來繪聲繪影活在每一中華民族兒女心，尤其龍是眾靈之精、四靈之首。龍在民間的概念中，有許多不同稱呼：

「雲龍」：曹植〈七啟〉：「僕將為吾子駕雲龍之飛駟，飾玉輅之繁纓。」

「雲螭」：郭璞詩：「雲螭非我駕。」

「雨師」：《抱樸子》：「山中辰日稱雨師者龍也。」

「水物」：《左傳‧昭公29年》：「龍，水物也，水官充矣，故龍不生得。」

「鱗精」：《大戴禮記》：「鱗蟲之精者曰龍。」

龍的形象與變遷

龍是虛幻的神話動物，存在於東西文化之中，神奇多變，各種精采描述，都源於人們對自然萬象所產生的豐富想像力。《說文解字》解釋「龍」：「龍者鱗蟲之長，能幽能明，能細能巨，能短能長。春分登天，秋分潛淵」，這樣的形容，乃是從傳說已久的龍形龍狀而來。

龍的造型，因轉述時空之不同，而有不同形體出現，自遠古到近代，可說增減不斷，有些像極了麒麟行走之狀，有些像飛鳥之勢，有的是鬈鬢飄飄，有的是有如鱗蛇蟠身，更有千變萬化的龍紋出現，其中最被實證的玉龍文物、以及衣錦紋樣，龍的形影，隨著朝代藝術家、民俗的想像與演變，而有更為璀璨的應用，基於此，故事隨著牠的變化而變易，最具體的組合，如龍鳳、龍虎、龍珠的外形出現，故事壯麗，也符合人類期待。例如龍鳳配，指的是古代東夷族為鳥族，拜鳥部落，代表人物是少昊、帝嚳、帝舜、商湯、嬴秦等；而中原龍族的代表人物有黃帝、炎帝、堯、夏后氏、周文王等。

真正的龍究竟長成什麼樣子，自古以來雖有各種傳說，如三停九似、鷹爪蛇身之類，甚至有許多各具姿態的石雕畫像流傳下來，可是恐怕沒有一個人曾經看過。畢竟，龍本就是神話中的動物。相傳倉頡造字，是從鳥獸的足跡中，觀察到不同的線條，可以分別象徵不同意義，因而初造書契。世間既無龍，則此字是如何畫成其物，合理解釋是，龍原來就是蛇，由於中國北方黃河流域，在古代有大部分仍是草萊未闢之地，蛇類繁多，對人類造成危害，在恐懼之中，向

● 黃帝軒轅是傳說中龍族的代表人物之一。圖為黃帝軒轅與廣成子圖像

自然界認同的圖騰信仰於焉產生，將人和蛇視為同一淵源所生，希望藉認祖歸宗的手段，獲得蛇類不傷其類的特殊待遇，因而避免災禍。

　　蛇從自然物昇格為圖騰物之後，就帶有了神的性質，為了與自然界中的蛇加以區別，就須凸顯足以稱為神的特徵。於是，或加肉冠，或加觸角，或加四足，龍就脫穎而出於蛇類之外，自成一格了。龍是否由蛇演化而成，至少是初民與天地爭生存時，生活經驗的觸發點，若無力抗拒神出鬼沒的蛇威，反過來

● 龍龜合體的守財龜神

怕牠遠牠敬牠，蛇身為龍身的變化，就成為靈活的組合體了。

　　另有一說龍是遠古時代恐龍的化身，長頸長尾、雄壯威武，是萬獸之王，除在地上行走之外，也能在天上飛，又能潛入水中，代代相傳演變成龍；也有人說是看到水牛、鱷魚及鯉魚，在水中嬉戲翻滾，產生幻覺形成的，因為牠頭像水牛，脊腹像鱷魚，尾像鯉魚；有說是天上閃電與隆隆雷聲相應合而成，因龍與隆聲相同，閃電又是驚鴻一瞥，忽東忽西讓人捉摸不定，並帶來暴風雨或降甘霖；又說是海馬及長蛇的前身；其實龍是漢人一代一代將心中崇拜、敬畏、祈望依附在牠的身上，慢慢綜合演變而成，有時覺得龍恩浩蕩，有

時亦感到天威莫測，與心理感受息息相關，因而被大家接受。

● 遠古時代的恐龍也是龍的形象說法之一

的奇幻世界

龍壓根兒是不存在的嗎？

一般認為，龍是想像的產物，是某部落創造的圖騰，地球上根本沒出現過中國的龍。他們認為所謂「龍」，就是雷電，雷電閃光後發生「隆隆」的聲音，那閃光的形象就是「龍」，命名就和雷聲一樣喚作「龍」。堅持的理由是 7 千萬年前龍就絕種，數百萬年前才有人類，人類絕無看見龍的機會，在先祖經驗的傳承中也不可能有龍。

黃永武教授則認為：在年代上，人類雖不曾見過活龍，但極可能見過龍的化石，龍的形象是從骨架的化石上去揣摩還原，而不是憑空捏造的。古代人最早於何時見過龍的化石？由於缺乏記載，尚難斷定，但在《本草》書中已經有「龍骨」入藥。《本草》入藥的龍骨，與清代人誤以殷墟出土的龜甲為龍骨是不一樣的。明代人姜南的《墨畬錢鎛》：「龍骨，龍萬年不死，今之龍骨，或以為蛻，也見《本草》。按《造化權輿》云：『龍易骨，蛇易皮，麋鹿易角』。由此言之，信乎龍之骨，蛻骨也。」那時殷墟龜甲並沒出土，明代人相信龍骨是像蛇蛻皮一般，龍是蛻了一次骨，就長大一次的，龍蛻下了全身的骨，骨架仍按生前排列成形；其實這不是蛻骨，而是恐龍的化石。從《本草》到明代人，一定陸續有人發現過恐龍的化石，拿去當藥物了。

參考資料
• 簡榮聰〈台灣龍文化（上）〉，《台灣源流》第 17 期，2000 年 3 月。
• 黃師光男〈文化掠影〉，台北，國立歷史博物館，2001 年 10 月。
• 張俊飛〈談生肖成語〉，《歷史月刊》第 261 期，2009 年 10 月。
• 陳玉婕〈龍與戊辰〉，《山地文化》第 13 期，1988 年 2 月 25 日。
• 李天民〈古玉中的龍〉，《清流月刊》2004 年 1 月號。
• 葉劉天增〈龍的文化及龍的藝術〉，《龍藝術欣賞》創刊號，2005 年 1 月。
• 林保淳〈從圖騰經傳到小說看蛇的演化〉，《中央日報》，1989 年 2 月 6 日。
• 銀色快手〈龍族〉，《地球公民 365》第 35 期，2008 年 6 月。

古今目擊龍出現的資料

　　真的有龍這種動物嗎？中國人深信「龍」的存在。翻開古人的地方誌或各代正史，可以發現，若有人看見龍蹤，會當成大事列入史蹟中。人類的歷史文明日進，人心日明，雖是時遷代異，「龍」跡至現代仍屢見不鮮。根深蒂固的傳統思想並未嘗改變多少。龍跡的傳聞實在太多了。

　　（一）《春秋左氏傳》曾記載龍出現的時間和地點，例如〈昭公十九年〉：「鄭大水，龍鬥於時門之外洧淵。」洧水是當時鄭國境內的一條河，因為洪水氾濫而出現龍在洧水深處求偶爭鬥。

　　（二）另〈昭公十九年〉：「秋，龍見於絳郊。」這則記載對於龍的描寫更為詳盡。當時龍出現在晉國都城新絳（今山西侯馬）的郊外，正卿魏獻子就去請教博學多聞的太史官蔡墨，問說：「聽說龍是一種非常聰明的動物，所以很難擒獲，是否如此？」蔡墨就向他解釋，從舜的時代一直到夏朝，不但有人活捉龍，還曾設有養龍的官，以及馴龍、殺龍、食龍的人，同時提到了很多有關龍的故事、以龍為代表的氏族及後代，最後蔡墨還表示，後來因為大地上的水澤變少了，所以龍才變成稀有之物。

　　（三）《莊子外篇天運》記載孔子看到龍的精彩：「孔子見老聃歸，三日不談。弟子問曰：夫子見老聃，亦將何規哉？孔子曰：吾乃今於是乎見龍！龍，合而成體，散而成章，乘雲氣而養乎陰陽。予口張而不能嗋，予又何規老聃哉。」孔子見過老聃後回去，三天不說話。徒弟們問道：先生見了老聃，您怎麼規勸他呢？孔子說：我到現在才見到了龍。龍，合起來就成為一體，散開去就鱗光燦爛，變成了華美的文采，乘駕雲氣而翱翔於天地之間。我驚訝得嘴巴張開而不能合攏，舌頭舉著卻縮不回去，我還有什麼能規勸老聃的呢。

龍 與星宿及五行方位

● 恐龍糞化石

● 民間廟宇的龍壁

十二生肖中的動物，只有「龍」是不存在的動物。說也奇怪，世界上雖然沒有龍這種動物，但不論中外，都有許多關於龍的傳說，例如中國的龍象徵吉祥，西洋的龍代表邪惡，即使是不存在的動物，也能有無限的想像空間。

根據古文物所提供的證據，傳說龍起源於距今 8 千年前，慢慢演變而來。在經歷長期的研究和考據，大家取得一個共識，龍是多種動物的綜合體，是原始社會形成的一種圖騰，是中國人崇拜的標誌，龍也是虛無的，因為它是一種精神，不是一種物質。

龍常在生活器皿中出現，從遠古的彩陶、玉器，到近代的龍床、龍椅，甚至每十二年的相屬，對於龍的崇拜，簡直凌駕其他生物之上，包括萬能之靈的人類。龍，是漢民族供奉的精神圖騰，至今沒有人懷疑牠的實在性，正如原始人類祭天祀地的行為，蛇龜虎象也是崇敬的圖式。

龍在十二地支中位居辰，一年中的辰月就是 3 月。3 月是大地草長花開的季節，萬物生生不息。時間來到辰月，春天即將過去，夏天準備蒞臨，陽光溫暖，花草生長茂盛。方向指東南偏東，屬於巽宮。在一天之中，辰時指上午 7-9 時，是太陽光熱逐漸增強的時段，也是一般常民要出門上班上學的時候。

在中國傳說中，龍是一種神異動物，具有蛇身、蜥腿、鷹爪、蛇尾、鹿

參考資料
● 李友謀〈龍的文化（上）〉，《人間福報》，2000 年 10 月 20 日。
● 黃永武《愛廬小品讀書》，台北，洪範書局，1993 年 2 月。
● 湊復華〈乾坤交泰增吉祥〉，《行天宮通訊》第 194 期，2012 年 1 月。
● 蔡志忠《莊子說》，台北，時報文化出版公司，2003 年 2 月。
● 暉舟編著《十二生肖縱橫譚》，台北，國家出版社，1990 年 8 月。
● 方濟〈龍年談龍〉，《中國佛教雜誌》第 56 卷第 6 期，2012 年 6 月。
● 李天民〈古玉中的龍〉，《清流月刊》2004 年 1 月號。

● 二十八星宿東方蒼龍之象

● 竹山紫南宮「龍轉好運」金元寶

角、魚鱗、口角有鬚、額下有珠的形象。能隱能顯，春風時登天，秋風時潛淵，又能興雲致雨。

龍，對東方人來說，大致上是受敬重的，雖然在史冊與傳說中，也有惡龍的出現，比如說厲龍之屬的故事，但當美譽多於惡名時，龍往往成為人們生活中的希望，尤其靠命運過活的人，都深信不疑地說龍的種種好處，甚至盼望家裡有個龍子龍女，好為家族討個吉利，或換個好運氣。

龍是中國人最敬畏，也是最鍾愛的一種吉祥動物。中國人自稱是「龍的傳人」，把皇帝叫作「真龍天子」，龍一出現，就代表皇帝精靈的展現；興風布雨，則是海中的龍王在控制，龍王有蝦兵蟹將，住在富麗堂皇的海底大龍宮，威力其大無比。

龍是中國人想像出來的動物，不僅具有吉祥的意義，也是王者風範的表徵。一般人也都認為龍年出生的人會更容易擁有幸福和成功。

一般認為，龍象徵吉祥、如意，是中華民族圖騰的代表，所以中國人稱為龍種，龍的傳人自居，是尊貴、榮耀、權勢、財富的象徵。風水大師都以安置住家或辦公室擺設吉祥瑞獸來扭轉命運、趨吉避凶，使吉者添吉，富貴者更富貴，人人添福添壽，財運順遂，生意興隆。

由於中國人這麼喜歡龍，生小孩也要趕在龍年出生，希望藉著生肖屬龍，而能成為大富大貴的龍子龍孫，所以每個龍年，出生人口都暴增。

參考資料
• 余愚〈龍歲呈祥四季康〉，《福智之友》第100期，2011年12月。
• 黃師光男〈龍年談龍〉，《孔學與人生》第15期，2000年5月。
• 游福生〈有趣的生相歌謠〉，《台灣月刊》第224期，2001年8月。
• 趙慶河〈龍的傳人〉，《兒童的雜誌》第79期，1993年4月。
• 呂應鐘〈從十二生肖看先天特質〉，《皇冠》第501期，1995年11月。

龍 在台灣的習俗與禁忌

台灣端午競渡盛況

端午節，在台灣各地就陸續展開龍舟比賽，賽龍舟也是台灣重要的民俗活動。龍舟競渡也叫「鬥龍舟」，台灣民間則稱為「扒龍船」，這是端午節各項活動中的壓軸好戲，許多地區都同時分別舉行。

「5月5，龍船鼓，滿街路」，端午一到，台灣從北到南，從西到東，各地都興起了一片「龍船熱」，像台北新店溪、礁溪二龍溪、鹿港福鹿溪、台南市運河、高雄仁愛河、屏東東港溪都是非常著名的比賽地點。從清乾隆29年（1764），台灣知府蔣元烜在台灣府城法華寺半月池首創龍船比賽開始，台灣的划龍船習俗，便被留傳且繁衍了下來。不過，各地所見，「扒龍船」地點不是在溪河就是在池潭，比較特殊的則是在漁港內舉行，台灣有兩地，一在高雄縣林園鄉的「中芸漁港」，一在嘉義縣東石鄉的「東石漁港」，兩地的活動歷史都不長，林園鄉在1990年第一次舉行。

礁溪二龍村龍舟競渡

台灣宜蘭礁溪二龍村的龍舟競渡別具特色，有不讓婦女參加，甚至不准女性觸摸龍舟，以免不吉的禁忌。這種迷信流傳了將近200年。「二龍競渡」是指二龍村中的「洲仔尾」及「淇武蘭」兩個莊頭，每年端午節舉行龍舟競渡。二龍村的「龍舟競渡」非常特殊別緻，只有敲鑼而不打鼓，選手是以跪姿划船，也沒有設置評審裁判，勝輸全憑觀眾和選手主觀自行認定。二龍村的龍舟競渡古早前是為了驅除災荒和瘟疫，比賽以打鑼為記，並在龍舟畫上陰陽兩儀標記，是全台龍舟賽中最特殊的儀式。

「二龍競渡」是宜蘭縣地方文化傳統的寶貴資產。由於兩個莊頭的龍船連續使用了數十年，船體已經老舊甚至腐朽了，礁溪鄉公所為了讓歷史悠久的「二

龍競渡」文化繼續傳承下去，1979年特別請了廠商仿照二龍特殊的船體與色彩，打造了兩艘新的龍舟。並且依循古禮，先後進行絞船、絞尾槳、綁龍骨等儀式，最後請吊車讓龍舟下水，並邀請當地耆老體驗試划。

祭龍船

　　龍舟是端午節最重要的角色，而眾人所關心的焦點也在賽龍舟一項，其實龍舟賽會之外的龍舟祭祀，更是繁雜而隆重。俗語有謂：「百日造船，一日過江」，說明造龍船本就是一浩大的工程，賽龍舟之前，無論新船或每年都得整修一次的龍船，都得擇日請地方首長前來開光點眼，有些地方還要迎龍船王出巡，向民眾宣說賽龍舟之日已近，接著還得請道士請水神，燒香點燭，眾人共祈賽會順利，行船平安，並放舟下水，此後龍船可供各隊練習。隊伍初次下水時需擺設香案祭拜龍船，並在船首的龍舌下塞一疊金紙，登上龍舟，然後再向水中施灑金紙，祭祀水神及河中的孤魂野鬼。比賽完後，必須擇日謝水神，並請龍船神退位，再將龍船扛到岸上，存放在專為龍船而設的龍船厝中，在行謝江儀式，龍舟賽會至此告一段落。

● 花蓮鯉魚潭龍舟賽

● 鹿港龍舟

龍 在台灣的民間信仰

台灣龍的信仰

以南投縣魚池鄉麒麟宮代化堂「神龍由來」為例，民國 69 年間，大林村陳滿先生在水社大山，發現狀似龍形的樹根，即告知麒麟宮代化堂管理委員會，當屆黃哲雄主任委員號召信徒展開挖掘工作，歷經數天，終於挖出，便將「龍身」迎回麒麟宮代化堂，暫置活動中心走廊。有神身無龍頭之時，神奇事蹟發生了，黃玉城信徒竟道出日前夢見「龍頭」在合歡山麓，大家半信半疑，結伴遠赴合歡山尋找龍頭。果然神準，竟然在合歡山麓翠峰處與龍頭相逢，恭恭敬敬將龍頭迎回麒麟宮代化堂，與龍身完美結合。69年 11 月，欣逢魚池鄉清醮盛事，隨著時光歲月的流逝，一晃過了 33 年，又逢魚池鄉祈安三獻祭典。在龍年歲末年終時，第 18 屆王慶煌主任委員邀請信徒，發心重新塑造神龍神木之英姿，以期庇佑信眾平安，風調雨順。（口述：黃明壽等，連東祥撰，2013 年 1 月 3 日）

高雄鳳山九龍池

九龍池的九條龍，以九種不同顏色石材雕成，並按五行八卦九宮方位排列，中央主龍屬黃龍，採用浙江的黃石；南方屬紅龍，以四川紅石雕成；東方屬青龍，採用福建青鬥石雕造；北方屬黑龍，以內蒙黑石刻成；西方屬白龍，利用廣東白石雕刻；環繞主龍周圍的另外四條巨龍，合併成為九宮，象徵祥瑞。

文台寶塔的龍脈

金門舊金城的文台寶塔，《金門縣志》中記載，文台寶塔由明朝江夏侯周德興建於明代洪武 20 年，以為航海標誌。民間則流傳著這樣的故事：當

年明太祖命江夏侯駐守金門，奉命以來，江夏侯的足跡踏遍金門的每一個角落，一方面視導防務，一方面觀山看水。當他行至今文台古塔處時，赫然發現此處的山水，有靈秀之氣，並且是風水龍脈所在。發現了天機之後的江夏侯陷入猶豫，這樣地靈人傑的風水，可遇不可求啊！但也有可能會引起天下動盪。經過長思之後的江夏侯，終於決定鎮住龍脈，破壞風水。他不動聲色的在此處建了一座寶塔。於是，文台寶塔動工了，龍脈的風水因此被鎮住了。之後更傳說無法形成投胎的「生命星宿」化身成一匹白馬，日日夜夜撞擊著寶塔，其足跡深深地印入巨岩裡。

四海龍王例祭日

海龍王在台灣的民間傳說中，最具代表性的恐怕是哪吒鬧東海抽龍筋的故事，這則出自《封神演義》的故事，可信度雖低，但龍王爺在台灣人的心目中，卻扮演著海神與水神雙重角色，早期人們祈雨便有迎龍王以求龍王降雨之俗。台灣的龍王信仰，首推康熙 55 年（1716），創建於台南東安坊的龍王廟。王必昌修《台灣縣志》謂：「龍王為海瀆之神，建廟崇祀，所以保障海邦，非第為祈禱甘霖也。」又云：「雍正 2 年，敕封四海龍王之神，東曰顯仁、南曰昭明、西曰正恆、北曰崇禮。俱遣官齎送香帛祭文，交該地方官致祭。」說明前清時，無論民間或政府對四海龍王的祭祀都相當隆重。早期台灣的四海龍王

參考資料

- 李波特〈民俗談片——五月五划龍舟〉，《中央日報社生活選集第一輯》，1979年2月。
- 林文龍《台灣中部的人文》，台北，常民文化事業公司，1998年1月。
- 王致凱〈龍舟文化大不同〉，《康軒學習雜誌》第167期。
- 黃文博〈趣談民俗事：台灣民俗趣談〉，台北，台原出版社，1993年1月。
- 顏倉吉〈宜蘭二龍村龍舟賽〉，《源》第26期，2000年5-6月。
- 劉還月《台灣歲時小百科（上冊）》，台北，台原出版社，1989年9月。
- 陳輝〈五月五龍船鼓——談中國龍船藝術〉，《國立中央圖書館台灣分館館訊》第9期，1992年7月。
- 張彩鳳〈迎端午看龍舟——造型、材質大突破，今昔龍舟有不同〉，《國語日報》，2014年5月24日。
- 潘廼禎〈士林歲時祭〉，林川夫編《民俗台灣》第一輯，台北，武陵出版社，1990年1月。
- 莊金國〈夜間划龍舟——星光愛河創意登場〉，《新台灣新聞週刊》第430期，2004.6.19-6.25。
- 國分直一〈淡水河的民船〉，林川夫編《民俗台灣》第四輯，台北，武陵出版社，1990年5月。
- 蔡蜜綺〈手工製龍舟傳承百年技藝〉，《國語日報》，2017年5月29日。
- Ron〈千年傳統划龍舟風靡全球〉，《地球公民365》第71期，2011年6月。
- 劉還月《台灣民間信仰小百科節慶卷》，台北，台原出版社，1994年2月。
- 婁子匡、許長樂《台灣民俗源流》，台中，台灣省政府新聞處，1971年5月。

1. 水里受鎮宮木塑造型龍
2. 魚池鄉麒麟宮的神龍頭

3. 在台灣以龍為名的寺廟到處可見

廟，至少有九座之多，如今這些廟都已難覓其蹤，四海龍王僅成為某些水仙宮
或媽祖廟配祀之神。

安龍神

　　龍神是傳統人們心目中的地理風水之神，無論是家宅、土地或者寺廟，都
有龍神的存在，只是在建設完成之後、開始使用之前，必要有「安龍神」的儀
式，以祈龍神安好位，護衛院落。由法師主持的安龍神儀式，從設香案請神開
始，然後拜頌龍神經文至一個階段，再進行安龍神儀式，主要是將青龍安奉在
建築物正殿的地下，道士將青龍放入預先挖有洞口的土方下，接著放入上疏祝
文的瓦當，焚燒金紙後，便可封住洞口，完成安青龍的儀式。有些法師於安龍
神時，會仿道士科儀中的堆米龍，並頌經禱祝，接著安請龍神。米龍於謝神之
後，現場的每個人可分取一小袋米及一兩個象徵龍鱗的銅板，相傳這些龍米和
龍銀，帶回家放在米缸或衣櫃中，可使家庭財富源源而來。安龍神的最後步驟
是謝神，境內的村民都必須準備牲醴祭祀諸神，並由法師誦唸表文，最後一併
焚燒歸天，表示儀式圓滿結束。

客家炸龍

　　苗栗「炸龍」是客家節慶之一，是元宵節的重頭戲，即用鞭炮炸舞龍。在活動中，民眾以大量鞭炮、蜂炮轟炸舞龍，祈求得到去舊迎新的喜氣，每年元宵節之前，苗栗市區就會有許多大小不同的炸龍活動隊伍。穿梭在大街小巷，

● 南投鹿谷清水溝受龍宮

尤其傍晚以後，鼓聲喧鬧，龍隊奔騰，讓人感到濃厚的年節氣氛，且隨著元宵愈來愈近，炸龍的炮火也愈來愈猛。

相關的藝術表現與器物

龍圖騰與藝術

　　談到龍，許多人都會覺得親切、神祕，但似乎又有些遙遠。的確，龍不僅是神話中的動物，也是一種信仰與文化；更重要的是，龍也是自古以來最常出現的藝術表現題材，包含美術、繪畫、裝飾等。

　　中國人是以龍為圖騰的民族，因此在信仰上繁衍出許多有關龍的文化，如舞龍、龍舟競渡、龍紙雕、龍風箏、剪紙、童玩、歌謠等，龍的造型，在各種文物上，廣泛的被使用。

參考資料
- 莊伯和《民間美術巡禮‧藝術見聞錄之二》，台北，雄獅圖書公司，1982年7月。
- 簡榮聰〈台灣民間醮典文化〉，《台灣月刊》第253期，2004年1月。
- 玄真〈血的救點與靈力〉，王秋桂主編《神話、信仰與儀式》，板橋，稻香出版社，1996年7月。
- 馮天蔚《客家小小筆記書‧建築篇》，台北，行政院客家委員會，2003年11月。
- 連雅堂《雅言——台灣掌故三百篇》，台北，實學社出版公司，2002年8月。
- 蘇永欽〈燒龍——客家年俗省不得〉，《台灣時報》，1994年2月28日。
- 江寶釵編著《黃水文詩選》，高雄，麗文文化公司，2002年1月。
- 黃明珠〈南部道教中心——鳳山市鎮南宮仙公廟〉，《豐年》第53卷第16期，2003年8月。
- 洪春柳〈金門風水的傳奇〉，《明道文藝》第178期，1991年1月。
- 劉還月《台灣歲時小百科（上冊）》，台北，台原出版社，1989年9月。
- 劉還月《台灣歲時小百科（下冊）》，台北，台原出版社，1989年9月。
- 劉還月《台灣民間信仰小百科廟祀卷》，台北，台原出版社，1994年2月。
- 劉還月《台灣民間信仰小百科靈媒卷》，台北，台原出版社，1994年2月。

中國民間，自古至今，有甚多的繪龍造型，展現在器物上，這就是源遠流長的龍圖騰崇拜。舉凡傳統器皿、建築，往往以龍為藝術表現的題材形式，生氣勃勃的傳達出所含蘊的精神意義。

● 龍花燈

澎湖金龍寶塔

塔在傳統的觀念中一直扮演著莊嚴與鎮守的意義，尤其是造型宏偉、體積龐大的塔，更具有壓煞、祭煞的直接意義。台灣的塔，種類繁多，尤其以澎湖的石塔最為特殊。就近以硓古石搭成，圓型五至九層為多的澎湖石塔，規模大小並無一定限制，小者不及人高，巨者高達四層樓，形制上也有多種變化，或符咒為頂、或葫蘆為頂、或

● 精美的龍柱

以靈獸鎮塔。七美鄉東湖村海岸邊陲的金龍寶塔，就是請龍來坐鎮，一來可鎮風煞，二可驅邪魔鬼怪，三可改變風水、招財進寶，功能可謂多重。塔分九層，砌工考究的金龍塔，前設有供桌及香爐，供村人隨時膜拜，顯見寶塔已從鎮煞物，昇化成人民的守護神。

龍骨車

以農立業的台灣，雖然氣候適宜，土壤肥沃，但平原面積甚窄，多為起伏不定的山坡地，為利灌溉，興水利乃為第一要務。

「龍骨車」：即水車，幾千年來，舊農村尚未有抽水馬達的時候，農田灌溉依靠水車汲水耕作。不管是大小水車，都陪伴著先民「透早就出門，炎日赤日頭，日頭那落山」的人生歲月，有辛酸，有歡樂，也有屬不盡的故事傳承。

龍骨水車，古書上都叫「翻車」，是中國古代最著名的農業灌溉機械之一。在台灣，龍骨車為前清至日

● 台灣早期龍骨水車

治初期，農民們引水灌溉最重要的工具。據《後漢書》記載，龍骨車這種灌溉機械是東漢末年所發明。龍骨車最初是利用人力轉動輪軸灌水，後來機械製造技術日益進步，發展了以畜力、風力和水力作為動力的龍骨水車。

● 《天工開物》內的龍骨水車

龍銀

「龍銀」是一種銀色的錢幣，台灣民間視其為吉祥物，不僅可用來趨吉避凶，婚嫁時，也有人使用它做為婚嫁之禮。另外，台灣有一些關於白馬的傳說，而且許多與這則相似，常常都是發現白馬的人，只要跟蹤牠，最後就可得到意外寶物這樣的情節類型。

竹龍

南投縣竹山鎮公所為使地方的竹編藝術能夠在 1998 年全國文藝季中凸顯出來，特別委託曾經代表國家出任竹木工藝技師的陳高明，製作全台最大的竹龍於文藝季活動期間在社寮紫南宮前展出。此竹龍全長 40 餘尺，龍頭高約 6.4 尺，以竹架向上推高 20 尺，將竹龍之美呈現出來。竹龍製作分成頭、身二部分，頭用高海拔生長較具韌性的孟宗竹約 10 支，身與尾則以 45 支桂竹，並將竹子削成 2 公分寬、0.3 公分厚的竹片，再以竹編結構拉力最強的六角孔編織方式編成，全身均為竹材的龍尚屬少見。

● 龍牆

● 魚池鄉麒麟宮崇聖門的龍形交趾陶

廟宇中的世界

台灣民間一般廟宇顯然成為一個龍的世界,殿頂的螭吻、龍柱或廟內每個角落,處處都有龍的裝飾雕刻或圖案,殿門或殿內兩旁都立著「龍吟虎嘯」的雙壁,目的是顯現一種莊嚴肅穆的氣氛。

台灣龍馬郵票

清光緒 14 年間,台灣首任巡撫劉銘傳創辦台灣郵政,曾委由英國倫敦維爾金生公司承印飛龍銀馬圖郵票,全套 2 枚。這批後來被郵壇稱為「台灣龍馬郵票」的郵品,台灣郵政因故未能發行,當時台北錫口段和錫口水返腳段完成鐵道通車(台北基隆間),台灣政府便以庫存的龍馬郵票改作鐵路車票使用。雖然它未曾有過一天當成郵票使用的紀錄,但終究其原始身分是要印成郵票的,故仍受郵壇人士重視。除了元年為臨時急需,以前清時期庫存蟠龍票加蓋外,不再有龍圖郵票。政府遷台後,與龍相關的郵票有多套,其旨趣已非彰顯威權,而是從中華傳統文化角度切入。

 相關的動植物

● 龍舌蘭

龍舌蘭

「龍舌蘭」,龍舌蘭科,別名百年草,常綠灌木,無幹,多肉植物。肉質葉放射生長,圓球形,葉長可達 2 米。表面有白粉,緣具銳利,花莖伸長,高可達 8 米。

參考資料
- 莊伯和《民間美術巡禮・藝術見聞錄之二》,台北,雄獅圖書公司,1982 年 7 月,
- 劉秉果〈中流九龍舟誰肯相參差──中國古代龍舟競渡的發展演變〉,《歷史文物》第 14 卷第 6 期,2004 年 6 月。
- 馬銀春《中華民俗禮儀對聯大全》,北京,中國三峽出版社,2005 年 11 月。
- 潘元石《民俗版畫大觀》,台北,行政院文化建設委員會,

1991 年 12 月。
- 馮明珠、李梅齡總編輯《世界文明瑰寶:大英博物館 250 年收藏展》,2007 年 2 月。
- 劉還月《台灣民間信仰小百科靈媒卷》,台北,台原出版社,1994 年 2 月。
- 李友謀〈龍的文化(上)〉,《人間福報》,2000 年 10 月 20 日。
- 故宮文物月刊社〈龍年文物月刊〉,《故宮文物月刊》第 59 期,1988 年 2 月。

台灣因雨量豐沛，崇山高聳，能使寒溫熱三帶植物滋生島上，故手工藝品的原料常年取用不竭，是促進台灣手工藝發展的一大因素。龍舌蘭即為任何環境皆可生長繁茂的植物，主要為麻繩原料，其纖維純白結實，耐水性強，又可做其他的手工織品，用途頗廣。

此外，墨西哥人用仙人掌釀出全世界獨一無二的龍舌蘭酒「特吉拉」（Tequila），墨西哥境內共有136種龍舌蘭植物，只有藍色龍舌蘭才是製造龍舌蘭酒的原料。

龍柏

「龍柏」，柏科，常綠小喬木。係圓柏變種之一，聳立如柱。原種為大陸原產的圓柏的園藝變種，此外，圓柏亦產於日本、韓國等。龍柏由於樹形極優美，被視為世界上最佳庭園植物之一。

龍柏樹形直立、挺拔，呈狹塔狀或狹圓筒狀，曲線優美，植株愈大愈顯其螺旋狀伸展之曲線，葉呈墨綠色。龍柏除了單獨種植觀賞外，常被用來種植成列的圍籬，十分雅致。列植時其空間方向感或界定極為明顯，若植株高大時，極具強烈效果。

龍爪茅

「龍爪茅」，屬禾本科龍爪茅屬，別稱龍爪草、埃及指梳茅、竹目草等，一年生草本。全台灣海岸、蘭嶼、綠島、澎湖等離島都可以找到它的蹤跡。龍爪茅的樣子就像爪子，花序上的每個小穗都長了一根細細的「芒」，一個個小穗排列起來，讓人聯想到龍的體節；而一枝枝的花序又組合成一奇特的爪子。

龍爪花

「龍爪花」，石蒜科多年生草本植物，其名因其花瓣外翻，狀似張牙舞爪的龍爪子一般而來，又稱金花石蒜。龍爪花依花色分有紅花石蒜、金花石蒜，還

有白花石蒜等。

台灣山龍眼

「台灣山龍眼」，生長於中國華中、華南、湖南、江西、廣東及台灣低海拔闊葉樹林中。為常綠小喬木。果實圓球形堅果狀，徑約 3 公分，熟時茶褐色，此茶褐色之果實成串自近枝端處下垂，遠望之如龍眼，故有山龍眼之稱。

石龍尾

「石龍尾」，玄參科，多年生草本，常生長於湧泉豐富的溝渠，莖圓筒形，光滑無毛，腋生。

石龍尾是沉水植物，但到了開花期，葉片就會出水，好吸收更多的陽光幫助花開。有時候，水位突然增高，莖脖子不夠長，也只好勉強在水裡開出花了。說起它的葉片，是很特別的。水面上、下兩個款式，上部的葉呈輪狀分裂、無柄；沉水葉卻柄長而多裂，裂片又細又扁平，水族箱裡常常看見它，如果是在野地，那麼池塘、沼澤地也不少，甚至連海邊也看得見呢。

原本廣泛地分布於台灣中北部沼澤、溝渠及池塘間，近年因土地之開發及水質之污染，而使族群日趨式微，已經愈來愈難覓了。

龍宮翁戎螺

「龍宮翁戎螺」，屬於翁戎螺科。俗稱「龍宮貝」，貝殼大型，圓錐形，有紅黃色火焰彩，殼口外唇有細長的裂縫，殼底臍孔大而深，口蓋角質呈圓形，殼徑可達 20 公分。產於台灣東北外海的深海底，稀產而不易獲得，十分珍貴，是有名的活化石，1970 年在台灣近海撈獲的一枚標本，後以相當於台幣 40 萬的高價賣給日本鳥羽水族館，創貝殼售價的世界紀錄。

● 野生龍葵

龍葵（光果龍葵）

　　「龍葵」是鄉下人家戶戶皆知的野菜，也是台灣原住民族普遍食用的野菜。煮龍葵湯不加鹽，飲之可以解宿醉，止渴消暑。也可以煮龍葵小米粥或龍葵白米粥。龍葵可以與山胡椒一起煮湯，也可以與山肉桂一起煮湯。

　　屏東排灣族德庫富部落，族人在收獲祭的小米入倉的第二天，都要準備三梱小米穗，每梱要插上血桐恫（vaw）的葉片，祭祀完後，再摻入龍葵煮成小米粥。吃過後加入龍葵的小米粥後，才可以吃其他的野菜、青菜。這實現龍葵在族人的飲食文化中具有它的地位。龍葵的傳統料理以煮熟後加鹽調味或以花生粉調味。其次料理法係pinuljacegangavaqu（摻入野菜之小米飯），小米即將煮熟前，將龍葵加入小米飯中並挾拌以增加其龍葵的香氣。族人在辦理婚禮招待親友以龍葵為野菜之中心主角，調配其他菜單招待客人。

紅龍果

　　「紅龍果」（火龍果、芝麻果）其實是仙人掌的果實，營養成分非常豐富，屬多年生攀爬性植物，正式的名稱為「三角柱仙人掌」，它的莖呈三角柱狀，又長又肥厚，可以用來儲存水分，莖上還有許多葉子退化而成的刺。常見的紅火龍果有兩種：白肉和紅肉。果肉可以直接吃、做成果醬、霜淇淋，或加蜂蜜、鮮奶打成果汁喝。

　　紅龍果的果實外觀鮮紅豔麗，果皮上狹長形的果瓣，有點像龍背上的鱗片，因此，常常被人們選作拜拜

● 紅龍果又稱火龍果

● 龍鬚菜

用的供品。

龍鬚菜

「龍鬚菜」本名應為佛手瓜（也叫梨瓜）、隼人瓜或香櫞瓜等，是多年生的瓜類植物。因為外型多鬚而得名，實際上它是佛手瓜植物的莖端，全長大約 30 公分，包括嫩莖、卷鬚和幾片幼葉。目前全台平地普遍栽種，一年四季都供應無缺。

龍鬚菜為佛手瓜植株嫩梢 15-20 公分部分，維生素 C 很豐富，素炒或加香菇、豬肉等，都很可口，還能促進腸胃蠕動，防止便祕、高血壓等，是很好的環保蔬菜。

龍眼

台灣栽培龍眼的品種約有 20 多種，台南、南投、高雄產量最多，台中、彰化、嘉義也都有種植。龍眼高約 10 餘米，皮粗易裂。葉為羽狀複葉，6-11 片不等。葉脈為平行脈，小葉對生或互生，葉緣為波浪狀。春夏之間開小花，萼片分離。花朵很小，呈黃色，排列如屋瓦，花瓣不等，有白毛。

「龍眼」的果肉非常營養，可以直接當水果吃，新鮮的果實經過烘乾或炒熟，就成為乾燥的桂圓。能夠貯藏很久，是中藥中的補品。把桂圓剖開，取出乾燥的果肉，叫做桂圓肉或龍眼乾，含糖分很高，可以製成糖果、糕點，也可以煮出桂圓湯。

台灣民俗，農曆 7 月 15 日為中元節，家家戶戶都會準備一些食物，祭拜孤魂野鬼，普渡眾生。在備用祭品之中，龍眼常是必然的選擇。有一部分原因正好是當季水果，另一原因，則是一種傳說。相傳民間稱之為好兄弟的孤魂，在接受凡人的祭品時，相當有規律，每一人家的每一種供應，僅取一份。但因好兄弟太多，一般人家每一樣

● 龍眼

都會準備很多份。於是，龍眼的果粒眾多，自然就成了大家常備的供品。

番龍眼

「番龍眼」：無患子科。蘭嶼各村落附近，分布於海拔 150 米以下平坦坡地或溪谷中，台東亦有分佈，太平洋諸島、菲律賓、馬來西亞均可見其蹤影。除栽培為果樹及綠化樹種外，於蘭嶼各村落附近，可見小面積的野生林，究竟為自生種或當地原住民引進栽植為用材或果樹者，已不可考。台灣本島早期之栽培，以台東為多，故「番龍眼」亦有「台東龍眼」之稱。

龍鬚糖

龍鬚糖的製作方式非常有趣，師傅將糖塊一邊對折拉長，一邊沾滿麥芽粉，避免黏在一起，慢慢拉成細絲，一點都沒有拉斷，然後剪成一段一段的，包進花生粉或芝麻粉。龍鬚糖是用蜂蜜和麥芽熬煮成塊狀，冷卻後再拉成細絲，據說是做給皇帝吃的點心，所以叫作「龍鬚糖」，又因為細密如絲的龍鬚糖吃起來香甜柔軟，又稱為麵綿糖。

土龍

台灣「土龍」，根據民間的說法，這種似鰻似蛇的奇異生物，具有補血壯陽的功能，長久以來，一直都被部分男子視為恩物，而這種神奇的恩物，都為野生種，捕捉相當不易，價值自然也就貴得離譜。

黃龍藥酒

台灣馬祖東引特產「黃龍藥酒」，此酒源於古代皇帝忙於國政，周旋於嬪妃之中，常有御用聖品之傳說，東引酒廠乃採古代禦醫祕方精心泡製，主要功能在於驅風濕、調氣血、腰酸背痛、關節炎、強壯筋骨。

參考資料
• 暉舟編著《十二生肖縱橫譚》，台北，國家出版社，1990年8月。
• 王賽時〈中國食蟲的歷史由來及區域特色〉，《中國飲食文化基金會會訊》第9卷第4期，2003年11月。
• 姜濤主編《中國傳奇：民俗生活趣談・蟠龍黃魚》，台北，華嚴出版社，1994年7月。
• 王國和、林賢治《國小自然辭典》，台北，哲治出版社，1977年1月。
• 張哲永《神祕的官府筵席與民間佳餚》，台北，弘文出版公司，1997年11月。
• 姜濤主編《中國傳奇：民俗生活趣談》，台北，華嚴出版社，1995年7月。

龍 相關的醫藥及醫療

龍骨

　　「龍骨」是一味漢藥，是獸類的骨頭，已經完全變為所謂的礦物質化石，雖然並非龍的骨骼變化成形，但在習慣上卻統稱龍骨。其顏色常是黃中略帶褐色。有時深淺不一，藥店中叫做「五彩龍骨」，並且認為是龍骨中的上品。此外還有龍牙和龍胎。龍牙是一粒粒的牙齒，有的是犬齒，也有切齒或臼齒，形形色色，大大小小。

龍涎香

　　「龍涎香」，別名龍涎、龍泄、龍腹香，異名鯨糞（日本《和漢藥考》），《本草綱目》列於鱗之一，龍的項下。不載性味與主治。謂入諸香，能收腦麝，數十年不散。《本草綱目拾遺》列入鱗部，謂能活血、益精髓、助陽道、通利血脈。

玉山龍膽

　　「玉山龍膽」，為台灣特有植物，產於海拔 2300-3800 米之高地。最早期的

參考資料

- 陳益明〈壬辰年說九龍名植物〉，《動物園雜誌》第 126 期，台北市立動物園，2012 年 4 月。
- 胡信華編輯《仙人掌與多肉植物》，台北，綠生活股份公司，1991 年 11 月。
- 吳美嬌〈有毒的長春花、龍舌蘭、霍香薊〉，《童報週刊》第 57 期。
- 陳從龍發行《可愛世界（下）植物篇》，台北，國語週刊雜誌社。
- 顏水龍提供、黃春秀整理〈台灣編織材料簡介〉，《國立歷史博物館館刊》第 2 卷第 7 期。
- 謝森展編著《台灣回想》，台北，創意力文化事業公司，1993 年 1 月。
- 雲海〈爬出一片天的高手爬藤植物〉，《國語青少年月刊》第 188 期，2011 年 8 月。
- 鄭元春《台灣的稀有植物選介（再續）》，台北，台灣省立博物館，1989 年 4 月。
- 允晨〈龍爪花〉，《大同雜誌》，2010 年 11 月號。
- 蕭婉珍、劉婉玲、吳美蓮編輯《佛教的植物（上）》，台北，全佛文化公司，2001 年 7 月。
- 洪心容、黃世勳《藥用植物拾趣》，台中，國立自然科學博物館，

2002 年 11 月。
- 呂福原、歐辰雄《台灣常見樹木解說手冊（續）》，台灣省農林廳林務局。
- 張勵婉等《蓮華池亞熱帶常綠闊葉森林動態樣區：樹種特徵及其分布模式》，台北，農委會林試所，2012 年 4 月。
- 應紹舜《台灣的高山植物》，台北，渡假出版社，1985 年 8 月。
- 黃啟敏《熱帶觀葉花木》，台北，世界文物出版社，1980 年 6 月。
- 鄭元春〈與香龍血樹做朋友〉，《國語週刊》第 825 期，1997 年 8 月 10-16 日。
- 鄭元春〈易栽易長大家都來種銀龍〉，《國語週刊》第 869 期，1998 年 6 月 14-20 日。
- 張碧員〈水生植物欣賞篇〉，《綠園藝生活雜誌》第 29 期，1991 年 9 月。
- 蓋倫·羅威爾《風情萬種的大地：北美洲尋幽之旅》，台灣麥克公司。
- 陳龍根總編輯《自然奇趣大觀》，香港，讀者文摘遠東公司，2002 年。
- 陳賜隆〈以龍為名的兩棲爬蟲動物家族〉，《動物園雜誌》第 126 期，台北市立動物園，2012 年 4 月。
- 參李家邦〈龍紋短鯛〉，《愛酷族水族寵物月刊》第 29 期，2003 年 10 月。
- 賴景陽《台灣自然觀察圖鑑：貝類》，台北，渡假出版社，1996 年 7 月。

《神農本草》即已提及龍膽類植物，記其味苦，但未述其性狀；至宋朝《圖經本草》，始描寫「4月生葉，如柳葉而細；莖如小竹枝；7月開花作鈴鐸形，青碧色」；《證類本草》解釋龍膽名稱的由來，說是「葉似龍葵，味苦如膽」，《本草綱目》也採用此說（夏緯瑛，1990）。玉山龍膽的最早採集是永澤定一，於1905年10月在玉山所採獲，早田文藏1908年發表之。

阿里山龍膽

「阿里山龍膽」，為台灣特有植物，產於海拔2400米以上之高地。本種雖命名阿里山龍膽，但阿里山上卻無產。為多年生小草本植物。龍膽因葉如龍葵，味苦似膽，故名之。根為健胃藥，可治胃病消化不良，又可為解熱劑。

龍珠

「龍珠」，是茄科家族的小可愛，在數十公分高的植株上，常見紅綠果兒交雜羅列，別有一種柔和美。分布於中國華南、日本、琉球、韓國、印尼、菲律賓，台灣產於海濱、平地至海拔2000米之山區。

全草可治痢疾、疔瘡腫毒、淋病，果實可解熱毒，苗為強壯劑，本種酷似龍葵，但果實為紅色，故又名赤珠。《藏器》有云：「龍珠生道旁，子圓似龍葵，但熟正赤耳。」

石龍芮

「石龍芮」，毛莨科毛莨屬植物，1至2年生草本，鬚根多數。莖高約20-60公分，根生葉及莖下方之葉有柄，腎形或近於圓形。春季開花，花徑約6-8公釐，花萼略反卷，花瓣黃色；小瘦果多數聚生，廣倒卵形。

石龍芮別稱地椹、天豆、石能、魯果能、彭根、水菫、胡椒菜、田芥、田椒等。分布於台灣各地潮溼之田邊、水溝旁等地，相當常見。石龍芮全株有毒，誤食會引起胃痛、喪失食慾、腹部絞痛、腹瀉及心跳減慢等。石龍芮在中

藥上之用途廣泛，莖葉搗爛後外敷，可治瘡毒和蛇蟲咬傷及惡瘡等腫毒，顯然是以毒攻毒的效果。

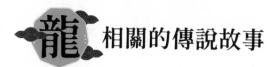 相關的傳說故事

● 在古代五爪龍爪唯天子能使用，有一說是代表金、木、水、火、土五行。而一般寺廟的龍多為四爪

觸逆鱗

傳說中龍有一個弱點，是在距離喉 30 公分處，逆著長的鱗，只要一碰到這地方，龍就會因疼痛而發怒，這就是「逆鱗」的由來。龍的咽喉有反向生長的逆鱗，如果不小心觸到可是會惹得龍發怒的，其後果不堪設想。也許就因此傳說，後人還引申為惹怒天子即「觸逆鱗」。

點龍眼、醫虎喉

龍也有一段「點龍眼」的傳說，亦即眼痛的龍化身人形至大帝處求診，大

參考資料

- 曾焰《中藥趣談》，台北，中華日報出版部，1996年7月。
- 許鴻源《動物性中藥之研究》，新店，國立中國醫藥研究所，1977年6月。
- 吳進錩《民間常用動物藥材——活命延壽壯陽丹》，《大自然》第64期，1999年7月。
- 姚孟嘉發行《目擊者叢書4：魚》，台北，英文漢聲出版公司，1992年12月。
- 夏元瑜《老生閒談‧龍鳳龜麟四瑞真象考》，台北，夏林合英出版，1988年5月。
- 夏元瑜《老生閒談‧龍骨和考古》，台北，純文學出版社，1981年5月。
- 清‧汪訒庵《增補本草備要》，台南，第一書店，1986年3月。
- 秦立鳳《大陸文物資訊快遞——蒙城驚現5萬年前龍骨》，《典藏古美術》第141期，2004年6月。
- 《啟思青少年中文版百科全書（3）》，台北，啟思（台灣）文化事業公司，1982年。
- 張樹柏主編《瀛寰搜奇》，香港，讀者文摘遠東公司，1978年。
- 蔡碧麗、林德勳、許逸玫《瑞岩溪野生動物重要棲息環境植物簡介（一）》，行政院農委會林務局南投林區管理處，2004年5月。
- 陳玉峰《台灣植被誌‧第二卷‧高山植被帶與高山植物（下）》，台中，晨星出版社，1997年11月。
- 林靜如《龍船花端午開》，《國語週刊》第324期，2010年6月13-19日。
- 李勉民主編《常見藥草圖說》，香港，讀者文摘遠東公司，1995年。
- 許秀夫總編輯《台灣民間驗方集錦：全國藥用植物聯誼會研討會驗方集》，台中，國定文教基金會，2011年10月。
- 原住民族委員會104年度原住民生物多樣性傳統知識保護實施計畫《都歷部落期末調查成果書面資料》，台東縣原住民族都融岸文化教育促進會，2016年6月16日。
- 陳益明〈壬辰年說九龍名植物〉，《動物園雜誌》第126期，台北市立動物園，2012年4月。
- 連雅堂《雅言——台灣掌故三百篇》，台北，實學社出版公司，2002年8月。
- 蔡碧麗、謝松源、林德勳《瑞岩溪自然保護區植物簡介（二）》，行政院農委會林務局南投林區管理處，2000年7月。
- 鄭元春《台灣常見的野花》，台北，渡假出版社，1984年3月。
- 鄭元春〈十月的藥草〉，《綠園藝生活雜誌》第30期，1991年10月。
- 張志強、陳恂清〈為什麼要保護小花龍血樹〉，王國忠、鄭延慧主編《新編十萬個為什麼（14）》，台南，大行出版社，1994年3月。
- 王國和、林賢治《國小自然辭典》，台北，哲治出版社，1977年1月。
- 亦玄《台語溯源》，台北，時報文化出版公司，1978年2月。
- 江濤主編《中醫趣談》，台北，華嚴出版社，1995年7月。
- 蕭曦清《鬚鬚的幽默》，《台灣新生報》，1998年10月23日。
- 《李三元救世藥方》，南投縣草屯鎮南埔里中正路324-3號。

龍眼村

「龍眼村」,位於台灣嘉義縣梅山鄉東北隅,以清水溪、大尖山和雲林縣為界,全村皆屬於山坡地,高度自海拔320米至1304米,氣候終年舒爽宜人,是一絕佳避暑勝地,且村中蘊育大量的孟宗竹林、原始林,因而引來多樣鳥類及昆蟲,故生態資源非常豐富。早於日治時代前就已有部分開發。先民自清末時期來台,歷經燒木炭、種竹造紙,而此時期所有成品皆須靠人力擔負,經由古道汗路運送至山下街市,換取民生必需品,故而步道網絡非常完整。爾後因經濟型態的轉移,村民改種杉木、金針,因應運輸的需求,村民更徒手掘出了一條方便牛車行走的產業道路,而電信、電力也靠村民用雙手土法煉鋼建構而成。就山區而言,這些設施龍眼村皆開他地之先。如今村民引以為傲的並非過往的種種,而是賴以養家活口的主要經濟命脈高山茶,高山茶一直在台灣茶葉王國中扮演著重要地位,至今龍眼村大大小小茶廠林立。

龍鑾潭

屏東縣出恆春南門不及3公里處,有個大湖,名為「龍鑾潭」。潭西丘陵上另有一潭,面積約為龍鑾潭的三分之一,舊名亦為龍鑾潭,居民為便於識別,稱新潭為大潭,舊潭改名為草潭,這裡也是鳥類活動的最佳地點之一。墾丁國家公園管理處在此設有龍鑾潭自然中心。

龍騰斷橋

台灣苗栗縣三義鄉有一座「龍騰斷橋」,舊稱「魚藤坪斷橋」,1935年的大地震,將龍溪橋震垮,如今只剩下斷橋的遺跡,拱形橋柱依然佇立,成為觀光客緬懷遺址的景點。

台中龍井區與龍目井

「龍井」,清朝時隸屬諸羅縣水裡社,後隸屬台中縣大肚中、下堡,日治時代隸屬台中州大甲郡龍井莊。光復後被劃為台中縣大甲區龍井鄉,1950年裁撤區署直屬台中縣。龍井舊稱「龍目井」,因清朝蛇仔崙莊有一口古井(今龍泉村),泉清味甘,湧泉如噴玉花,井旁有兩石,狀似龍目吐珠,故名「龍目井」。里人圍繞此井蓋屋而居,環境幽致,成為彰化縣八景之一的「龍井觀泉」。龍井舊屬拍瀑拉平埔族水裡社社

● 日治時期地震後的斷橋遺跡

● 龍井區的龍目井／胡文青提供

域，雍正年間，初有林、戴、石三姓墾戶，向平埔族地拓墾於茄投一帶，當時尚屬未闢荒埔，後來漢人移民漸多，耕地漸開而形成海埔厝、山仔腳及龍目井等聚落。

二龍村

　　在台灣地區的城市鄉鎮，端午節的龍舟競賽已逐漸流為應景的活動，宜蘭礁溪二龍村的居民卻把這項傳統民俗當作一年中最重要的事來辦，熱鬧氣氛賽過任何傳統節日。對二龍村的居民來說，端午節賽龍舟是二龍村延續200多年的傳統，村民都可以從上一代口傳中，轉述龍舟競賽的來由，上了年紀的村民會告訴你，二龍村就是以兩條龍舟搶奪標旗來命名的。二龍村的龍舟競渡和全台各地不同的是：不分隊競賽，而是以橋為界，分為「上二龍村」與「下二龍村」，由兩隊壯丁輪番上陣比賽。

參考資料
- 林美紅、王貞儒〈山村的未來——嘉義梅山鄉龍眼社區〉，《文化視窗》第42期，2002年9月。
- 陳汶彬〈藝術節登場——金門現柔情〉，《中國時報》，2004年9月18日。
- 王鑫《高屏濱海公路沿線的環境與資源解說》，內政部營建署墾丁國家公園管理處，1999年10月。
- 陳炎正〈龍目井〉，《台中縣國民中小學台灣文學讀本：地方傳說卷》，台中縣文化局，2001年6月。
- 林衡道《尋根探源》，台北，黎明文化事業公司，1992年6月。
- 〈龍井回饋搞記〉，《源》第42期，2002年11月。
- 黃文博《南瀛歷史與風土》，台北，常民文化事業公司，1995年12月。
- 翁台生《癩瘋病院的世界‧二龍村的故事》，台北，皇冠出版社，1980年1月。
- 梁統興《瓊台勝跡記‧瓊山卷》，海口，南海出版公司，2000年9月。
- 廈門市鼓浪嶼區人民政府編《鼓浪嶼攬勝》，福州，福建人民出版社，1990年10月。
- 農積德整理〈龍池塘的傳說〉，甘書明主編《廣西民間文學作品精選‧橫縣卷——茉莉仙子》，南寧，廣西民族出版社，2004年9月。
- 梁金波〈禿尾龍拜山〉，甘書明主編《廣西民間文學作品精選‧橫縣卷——茉莉仙子》，南寧，廣西民族出版社，2004年9月。
- 何大銀搜集〈龍潭傳奇〉，甘書明主編《廣西民間文學作品精選‧橫縣卷——茉莉仙子》，南寧，廣西民族出版社，2004年9月。

帝一見即說，你不是人，是龍，服用此藥後，眼疾即可治癒。龍乃驚訝於大帝之靈眼，於出門後即刻化為龍昇天，如今台灣所流傳的保生大帝，「點龍眼，醫虎喉」之俗語，即由此而來。

七美的小龍傳說

　　澎湖民間故事流傳，在七美島附近的大海中住著海龍王，海龍王有個小兒子，生性頑皮，常常把龍宮弄得亂七八糟。沒多久，小龍王飛到天庭去胡鬧，結果被玉帝捉起來，關在一座小島的洞穴中，這座小島就是七美島。小龍王不甘心被關，想要逃出去，但是始終找不到出口。最後小龍王亂踢亂竄，整個小島承受不住，造成無數隆起的小山丘，居民非常恐慌，不斷的向上天祈求。玉帝為了要免除居民的不安，便在現在的七美國小附近，變了一口井作為小龍王的出口。傳說居民們只見一條似龍模樣的濃煙自井中冒上天空，然後，所有天崩地裂的怪現象都消失了。

魏徵斬龍王

　　澎湖民間故事流傳，有一天，東海海龍王外出，遇到鬼谷仙在大太陽下種高麗菜，問說：「怎麼在這時間種菜？」鬼谷仙回答說：「過一會就下雨了，城內要下三分，城外要下七分。」龍王本是掌管下雨大權，心想，我怎麼不知道呢？便和鬼谷仙打賭，若真如此，讓他斬頭。龍王回去後問手下是否上天有命令要下雨？手下回說：「有，城內要三分，城外要七分。」龍王聽了大驚，但因為打了賭，就城內下七分，城外下三分。這樣一改，城中發大水淹死了許多人。龍王下了雨後去找鬼谷仙。鬼谷仙對他說：「你犯了天條，我雖不斬你的頭，自有人會斬你的頭！」那時候李世民手下有個監斬官魏徵，他有三條魂，一條在陰間，一條在陽間，一條在天上。鬼谷仙告訴龍王，唯有李世民可以救他。於是龍王就捧金捧銀去找李世民。李世民答應幫忙他，約魏徵下棋，想拖過行刑的時間。可是魏徵雖然和李世民下棋，天上行刑的時間快到，他還是倒

頭就睡。李世民見他流汗就替他搧扇子，才搧三下天上忽然一聲喊「殺」，龍王的頭就被砍落了。魏徵醒來說如果不是李世民助他搧扇子，他還追殺不到龍王呢！龍王死得不甘願找李世民討命。李世民派人守門，就是現在廟門口的門神，一個是尉遲恭，一個是秦叔寶。

從肖 龍 看性格運勢與命理

　　台灣俗話說：「龍皇帝命」，在中國歷史上，龍是吉祥物，代表至尊的皇帝，所以很多人為了挑個吉利，就很喜歡在龍年生小孩。其實龍年生的孩子，不一定都會好命，依照中國傳統八字算命的方法，除了出生那年的吉祥外，還要有吉祥的月份和吉祥的日時辰等交互組成，這是很深奧的學問，沒有那麼簡單。

　　由於是最尊貴吉祥的象徵，人人無不希望能生個龍子或龍女，所以每到龍年，出生率都會明顯提高，然而卻也在無形之中，為這些龍子龍女們的未來增加不少與同儕競爭時的壓力。

　　生肖屬龍者，精力充沛，身體健康，性子急又頑固而易怒，誠實、勇敢，但神經過敏。生活節儉，遇事沉著，才能出眾，是屬十二生肖中最偏執的人。別人愛他，但他卻無需為愛情而煩惱。這種人不是早婚就是獨身一輩子。具有不可捉摸的性格，平常散漫怠惰，做起事來卻幹勁十足，有責任感。

　　龍人是天生的理想主義者，又有為理想奮鬥的熱情，盛運時一切順利，工作情緒高昂，效率驚人；龍人特別受到幸運之神的眷顧，看到他們為了理想，充滿鬥志發了狂似的掃除障礙通往成功之路的時候，著實令人心服口服。但是如果遭受挫折，高昂的熱情與炙熱的鬥志，立即降到冰點，以最快的速度冷卻，最後索性灰心的放棄了，這是龍人一生中最致命的缺失。此種

兩極化性格可以說是龍年出生者的特徵。為了彌補有時過於兩極化的思考，最好時時警惕自己，要冷靜將事情暫擱一下，然後從頭思考透徹，分析兩極的異同，再作取捨。

● 王獻之〈二十九帖〉書法

龍年出生的人，男的出眾豪邁，女的魅力十足，可惜都有渴望被愛卻不願付出的缺點。龍人在愛情上，他人愛他們，但是他們用情不專，他是很自我中心的，往往最愛的人就是自己，不太懂得體貼別人，只知道追求自己的快樂。幾場感情追逐之後，一般而言，龍人因為先將心思放在事業上，常有晚婚傾向，甚至保持單身生活，這是兩極化的性格使然。如果一直不能體會互敬互諒的可貴，便無緣領略愛人也被愛的美妙。

算名學上龍人最佳之結婚對象是：鼠、雞、猴；次佳之結婚對象是：虎、馬、羊、豬、蛇；不宜之結婚對象是：狗。

龍，象徵中國古代的天子，是所有生肖中最具王者之相的。龍年出生的人，膽識超群，有朝氣、有魅力，領導能力是與生俱來的。不過在遇到工作不順利時，不願吃苦也不肯屈就，便索性放棄了。自信十足的肖龍人，做事時主觀意識強，顯得高傲、固執。適合的職業有企業家、醫師、律師、政治家等。肖龍人的運勢很強，只要能在好運時趁勢而上，即使遇到厄運來臨也不致跌到谷底，算是最幸運的人了。

屬龍的人會比較有出息的觀念，純屬迷信，不論是什麼年出生的，只要自知奮發上進，都能成大器。

龍姓著名人物，例如：

龍子：戰國，《孟子‧滕文公》有龍子，古之賢人也。

龍陽君：因俊美而受唐‧魏王所重，甚得勢。

歷史上肖龍著名人物，例如：

衛鑠：即世稱之衛夫人，東晉女書法家，字茂漪，河東安邑人。

王獻之：與其父王羲之稱「二王」，字子敬，小字官奴。

拓跋嗣：北朝後魏明元帝，在位14年。

寶卷：南朝齊明帝，在位4年。

褚遂良：字登善，唐初大書法家，高宗時封河南郡公，世稱「褚河南」
錢塘（浙江杭州）人。

甲辰神將名孟非卿

● 甲辰龍神將孟非卿

參考資料
● 唐欣潔〈兜兜龍── 2012台北動物園龍年特展〉，《動物園雜誌》第32卷第2期，2012年4月。
● 林語堂《中國古代故事名言》，台南，德華出版社，1980年2月。
● 暉舟編著《十二生肖縱橫譚》，台北，國家出版社，1990年8月。
● 黃得時〈保生大帝傳奇〉，林川夫編《民俗台灣》第一輯，台北，武陵出版社，1990年1月。
● 馬東光《宜蘭鄉土情‧宜蘭俗語篇》，宜蘭，大漁翁餐廳。

● 王書敏探錄〈七美的小龍傳說〉，姜佩君編著《澎湖民間傳說》，台北，聖環圖書公司，1998年6月。
● 張百蓉等探錄、姜佩君初稿〈魏徵斬龍王〉，金榮華整理《澎湖縣民間故事》，新店，中國口傳文學學會，2000年10月。
● 余愚〈龍歲呈祥四季康〉，《福智之友》第100期，2011年12月。
● 黃師光男〈龍年談龍〉，《孔學與人生》第15期，2000年5月。
● 游福生〈有趣的生相歌謠〉，《台灣月刊》第224期，2001年8月。
● 趙慶河〈龍的傳人〉，《兒童的雜誌》第79期，1993年4月。
● 呂應鐘〈從十二生肖看先天特質〉，《皇冠》第501期，1995年11月。

巳蛇

蛇在十二地支中以「巳」為代表，在一年中巳月即4月，是孟夏時分，此時夏季剛開始，天氣逐漸轉熱，但還不至於太炎熱。方向是東南方，屬巽宮。在一日之中，巳時為上午9至11時，已接近正午，太陽的光熱變得更強烈……

蛇的名字，怎麼來？

　　「蛇」字是由左邊的「虫」字和右邊的「它「字合組而成。而「它」卻是「蛇」的本字，所以這個字應是累增字，也有人主張為形聲字。巳屬蛇，《說文解字》釋巳：「四月陽氣已出，陰氣已藏，萬物見，成文彰，故巳為它象形。」

　　「虫」字的古義正是指蛇。甲骨文裡「虫」字，刻寫為頭部呈三角形的毒蛇。《說文解字》中「虫」字為蝮蛇臥伏之狀。「巳」、「它」、「虫」，古人眼裡的蛇形象被漢字的美妙線條描繪下來。

　　甲骨文、金文與小篆，「蛇」第一字均為「它」字，是蛇的本字，俗寫為「蚹」。《說文解字·它部》：「上古艸居患它（蛇），故相問無它（蛇）乎？」小篆的它字，從蟲而長，象冤曲垂尾之形，俗即呼蛇為長蟲。小篆蛇第二字為它字重文，從它蟲，亦從它聲。合此它蟲而言，乃小時為蟲為虺，大時為蛇為它，其本義作「蟲」解，同虺。羅振玉先生則認為：「它與蟲殆為一字，後人誤析為二；又並二字而為蛇，尤重複無理；許君（許慎）於蟲部外別立它部，不免沿其誤矣！」《左傳·莊公十四年》：「初，內蛇與外蛇鬥於鄭南門中，內蛇死」，注：「服虔云：蛇，北方水物。」《楚辭·屈原·天問》：「一蛇吞象，厥大何如？」《韓非子·五蠹》：「上古之世，人民少而禽獸眾，人民不勝鳥、獸、蟲、蛇，有聖人作，構木為巢，以避群害。」這是古書中出現蛇字的幾個例子。

蛇的別名

　　古籍如《山海經》、《神異經》、《博物志》、《逑異志》等書中皆曾述及許多種類或名稱的異蛇，數不勝數，別名亦多。

「肥遺」：高聳奇險的西嶽華山，飛禽鳥獸都無法生存，但相傳山中棲息著一種名叫「肥遺」的蛇，身上長了六隻腳，四隻翅膀。這種名叫肥遺的蛇，也出現在北部山區的渾夕山中，但牠的形狀，據說是一個蛇頭下長著兩條蛇身，只要牠一出現，天下就會發生大旱災。

●《山海經》有關飛蛇的想像

「鳴蛇」：北部鄩于母逢山，傳說住著一種會叫的大蛇，聲音如牛哞一般，蛇頭赤紅色，全身布滿白色的鱗片。中部的鮮山，也有一種會叫的鳴蛇，聲音像石磬一樣清脆，有四隻翅膀，會飛，這兩種蛇出沒時，也都會帶來旱象。

「螣蛇」（或作騰蛇）：《爾雅・釋魚》。郭注：「龍類也，能興雲霧而遊其中。」又名飛蛇，見《山海經・中山經》。《荀子・勸學篇》：「螣蛇無足而飛，梧鼠五技而窮。」《韓非子・十過篇》：「螣蛇伏地，鳳皇覆上。」人的臉上偶然會在鼻子兩旁有一條細紋向下彎到嘴角上，古人叫螣蛇紋。從前有人看見南北朝時的梁武帝，說他有螣蛇紋入口，將來必然要餓死，後來梁武帝被北朝來的降將圍困在台城（是一處宮殿）裡活活的餓死了。

「長蛇」：《山海經》，出大同山，身有長毛如豪豬，叫起來像敲梆子。

「長蟲」：《說文解字》：「它，蟲也，從蟲而長，象冤曲垂尾形。」

「寡人」：《淮南子》：「巳中山中稱寡人者，社中蛇也。」

「蜀精」：《湧小品》：「蛇一名蜀精。」

「奔蛇」：《淮南子・覽冥》：「黃雲絡，前白螭，後奔蛇。」注：「奔蛇，騰蛇也。」

● 百步蛇

蛇 的奇幻世界

台灣陸蛇的食物

　　「陸棲蛇類」種類最多，較大型的蛇也都屬這類，牠們以小型哺乳類動物和蛙類為主食，偶爾也捕食農家的小雞、小鴨和各種蛋類。小型蛇則以蛙類、蝌蚪、蜥蜴、蝸牛、昆蟲為主食，偶而也下水捕捉水棲昆蟲和小魚。某些種類的蛇，也會捕食癩蝦蟆，這類蛇活動的範圍較廣。

　　一般鄉下人對於蛇的瞭解非常少，總是以訛傳訛，再加上賣蛇藥的江湖郎中的繪聲繪影，導致民間對蛇充滿了誤解與偏見。蛇是肉食主義者，有的嗜食小鳥、老鼠，有的愛吃青蛙、蜥蜴，有的專吃各種蛋，有的只吃蚯蚓，有的主食蝸牛、蛞蝓。最特別的是愛吃同類的蛇，像本土的雨傘節、美洲的王蛇、東南亞的金剛眼鏡蛇，也都因專門捕食他種蛇類而聞名於世。

蛇的排泄系統

　　許多人常把蛇的尿誤認為糞便，其實這也無可厚非，因為蛇的尿根本不是液體，而是如剛擠出的牙膏，且立即乾燥變硬成石膏狀。這是因為蛇類盡量避免把水份排出體外，於是乃化為尿酸塊排泄出來。蛇體本身擁有避

● 蛇可以吞下比自己身體大的獵物

免水分散發的構造，因此，蛇類比其他動物更具有耐乾燥性，即使一段時間不喝水也無妨。

參考資料
- 王輔羊〈談蛇論蟒〉,《台灣月刊》第217期，2001年1月。
- 龍亞珍〈人蛇神不分的年代──山海經中有關蛇的神話與傳說〉,曾子南編《十二生肖傳奇話龍穴》,台北，中國堪輿學會。
- 夏元瑜《傳說中的動物》,台灣省政府教育廳，1980年7月。
- 趙伯陶《十二生肖面面觀》,濟南，齊魯書社，2000年11月。

台灣大型蛇類

台灣的大型蛇以錦蛇、南蛇、過山刀、臭青公較為常見，牠們都屬於無毒的蛇類。錦蛇大的可以長到2米多，身體呈橄欖黃，前段背部有黑色的菱形斑，後段背部有二條明顯的黃色縱條紋，以田鼠、鳥類為食。過山刀身長可以超過2米，身體細長有力，行動迅速，背脊隆起如刀鋒狀，故被民間稱為過山刀。臭青公也叫做臭青母，食性很廣，以鼠類、鳥類、鳥蛋為主食，也會吃蜥蜴，甚至他種的蛇類。牠常常侵入農舍偷食雞蛋，因與人類有利益衝突而被捕捉或打死，當牠在危急時肛門會噴出強烈惡臭的液體，讓敵人不堪其臭而放棄，藉此逃過一劫，這也是有個「臭」字的原因。

台灣四大蛇天王是「南蛇」、「錦蛇」、「臭青公」、「過山刀」等。4種可以輕易長到2米以上，都沒有毒性。

蛇 與星宿及五行方位

蛇居十二生肖之六，地支「巳」，時當初夏4月，陰氣收藏，陽氣散發。蛇性喜盤縮，為五靈之一，稱為螣蛇，蛇體軟，有退卻之意，在武學上主「退守」；按命理學而言，蛇年出生者，心性多疑，善交際，少年勞苦，中年行運，若能修身自持，晚年受福。

如以五行論命則可細分為，己巳年生：五行屬木，為福氣之蛇，生性孤僻，喜乾淨，重情義，有創意，為人伶俐，功名有份，凡事如意，夫妻和順。木蛇女性，衣食豐足，善於計劃，福厚之命。辛巳年生：五行屬金，為冬藏之

參考資料

- 蘇盛雄〈漫談台灣蛇類（下）〉，《中華兒童科學畫刊》第8期，1990年4月。
- 何東輯〈認識台灣的爬蟲類動物〉，《台灣月刊》第159期，1996年3月。
- 林瑤棋《思古有情》，台北，大康出版社，2005年6月。
- 徐仁修《大自然小偵探》，中和，泛亞國際文化公司，2007年

3月。
- 廖翊蓁、周志強《金門野人誌：手繪樂章》，金門縣文化局，2013年5月。
- 徐仁修《村童野徑》，新店，泛亞國際文化科技公司，2006年3月。
- 林華慶〈台灣陸生蛇類的保育現況〉，《科學月刊》第32卷第5期，2001年5月。

蛇，生性穩重，有機謀，志氣過人，勤勞致富，衣食足用，貴人扶助，中年和順，老來發達，長壽之命；金蛇女性，耀眼風華，感情豐富，喜捨慷慨，一生衣食不缺。癸巳年生：五行屬水，為草中之蛇，生性好動，為人伶俐，善於交際，離鄉背井，白手起家，初年耗散，財穀不聚，中年風霜，晚年榮景；水蛇女性，生性靈活，善得人緣，初年

● 古代中國漢朝瓦當上的四神圖騰

辛勞，晚年得福。乙巳年生：五行屬火，為出穴之蛇，為人端正，心直口快，容易衝動，交遊廣闊，早年兒女刑剋，晚年安寧；火蛇女性，生性活躍，人緣佳，旺子益子之命。丁巳年生：五行屬土，為塘內之蛇，利官近貴，生性剛強，不順人情，善嫉，一生事業顯榮。土蛇女性，和藹可親，反應敏捷，豁達賢淑，衣食豐足無虞，賢達起家之命。

　　蛇在十二地支中以「巳」為代表，在一年中巳月即4月，是孟夏時分，此時夏季剛開始，天氣逐漸轉熱，但還不至於太炎熱。方向是東南方，屬巽宮。在一日之中，巳時為上午9-11時，已接近正午，太陽的光熱變得更強烈。

　　漢族人所以常將蛇與龍聯繫等量齊觀，主要是蛇與龍極類似。從商周朝代留傳的古銅器，其上的虺龍紋、蟠龍紋都作蛇形。在十二生相中，民間就稱蛇為「小龍」。台灣漢人過去的傳統常將蛇與龍聯繫在一起，早期移居台灣的福建人相信，蚯蚓是蛇的一種，又俗稱蚯蚓叫「土龍」，因為牠將來會長大變蛇，蛇再長大變成龍。

● 台灣原住民與蛇的相關傳說及圖騰也非常多。
圖為布農族婦女與百步蛇圖

蛇 在台灣的習俗與禁忌

● 魯凱族陶壺和蛇的信仰

魯凱族祖先靈魂化為百步蛇

　　台灣魯凱族與排灣族許多文化相近，因此常被合稱為「排灣族群」。兩族都以百步蛇作為代表頭目崇高社會地位的蛇圖騰。兩族的住屋都以石板屋為主，支撐房屋的石柱、木柱和壁板都有蛇紋雕刻。兩族亦都盛行巫術，巫師盛裝法器的巫術箱，也都可以見到雕刻著的蛇紋圖形。即連生活用具如木盾、刀柄、刀鞘、木枕、木臼、連杯、湯匙，穿著的服飾帽子和被

● 魯凱族多納部落百步蛇圖騰

視為傳家之寶的陶壺，都可以見到蛇形圖紋。進入部落，進入眼簾的意象，充滿蛇的造型及圖案。部落間也都流傳著許多關於靈蛇的傳說故事。

　　魯凱族對百步蛇相當敬畏，並視為守護神及標誌，是祖靈的象徵，絕對不會去傷害牠。在他們的陶壺、紋身、織布、雕刻、首飾等各方面的藝術作品，都可以發現蛇圖騰的蹤跡，可以說是他們就是「蛇文化」的民族。

排灣族始祖是巨蛇卵

● 日治時期排灣族陶壺

　　原住民曾有口傳，「從前，太陽產卵於山上，有稱為布農的巨蛇來孵化此卵，卵破而生男女二人，此二人就是排灣族的始祖，而其他的番眾則是一條叫利賴的青蛇所孵卵而生

參考資料
- 高雄道德院《玄妙真言典故集（八）》，高雄，2002年。
- 游福生〈有趣的生相歌謠〉，《台灣月刊》第224期，2001年8月。
- 阮昌銳〈蛇的傳奇故事〉，《科學研習》第40卷第6期，國立台灣科學教育館，2001年10月。
- 簡榮聰〈台灣漢族對蛇的敬拜與禁忌〉，《聯合報》，1996年5月5日。
- 江宜蓁〈漢苗龍蛇紋樣藝術〉，《世界地理雜誌》第222期，2001年2月。
- 羌穆〈蛇年談蛇〉，《台灣畫刊》，1977年2月號。
- 林保淳〈從圖騰經傳到小說看蛇的演化〉，《中央日報》，1989年2月6日。
- 呂應鐘〈從十二生肖看先天特質〉，《皇冠》第501期，1995年11月。

● 排灣族人面蛇身石板雕

的人類。以前在排魯斯社的上方處，每天太陽所產之卵悉被巨蛇吞去，後有三女神合力捕蛇，將巨蛇沉入深淵，次日太陽又來此山頂產二卵，此二卵因無蛇害，故孵化而成男女二人，此二人即排魯斯社和馬卡迦社的始祖。」排灣等族的始祖神話中，蛇是一個重要的角色。神話結構通常是太陽產卵，由蛇孵化而成人類，或卵被巨蛇吞食，人類殺蛇，蛇中出現一男一女。台灣南部的排灣族相信，百步蛇是貴族的祖神，相信是蛇生蛋，強過太陽的孵化，蛇蛋生出人類，就是他們的祖先，因此，貴族家屋或使用的器具都會刻上百步蛇的圖案。

布農族蛇神崇拜

「太古之時有一男一女，男以蛇所蛻化的皮殼輕打女子的背，女子就懷孕而生子女。」以蛇皮殼擊女子的背是男女兩性結合的隱喻。台灣高山族之間，蛇生神話以排灣、布農二族為多，其他各族的始祖神話則多以巨石、太陽、巨樹或其他動物為結構要素。這種卵生與蛇相結合而形成的始祖傳說，是源於排灣、布農等族的蛇神崇拜。

賽夏族巴斯達隘祭典揮舞神蛇

賽夏族人舉行巴斯達隘矮靈祭典時，祭祀歌舞在女子臀鈴助興下，搖曳象徵著月亮之光的「月光旗」，並且配合神鞭的揮舞，極富浪漫。傳說神鞭象徵「百步蛇」，具有制煞避邪之作用。巴斯達隘矮靈祭典，揮舞著神鞭，表示掃除陰霾，烏雲速去，風雨速去，濃霧速去。據傳說只有「朱」姓子孫才能夠揮舞神鞭，因為祭祀權屬於姓朱的子孫，若是非姓朱的人揮舞，賽夏族人認為會遭受天譴而遇不幸。在巴斯達隘矮靈祭典的時候，「朱」姓主祭者在場中揮鞭，會有許多病患、小孩子、婦女、老人家等，上前觸摸舞鞭者之背部，據說此舉可以掃除邪魔，祈求諸事平安。

● 布農族百步蛇圖騰

● 傳說布農族曾與百步蛇發生過大戰

蛇在台灣的民間信仰

台東的天聖宮蛇聖公

● 傳說女媧娘娘是人首蛇身。
圖為武梁祠石室伏羲女媧畫像

　　台東的「天聖宮」，供奉媽祖，相傳有一天，來了一條蛇，並不危害人畜，後來，這條蛇消失在廟裡，經過一段時間，在挖地時挖出一塊石頭，形狀像失蹤蛇的頭，民間乃將這塊像蛇頭的石頭供奉在廟旁的大榕樹下，稱為「蛇聖公」。

美濃劉公聖君廟

　　高雄縣美濃鎮的上安里有一座「劉公聖君廟」，相傳這位劉公是位蛇神，可能是漢高祖劉邦。據說在乾隆元年，有一位叫李望官的男士，從大陸祖居地迎來劉公神像，初供奉在家裡，到道光年間，聯合其他村民發起募捐，建造了劉聖公廟，據說祈求風調雨順，五穀豐收，相當靈驗，說明蛇與雨水的關係。

參考資料
• 陳雨紅〈蛇與人類命脈緊緊相纏〉，王秋桂主編《神話、信仰與儀式》，板橋，稻香出版社，1996年7月。

 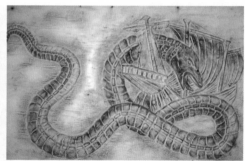

● 台灣俗信中，沒有土地公的許可蛇不可以咬人　● 蛇自古以來令人心生恐怖

宜蘭壯圍鄉補天宮供奉蛇神

中國古代的女媧娘娘和伏羲大帝都是人首蛇身，女媧娘娘是造人的女神，在宜蘭縣壯圍鄉的「補天宮」，即供奉這位蛇神。

新莊街石龜放在蛇穴頭部

台灣新莊街之所以發展成細長的街市，傳說是因地理位在蛇穴上。而對岸板橋仕紳不願看到新莊繁榮，請來地理師，要他排斥新莊的地理。於是在蛇穴的頭部地方放置石龜，盛旺的街市就會逐漸衰落。石龜本來還留著，後來村民不曉得移到何處去了。

農曆五月避五毒

農曆五月避五毒，所謂「五毒」就是「蛇」、「蜈蚣」、「蠍」、「蜥蜴」、「癩蛤蟆」（或蜘蛛）的統稱。農曆五月古人稱「惡月」或「百毒月」。農曆五月後，天氣漸熱，蚊蟲蒼蠅孳生，傳染病容易發生。尤其端午節陽光最為炙熱，百毒齊出，民間便採取各種方法預防，以五瑞菖蒲、艾草、石榴花、蒜頭和山丹五種植物祛除各種毒害。端午此日還要喝雄黃酒，小孩要穿五毒裹肚、佩香囊、捕蛤蟆、貼端午符、沐浴蘭湯等。

蛇 相關的器物

● 排灣族人頭蛇紋石雕

排灣族百步蛇雕

　　排灣族分布在台灣南部險要山地，居高臨下，利於防禦，並且物產豐富，生活條件優於他族，所以在文化藝術上也較高度發展，無論雕刻或刺繡的技術都很優良，在裝飾意匠上，百步蛇最為常見，並且成為排灣族貴族的象徵。在該族日常用具的刀柄、刀鞘、槍柄、盾、木枕、祈禱箱、木偶、酒杯、木匙、煙斗、梳子、陶壺、衣服、刺繡用具以及家屋門柱、簷桁、橫樑等，都無不施用蛇紋。在蛇紋表現上，又利用人、蛇、鹿紋複合形態，或依裝飾題材的功能，作螺旋形、S形、同心重圓形、曲折形等花樣變化。百步蛇紋裝飾之所以為排灣族所喜用，主要是因為在他們的信仰裡，百步蛇占了極重要的地位，排灣族傳說，遠古時太陽降臨世上，並生了卵，而由百步蛇抱卵孵出排灣族人來，所以百步蛇便被信奉為排灣族祖先。其實百步蛇毒性奇強，排灣族稱百步蛇為蛇的長老，據說被咬的人行不得百步便會毒發而死，把這樣一種兇惡的動物當做自己的祖先，本為人與獸爭時代的原始部族最普遍的現象，人類由畏懼猛獸，進而崇拜牠，也想加以利用，希望自己也有那樣的威力，最後甚至還擬人化，所以對百步蛇的崇拜，也是基於這樣的心理而來。於是我們看排灣族的祖靈像，便多為人與蛇混合的形象，希望由百步蛇的威力，而導致避邪、招福的祈望，換句話說，祖靈像兼具咒、祈兩種作用。

參考資料
• 阮昌銳〈蛇的傳奇故事〉，《科學研習》第 40 卷第 6 期，國立台灣科學教育館，2001 年 10 月。
• 邱傑〈台灣蛇廟五福宮〉，《台灣月刊》第 217 期，2001 年 1 月。
• 夏元瑜〈談笑文章・長蛇大陣〉，台北，言心出版社，1977 年 12 月。
• 阮昌銳〈民間對蛇神的崇拜〉。
• 陳氏照子〈蘭陽俗信〉，林川夫編《民俗台灣》第三輯，台北，武陵出版社，1990 年 3 月。
• 海島洋人〈採訪筆記・石龜〉，林川夫編《民俗台灣》第二輯，台北，武陵出版社，1990 年 2 月。

布農族上衣百步蛇紋飾

布農族的無袖麻布長衣（長背心），為一般布農族男子服裝，稱為 Pat-va-uan，是一種以麻布白色為底的無袖對襟長衣，長及膝部以遮臀部。其樣式有的是全件不施以花紋的白麻布織衣，這是平時休閒時或耕作時之穿著。

盛裝服則是在前襟、後襟、兩腋下部分施以縱向式的穿織或挑織花紋，在背後的腰際上方夾織一橫排交疊四、五層的菱形紋（百步蛇背脊紋）為主及其變化紋為輔的幾何圖案，使原本單純的白色長衣顯得美麗而醒目。

布農族男子上衣在襟沿和肩部的袖口處夾織以羊蹄形或菱形花紋，據說是婦女暗示丈夫在山上狩獵要比山羊跑得快；菱形紋則是提醒族人記得曾經和百步蛇是好朋友。按布農族稱百步蛇為朋友（Kaviaz），有百步蛇曾經是布農族的孩子之傳說：有一位婦女生下一男嬰，母親餵乳時，孩子把乳頭咬斷了，母親死了；他沒有了母親餵乳，非常可憐，其他有嬰兒的母親相繼前來幫忙餵食，接連二、三個被他咬死了，於是族人覺得此子不得留，便把他送至山上的岩洞裡，家人按時上山送一些食物去，有一天小孩不見了，只見岩洞裡纏繞著一隻小百步蛇，都相信此蛇就是那位孩子變成的。後來布農人把百步蛇圖紋夾織於男子的服裝上，以示不忘懷之情。

● 傳說布農婦女向百步蛇媽媽借小蛇參考圖案編織男子服飾

蟒袍

蟒即巨蛇，乃龍的別稱。蟒袍其實也就是明、清兩代大臣所著朝服，其「補」上繡的便是獨角四爪龍，以有別於皇帝的五爪龍。以蟒（蛇之大者）作圖案所繡成的蟒袍蟒衣，其身價僅次於皇帝獨有的龍袍龍飾。遠自虞舜時代，即以龍紋用於官方服飾的上衣。唐代開始有龍袍，元代臣僚只能用獨角四爪；明代因稱四爪龍衣為「蟒衣」，蟒袍自此始。清代襲用承傳。

明代「香色盤金繡蟒袍」，身長 119 公分、袖長 108 公分。孔府傳世品，山東省博物館藏，為明代孔子的後裔衍聖公的官服。清代「冬朝冠蟒袍」，袍型窄

● 日治時期布農族人與服飾

● 相傳布農族婦女參考小百步蛇的背紋
編織男裝

身削袖，滿施雲龍文，下襬飾以水文及條狀彩文，名曰「立水」。女式蟒袍，女子的半官服，身分較高的婦女，平時都可穿之。

蛇窯

　　提到蛇窯，人們往往聯想到南投水里，然而，竹南蛇窯才是目前台灣保存最為完整、同時還能燒製的傳統蛇窯。柴燒方式與當地深色陶土結合，呈現苗栗在地的特色陶藝。創辦人林添福老陶師，擁有一身豐富的傳統福州式製陶技術，是台灣傳統陶文化的活寶典，堪稱傳統陶的國寶級人物。目前「竹南蛇窯」將傳統燒窯技藝轉化為現代陶藝創作，在此得到傳統藝術文化的轉型與新生命的發揚。

● 身著蟒袍的鄭成功肖像

● 水里頂崁陶的故鄉蛇窯

蛇 相關的動植物

蛇目菊

　　蛇目菊（波斯菊），菊科，一年生草本植物。花色可分為雙色（黃色、紅

色）及暗紅色，雙色品種景觀效果較佳。其優點為植株覆蓋性佳，畦面不易滋生雜草，花朵顏色鮮艷，景觀效果佳；缺點為種植後至開花期所需時間較一般景觀花卉長。

蛇目草

「蛇目草」又名「涼菊」，是菊科家族的 1-2 年生草花，原產於南非。花期在春季，可持續 2-3 個月，適合盆栽或花壇栽培。習性偏愛冷涼，因此只適合在冬春季栽種，其他季節必須在中、高海拔山區才能正常生長。

蛇舌黃

「蛇舌黃」就是俗稱的「蟛蜞菊」，也是菊科家族的成員。為多年生草本，花期夏至秋季，生長在全台各地的水田邊或溪流兩岸，可栽培為草坪或安全島內的地被植物。

蛇木

「蛇木」，又名筆筒樹，屬於桫欏科多年生喬木，最高可以長到 10 米。樹幹很少會有分枝，上面布滿了黑褐色的氣生根，頂端長滿了金黃色的麟毛。葉子掉落後，葉柄會在樹幹上流下一塊塊斑狀的葉痕，遠遠望去，就像蛇皮花紋，所以才叫「蛇木」。

蛇木有很多用途，例如嫩葉、髓心可以食用，做菜

● 蛇木

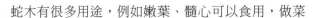

參考資料
- 阮昌銳〈蛇的傳奇故事〉，《科學研習》第 40 卷第 6 期，國立台灣科學教育館，2001 年 10 月。
- 蔣炳釗《東南民族研究》，廈門，廈門大學出版社，2002 年 8 月。
- 《國立台灣美術館年報》，1996 年 6 月。
- 齊如山《國劇圖譜》，台北，幼獅文化事業公司，1977 年 9 月。
- 華強《古代典章禮儀百問》，上海，上海古籍出版社，2004 年 7 月。

- 老后〈湖南花瑤〉，《探索人文地理雜誌》第 24 期，2008 年 8 月。
- 孫叔叔《孫叔叔説故事》，新莊，輔欣書局，1991 年 9 月。
- 劉偉瑩〈環保蛇花燈〉，《國語日報》，2013 年 1 月 31 日。
- 王淑美〈加國銀幣浮雕金蛇〉，《聯合報》，2001 年 2 月 22 日。
- 吳雯雯〈蛇年紀念幣四種蛇類亮相〉，《聯合報》，2000 年 12 月 8 日。
- 小懿〈賀蛇年套幣又有新選擇〉，《民生報》，2000 年 12 月 15 日。
- 邱信典〈蛇年談銅蛇〉，《台灣教會公報》第 1943 期，1989 年 5 月 28 日。

煮湯皆宜；嫩莖可以做為藥材；莖幹可以做成養蘭花的花盆和蛇木板；蛇木屑則是培養蘭花的好材料，莖幹也可以雕刻成各種裝飾藝術品。

蛇舅母

「蛇舅母」與蜥蜴的成蟲很類似，但蛇舅母的尾巴相當長，其光澤比不上蜥蜴光溜溜的身體。蛇舅母的鱗予人一種粗糙的感覺，所棲息的場所與食物都與蜥蜴相同，尾巴斷了還會長出來的情形，也與蜥蜴相同。

四腳蛇

蜥蜴又叫「四腳蛇」，但不屬於蛇類，是爬蟲類的一種。蜥蜴的種類很多，有的像平常在草叢中看到的小型蜥蜴，身長大約十幾公分左右。也有像爪哇東部的科摩多龍這種巨無霸，有 3 米長，130 公斤重，常讓人以為是恐龍再生。大多數的蜥蜴吃昆蟲和蜘蛛維生，只有極少部分靠植物維生，還有專吃小動物的品種。

蛇頭龜

「蛇頭龜」分布於委內瑞拉、幾內亞、巴西北中部，棲息於較濁的淡水河底。甲殼長約 40 公分。甲殼與水底的石頭近似，有藻類附著其上，形成保護色。蛇頭龜的背上有稜突，頭頂有小肉突，兩側並有耳狀巨突，體側的皮褶，可隨水流而波動，此均有引誘小魚向其接近的作用，當食餌已接近時突然張開大口，擴大喉部，食餌就隨水流進入其腹中。

• 郭玉茹〈南胡、北胡——南北胡相見歡〉，《北市國樂》第 142 期。
• 朱晉杰〈蛇板前進轉彎——能量妙轉換〉，《國語日報》，2014 年 3 月 5 日。
• 李慶恭〈九二一週年後走過南投災區〉，《台灣月刊》第 216 期，2000 年 12 月。
• 楊裕富〈設計、藝術史學與理論〉，台北，田園城市文化公司，1997 年 9 月。
• 沈揮勝〈蛇窯大水缸入窯點火〉，《中國時報》，2004 年 4 月 14 日。
• 古鈺鳳〈活力海洋舞動苗栗〉，《漁業推廣》第 205 期。
• 于愷駿〈蛇年話蛇福運連年〉，《中原文獻》第 46 卷第 1 期。
• 〈巫蠱之禍〉，《升學資訊》第 9611 期。
• 易俊傑〈西醫蛇杖標誌緣由〉，《中華日報》1994 年 5 月 21 日。
• S.Christopher、JamesANeely 撰、王道還譯〈史前墨西哥的灌溉工程〉，《科學人》第 57 期，2006 年 11 月。
• 呂光洋、賴俊祥〈蛇的傳說與簡介〉，《大自然》第 29 期，1990 年 10 月。

● 蛇瓜／曾泉希提供

·蛇·
飲食文化

台灣人食蛇

台灣產蛇，但是大部分的人都不太敢吃，台北市的西門市場、萬華華西街都是有名的食蛇地區。

據説蛇具有能明目、強膽、清血、抗毒等屬性，可藉著「吃」，移植到食者身上。蛇羹味奇鮮，在各種動物所做成的羹湯中，論鮮美，實無出蛇羹之右。但蛇食，必須將蛇骨徹底清除，一根半也不能有，據説蛇骨極難消化，吃了會把腸子戳穿，十分危險。

一般來説，吃蛇補身、吃膽療膽這種服食習慣，除了與國人「有病治病，無病強身」的心態相符之外，還有更深一層的意義。人類學家弗萊哲（Frazer）在其鉅著《金枝》（The Golden Bough）所提出的巫術原理，便曾論及接觸律——經由接觸行為，傳達事物的屬性。其後韋伯斯特（Webster）亦引申強調屬性傳達原理。蛇是奇詭的、為人類所懼怕的動物，經由服食，卻可以傳達牠的屬性（如蛇的蛻皮重生，以及蛇在神話傳説中的變化功能等）。此外，蛇是冷血動物，所以蛇湯「清」；吃了蛇膽，可以明目「壯膽」，也都同樣源於此種類推的聯想。

蛇瓜

「蛇瓜」，葫蘆科王瓜屬，別名毛烏瓜、蛇王瓜，原產印度。是屬蛇植物中最像蛇的，果實蜿蜒彎曲，又長又滑稽，真的跟青竹絲沒啥兩樣。為一年生蔓藤草本植物，葉互生，裂緣深而光滑，蔓藤略帶短絨毛，白色花朵。

果肉中含豐富的維他命A、C及磷等礦物元素，含水份、蛋白質、脂質、纖維、鐵、鈣等。亦具療效功能，能清熱、消腫、解毒、利溼、健胃整腸、去風除煩醒腦、壯筋活骨、安心寧神、明目。

參考資料
- 陳麗宇〈千百年來人類的腸胃與蛇肝膽相照〉，王秋桂主編《神話、信仰與儀式》，板橋，稻香出版社，1996年7月。
- 陳淑英主編《追根究底》，台北，將門文物出版公司，1991年10月。
- 路客〈燈下隨筆——冬令進補談蛇狗〉，《地方自治》，1989年12月。
- 司徒尚記《嶺南歷史人文地理：廣府、客家、福佬民系比較研究》，廣州，中山大學出版社，2001年9月。
- 張小林《中華民俗百科》，烏魯木齊，新疆人民出版社，2000年12月。
- 夏元瑜〈談笑文章・長蛇大陣〉，台北，言心出版社，1977年12月。
- 連雅堂《雅言——台灣掌故三百篇》，台北，實學社出版公司，2002年8月。
- 關岳〈蛇年蛇看俏，食蛇暗藏禍〉，《蘭州晚報》，2001年2月9日。
- 苗雲龍《南島風情》，瀋陽，遼寧人民出版社，1998年2月。
- 許憲平《南瀛小吃誌》，新營，台南縣政府，2000年11月。
- 唐魯孫《中國吃的故事》，台北，漢光文化事業公司，1984年11月。
- 馬銀春《中華民俗禮儀對聯大全》，北京，中國三峽出版社，2005年11月。
- 至善《吃的藝術》，《台灣月刊》第197期。
- 吳聲淼《兒童植物寓言》，台北，小魯文化事業公司，2002年6月。
- 鄭元春〈與蛇有關的植物〉，《科學研習》第40卷第6期，國立台灣科學教育館，2001年10月。
- 林靜如〈草地上的小莓果蛇莓〉，《國語周刊》第254期，2009年2月8-14日。
- 羅家祺〈平溪鄉的植物風情〉，《綠生活》第124期，1999年10月。
- 鄭元春〈蛇木——用途多多的蕨類〉，《國語周刊》第1005-1006期，2001年1月21日-2月3日。

海蛇尾

　　「海蛇尾」的腕很細長，容易彎曲，有的腕前伸，有的腕拖後，像蠕蟲彎曲蠕動，又像蛇蜿蜒前行，活動力高，再生能力也很強。海蛇尾喜歡集群生活，以海底淤泥中的有機物碎屑為食。海蛇尾在受到敵人攻擊時，會讓部分腕斷掉，以吸引天敵的注意力，然後趁機逃走。

蛇目白尼參

　　「蛇目白尼參」，大型海參，長可達 30 公分，寬 10 公分。觸手楯狀，20隻。管足集中在腹部。肛門周圍為黑色。身體為灰白色，背上有許多蛇眼般的斑塊，所以稱為「蛇目參」。夜行性，白天多半埋於粗珊瑚沙中，只露出肛門呼吸。身上常有異尾類（甲殼類）及隱魚共生。居維氏器發達，受刺激時易排出黏絲。台灣恒春海域的萬里桐及南灣均曾採獲，但數量稀少。

參考資料

- 黃雅玲、許玉妹、王惠美〈常用景觀花卉之品種特性及栽培〉，行政院農委會高雄區農業改良場《高雄區農業專訊》第53期，2005年9月。
- 鄭元春〈與蛇有關的植物〉，《科學研習》第 40 卷第 6 期，國立台灣科學教育館，2001年10月。
- 瞿海良、陳瑛〈達娜伊谷、鬼山古道自然遊〉，《綠生活》第107期，1998年3月。
- 蔡碧麗、林德勳、許逸玫《瑞岩溪野生動物重要棲息環境植物簡介（一）》，行政院農委會林務局南投林區管理處，2004年5月。
- 鄭元春〈十一月的野花〉，《綠園藝生活雜誌》第 7 期，1989年11月。
- 《寰宇搜奇（一）》，三高圖書社。
- 參司馬中原〈蛇的集錦〉，《智慧三品：物趣》，1991年7月。
- 內田康夫等《牛頓科學研習百科：動物》，台北，牛頓出版公司。
- 劉寧顏總纂《重修台灣省通志》，南投，台灣省文獻委員會，1995年8月。
- 張柱編輯《動物》，紐約時代公司。
- 黃清和發行《自然圖鑑》，台北，眾文圖書公司，1995年11月。
- 蔡慧如等編《四季知識小百科‧夏季篇》，高雄，愛智圖書公司，1995年11月。
- 崔香淑《兒童好奇心大百科》，台北，風車圖書出版公司，2007年6月。
- 林文龍《陶村夢憶雜詠》，南投，南投縣政府文化局，2013年11月。
- 張永仁《昆蟲入門》，台北，遠流出版公司，2002年1月。
- 李惠永、楊平世撰《國有林蝶重要棲地及資源：中部地區》，台北，行政院農業委員會林務局，2002年6月。
- 國立彰化師範大學生物學系《鄉土教材：八卦山常見植物（一）》，1996年12月。
- 王建宇〈蛇頸龍不是卵生──發現化石證據〉，《國語日報》，2011年8月19日。
- 王國和、林賢治《國小自然辭典》，台北，哲治出版社，1977年1月。
- 連雅堂《雅言──台灣掌故三百篇》，台北，實學社出版公司，2002年8月。
- 東方出版社《台灣四季小百科（冬）》。
- 林華慶總編輯《意外的訪客──台北市立動物園野生動物收容中心教育手冊》，台北市立動物園，2003年3月。
- 邵廣昭主編《台灣常見貝類圖說（下）》，農委會輔導處、台灣省漁業局，1996年5月。
- 賴景陽《台灣自然觀察圖鑑：貝類》，台北，渡假出版社，1996年7月。
- 趙世民《台灣岩礁海岸的海參》，台中，國立自然科學博物館，1998年。

蛇 相關的傳說故事

● 排灣族陶壺與百步蛇信仰

龜蛇把海口

　　這是台灣宜蘭風水之說。「把」意為把守。一般認為,「龜」就是宜蘭東北方海上的龜山島,而「蛇」有三說:一指蘇澳到大里之間的沙汕;一指東澳烏石鼻;另說為北方澳的七星嶺,其地勢綿延入海,形如長蛇出洞。宜蘭因為有龜蛇把海口,龜、蛇均好水之物,所以宜蘭的水又清涼又甜,而且極少缺水。

排灣族蛇生創生傳說

　　台灣排灣族民間故事,凡是有蛇蛋生祖先或蛇生人、蛇化成人的始祖創生神話的諸社,都崇拜蛇,而殺害蛇的行為因而成為一種禁忌。例如:

　　布曹爾亞群佳平社、Oalus 社傳說謂:「昔日洪水襲來,淹死所有人畜。當時有一神靈入山看見蛇卵,仔細觀察,見卵內有人形影子,後來蛋破出現人,是我們的祖先。」

　　又北排灣群古樓社傳說謂:「昔日,Amawan 社有一女神。某日乘鞦韆盪遊,盪得過甚,鞦韆斷而掉入穴中,降入下界去。後來,穴中另外出現一女神,亦居住於該社。該女神與瑪家社人 Purararuayang 交遊,一日 Purararuayang 口渴,女神出去提水,路上撿得百步蛇蛋和龜殼蛇蛋各一枚攜帶回來。不久,百步蛇蛋生出頭目家祖先,龜殼蛇蛋生出頭目輔臣(平民)祖先。互婚而生的小孩只有一鼻孔和半個嘴,因此,頭目家與平民禁婚。」

達悟族豬變蛇

　　達悟族人湯尚的父親死了,全家忍痛萬分,第二天,湯尚揹著父親的屍體到墓地埋葬妥當,帶著沉痛的心走回家去。半路上遇見了一隻豬,他把那隻豬抓進放在一旁的地瓜籃裡,再擺回原來的位置,然後轉身回家,原來那是一個

小偷所偷的。到了晚間，偷豬的人高興的對妻子說：「你今晚多煮一點地瓜，今天我在田裡殺了一頭豬。」妻子說：「你幹麼殺那隻豬呢？」偷豬的人說：「因為牠把我們辛苦所種的田地弄得一塌糊塗，我一氣之下就把牠給殺了。」妻子信以為真，便開始準備食物。小偷回到了放豬的地方，看見豬已被裝入地瓜籃內，心生狐疑，不過還是揹起那重重的籃子回家，回到家已汗流夾背。他太太也邀請了不少親戚好友來共享豬肉，但當他掀開籃子時，嚇了一大跳，原本籃內不是一隻豬而是一條又粗、又大的蛇，妻子一邊尖叫、一邊大罵丈夫撒謊。

賽夏族祈晴祭祭蛇

一年一次的祈晴祭 kakawas，是由解、夏兩姓主祭，當老鷹（解姓的人變成的）臨空飛翔不去之時，即為下雨先兆，解、夏兩姓之人，必須祭蛇，以求天晴，其他各姓的家庭都必須有人參加。祭時以小米 dada 為祭品。

龜山和蛇山的傳說

台灣澎湖民間故事：傳說通樑有座龜山，與地形如蛇的西嶼恰巧成為馬公的屏障，如果有海盜想從西方進入馬公，龜山就會伸出龜頭與蛇山的頭相接，阻斷通道使海盜無法入侵。因此海盜始終無法如願的洗劫馬公。後來海盜請地理師指點才發現，這二座山原來一個是龜穴、一個是蛇穴。破壞他們的方法，是用一隻白雞來祭拜牠們，將龜頭引出來，趁機再用寶劍將龜頭斬斷即可。海盜們照著做，果然將龜頭斬下，龜血噴到對岸的西嶼，形成一道紅色的石道。這條石道現在還看得到，就在跨海大橋西邊不遠的地方。

蛇郎君

台灣宜蘭與澎湖都有蛇郎君的民間故事流傳。宜蘭的民間故事梗概，是有一位父親，採了蛇郎君的花園中的三朵花要帶回家送給三個女兒，結果蛇郎君警告此一父親，要將三個女兒的其中一位嫁給他，要不然就要抓父親回去。父

親很擔憂，孝順的第三個女兒不忍父親擔心害怕，就答應嫁給蛇郎君。因為蛇郎君很有錢，三女嫁過去後生活得很好，大姊去看三妹，見她過得這麼好，便起了壞心，害死這妹妹，再假冒三妹與蛇郎君一起生活。起初蛇郎君感覺不對勁，以前太太很漂亮現在怎麼不一樣了，大姊推託因為不小心跌倒，臉被刮傷了。

過了幾天大姊去挑水，回來時一隻漂亮的小鳥停在扁擔上跟著，並且一直啾啾叫說：「啾啾啾不要臉，穿人家的新衣，抹人家的茶油。」大姊很氣，就抓住小鳥殺掉煮來吃，吃了以後把鳥骨頭埋在後花園的井邊，不久就長出一棵竹子。竹子長得很快很高，大姐將它砍下做了一張竹椅。說也奇怪，椅子做好以後，大姊無論如何就是坐不上去，但蛇郎君坐上去則很安穩。大姐一氣之下就把竹椅劈成柴火燒，結果竹椅燒剩的灰變成一個紅龜，看起來很好吃的樣子，大姊就將紅龜拿進房間蓋在棉被下，想等到晚上肚子餓時再吃。

到了晚上蛇郎君先睡，上床一掀起棉被，居然有個漂亮的女孩，仔細一看，原來是他的太太，就問：「妳怎麼啦？又變得這麼漂亮！」於是三妹把大姊如何害她，以及如何從紅龜變回來的經過告訴蛇郎君。蛇郎君聽後氣極了，弒大姊，再度和三妹過著美滿的生活。

參考資料

- 陳益源《故事與民俗》，永和，富春文化事業公司，1999 年 10 月。
- 劉寧顏總纂《重修台灣省通志（卷三）住民志同冑篇（第一冊）》，南投，台灣省文獻委員會，1995 年 5 月。
- LianTanapima〈百步蛇復仇〉，《台灣教會公報》第 3322 期，2015 年 10 月 26 日。
- LianTanapima〈大洪水〉，《台灣教會公報》第 3322 期，2015 年 10 月 26 日。
- 黃智慧、許木柱主編《番族慣習調查報告書第二卷阿美族卑南族》，台灣總督府臨時台灣舊慣調查會，中央研究院民族學研究所編譯，2000 年 11 月。
- 瞿海良、陳瑛〈達娜伊谷、鬼山古道自然遊〉，《綠生活》第 107 期，1998 年 3 月。
- 曾永坤《台灣日月潭史略明海大觀》。
- 范純甫主編《原住民傳說（上）》，台北，華嚴出版社，1996 年 8 月。
- 內政部委託台灣大學人類學系研究《台灣山胞各族傳統神話故事與傳說文獻編纂研究》，1984 年 4 月 30 日。
- 黃智慧主編台灣總督府臨時台灣舊慣調查會《番族慣習調查報告書第一卷泰雅族》，中央研究院民族學研究所，1996 年。
- 金榮華《台北縣烏來鄉泰雅族民間故事》，中華民國民間文學學會，1998 年 12 月。
- 李亦園、徐人仁、宋龍生、吳燕和《南澳的泰雅人》上冊，中央研究院民族學研究所，1997 年二刷。
- 鍾鳳娣主編《雅美文化故事》，蘭嶼國民中學社會教育工作站出版，蘭嶼慈懷家庭服務計畫委員會發行。
- 陳春欽〈向天湖賽夏族的故事〉，載於《民族學研究所集刊》廿一，1966 年春季，中央研究院民族學研究所。
- 陳春欽〈賽夏族的宗教及其社會功能〉。
- 黃智慧主編《番族慣習調查報告書第三卷賽夏族》，中央研究院民族學研究所編譯，1998 年 6 月。
- 鄭國洲採錄〈蛇郎君〉，《宜蘭縣口傳文學上冊》，宜蘭縣政府，2002 年 5 月。
- 陳美琪採錄、陳美琪初稿〈蛇郎君〉，金榮華整理《澎湖縣民間故事》，新店，中國口傳文學學會，2000 年 10 月。
- 郭清源採錄〈龜山和蛇山的傳說〉，姜佩君編著《澎湖民間傳說》，台北，聖環圖書公司，1998 年 6 月。

·蛇·
地名考

高雄蛇山

　　位於高雄市鼓山三路東側的蛇山，跨左營、鼓山兩區，據《鳳山縣采訪冊》云：「蛇山在興隆里，長四里許，與打鼓山分脊聯岡，首趨外海，草木蓊薈，樵採資焉。」又云：「蛇山之頭，有石塔嶼，孤立海中；蛇山之腰，轉折而南，崔巍騰躍，為打鼓山。」《重修鳳山志》云：「蛇山從打鼓山蜿蜒而下，勢若長蛇，為蛇山，是邑治之右肩也。」

左營蛇頭埔

　　「蛇頭埔」位於高雄市左營區，由於蛇山而名。蛇山的山麓稱蛇頭埔，曾是桃仔園塚埔。據《鳳山縣采訪冊》載：「雍正十二年知縣錢洙置義塚於此，縱里半，橫里許」，日治末期因設置左營警備府而遷塚，無人認領的遺骸都遷於旗後的烏松祿公祠。

蘭嶼殺蛇山、青蛇山

　　台灣蘭嶼島是丘陵起伏的小島，最高的紅頭山高約 548 米，「殺蛇山」高約 494 米，「青蛇山」高約 438 米，東南角的大森山高約 480 米。島的四周是珊瑚礁。

澎湖風櫃蛇頭山

　　澎湖縣開發歷史久遠，先後有西班牙、葡萄牙到過此地，之後經荷蘭占領、明鄭退守台灣、清廷時期中法戰爭、中日甲午戰爭、二次世界大戰等大小戰役，澎湖無一倖免，因此在澎湖遺留了許多戰爭時期的構築工事以及事蹟，如西嶼西台、西嶼餌砲、風櫃蛇頭山等。

● 除了與蛇相關的地名，原住民部落景觀也常見蛇的圖騰。圖為高雄布農族梅山部落百步蛇圖紋的瑪舒霍爾吊橋

參考資料
• 曾玉昆《高雄市地名探源》，高雄，高雄市文獻委員會，2004年12月。

從肖 蛇 看性格運勢與命理

　　生肖屬蛇者，熱情但沉默寡言，偏向「愛你在心口難開」型。有不被人信任的傾向。為人精明幹練，工於心計，自負得很，自私自利又小氣，但仍小有運氣。不愁沒錢花，因為經常有許多錢夠他用。喜歡一意孤行而不聽他人的勸告。雖常是個美貌多情的人，卻有不忠傾向。

　　蛇是一種詭異敏感的動物，牠的力量來自「瞋」，肖蛇無論男女，常會令人纏綿悱惻的感覺。屬蛇的女生個性特別明顯，她的陰柔有一種神祕的魅力。屬蛇的人思維細密，看起來挺聰明的，也因其主觀太強，一般人很難約束他們，冷靜、沉著是蛇的特性，屬蛇的人都很有眼光，數字概念清楚，善於理財，可以成為生意上的好角色。蛇的包容力很強，可是一旦被觸怒，瞋心爆發力量非常可怕，打草驚蛇還好，不打草即驚蛇，可能獲得致命的一擊。屬蛇的人頗善於自處，外界環境差時，他們便會蟄伏，蓄勢待發，所以屬蛇的人，能力都相當強。

　　蛇人與生俱來的神祕氣質，具有難以抗拒的吸引力，真讓人羨慕蛇人的異性緣。惟因如此，蛇人在感情上可能會出現三心二意的情形。如果蛇人能夠將充沛的感情導引到正面的意義上，一定能夠享有和諧幸福的生活。蛇人在愛情方面，眼裡容不下一粒沙子，會因為一些小事而激起嫉妒的心態。

　　由於男女性都熱情性感，所以多為戀愛結婚之人，可以得到很好的愛情境界，但是要將熱情轉到實質的家庭生活上，使美滿生活能更堅實。最有名的蛇故事是《白蛇傳》，這也是描述愛情的執著，因此蛇年出生的人會為自己喜愛的事物，不擇手段的去爭取。

　　蛇人內心蘊藏著豐富的情感，如果真心與他交友，將會發現，他們總是預先為你設想周到，體貼的維護你。交往後才體會到他的豐富感情、體貼細心。屬蛇的人雖然很有修養，但是占有慾卻很強烈，愛、恨過於分明。所以千萬別

丁巳神將名崔巨卿

● 丁巳蛇神將崔巨卿

做任何對不起他們的事，否則，可是「此仇不報非君子」的嘍！據說蛇人最佳之婚配對象是：牛、鼠、雞；次佳之婚配對象是：鼠、龍、羊；不宜之婚配對象是：虎、豬。

在婚配上，屬蛇的宜配相牛、雞為大吉，而忌配虎、猴、豬。但這是命相學的說法，千萬不可全然相信。

歷史上肖蛇名人，例如：

項羽：西楚霸王。

劉邦：漢高祖。

劉秀：東漢光武帝。

劉勰：著有《文心雕龍》。

蕭統：梁昭明太子，著有《文選》。

石介：北宋人，與歐陽修同榜進士。

參考資料
• 高雄道德院《玄妙真言典故集（八）》，高雄，2002年。
• 游福生〈有趣的生相歌謠〉，《台灣月刊》第224期，2001年8月。
• 阮昌銳〈蛇的傳奇故事〉，《科學研習》第40卷第6期，國立台灣科學教育館，2001年10月。
• 簡榮聰〈台灣漢族對蛇的敬拜與禁忌〉，《聯合報》，1996年5月5日。
• 羌穆〈蛇年談蛇〉，《台灣畫刊》，1977年2月號。
• 林保淳〈從圖騰經傳到小說看蛇的演化〉，《中央日報》，1989年2月6日。
• 呂應鐘〈從十二生肖看先天特質〉，《皇冠》第501期，1995年11月。

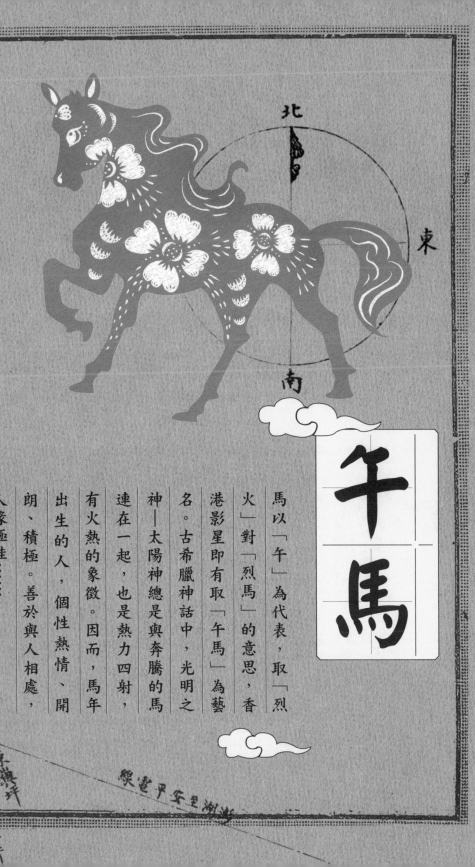

北

東

南

午馬

馬以「午」為代表，取「烈火」對「烈馬」的意思，香港影星即有取「午馬」為藝名。古希臘神話中，光明之神——太陽神總是與奔騰的馬連在一起，也是熱力四射，有火熱的象徵。因而，馬年出生的人，個性熱情、開朗、積極。善於與人相處，人緣極佳……

馬 的名字，怎麼來？

馬的釋義

　　「馬」是一個象形字，甲骨文與金文中的馬字，頭、髦、軀、體、四肢與尾巴皆備，故一望而知它是馬。石文與小篆中的馬字略同，後者橫視之，略象馬頭髦尾及四足之形，本義作叫「武獸」解（見《玉篇》），是極健壯，甚有威武，可供武事乘曳之獸。

　　《詩經·周南篇》有：「陟彼高岡，我馬玄黃」之句，《周書·文侯之命》上載：「馬四匹。」《左傳·僖公 28 年》記有：「胥臣蒙馬以虎皮，先犯陳蔡。」這些都是古書中甚早出現的「馬」字。

● 跳躍的馬

　　古代相傳，馬定期於每年 12 月出生。古代這一傳說的理論基礎是陰合於八，八合陽九，八乘九等於七十二，二為地，地主月，月的精是馬，月數共有十二，故馬十二月而生。

　　中國是以馬文化馳名於世的國家，漢字中以馬為偏旁的字有很多，或以顏色辨馬，或以性別區分，或以年齡，或以大小為別；此外還有許多別名，良馬則有專名，可見中華民族馬文化的豐富多彩。

馬的別名

　　公馬稱「騭」、「牡」、「駔」等：

　　「騭」：《說文解字》：「騭，牡馬也。」顏之推《顏氏家訓·書證》：「駉頌既美僖公牧于坰野之事，何限騲騭乎？」

「牡」：雄性的鳥或獸，亦指植物的雄株，與「牝」相對。

「駔」：駿馬，高大健壯的馬。《楚辭·九歎·憂苦》：「同駕與駔兮，雜斑駁與闒茸。」

母馬稱「騍」、「牝」、「騲」、「騇」等。

「驕驚」：馬長至6尺，才能稱「馬」，又名「驕驚」。《史記·司馬相如傳》：「低卬中天蟜，据以驕驚兮」，索隱：「驕驚，縱恣也。」《楚辭·九歎·遠遊》：「驂連蜷以驕驚」，注：「馬行縱恣也。」

「騋」：馬7尺以上叫「騋」，《詩·鄘風·定之方中》：「騋牝三千」，傳：「馬七尺以上曰騋，騋馬與牝馬也」。

「駥」：馬8尺以上叫「駥」，《爾雅·釋畜》：「馬八尺為駥。」按《說文新附》：「駥，馬高八尺」，徐松云：「八尺言長，馬身長者必善走，長則必高也。」

「蒼龍」：青色馬叫「蒼龍」，《禮·月令》：「孟春之月，乘鸞路，駕倉龍。」

「鐵驪」：黑色馬叫「鐵驪」，《禮·月令》：「孟冬之月，天子駕鐵驪」，注：「鐵驪，色如鐵也。」

「駁馬」：毛色不純的馬叫「駁馬」，「駁」，馬色不純也，見《說文》。《詩·豳風·東山》：「皇駁其馬」，傳：「騂白曰駁。」

「赤驪」：赤色馬叫「赤驪」。

「白駱」：白色馬叫「白駱」。

「白馬」：白色的馬稱「白馬」。

「驪」：黑色的馬稱「驪」。

「騏」：青黑色的馬稱「騏」。

「騂」：赤黃的馬稱「騂」。

「駱」：白身黑鬣的馬稱「駱」。

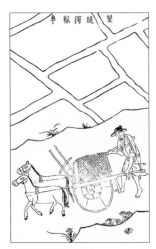
●《天工開物》中的馬車

馬 的奇幻世界

● 臺灣總督府種馬牧場

台灣的野馬

　　現今的台灣野生動物名錄中，馬是不存在的。然而，如果將時光倒轉至1萬多年前，台灣的自然環境，卻隨處可見駿馬奔騰，牛、羊成群，大象、四不像鹿和梅花鹿穿梭其間，更不時點綴著少數台灣虎、鬣狗、熊等肉食性動物，在一旁虎視眈眈準備躍出追捕獵物。國立自然科學博物館在開館之初，就曾經進行台灣地區各類古生物化石的蒐集與研究。近年來，更針對台灣海峽澎湖水道（俗稱澎湖海溝）海底打撈上來的哺乳動物化石，進行一系列的分析研究。澎湖水道過去20-30年來，漁民在這個區域進行底拖網作業時，便經常撈起大型的脊椎動物化石。在這些成千上萬的化石中，不難發現馬的肢骨與牙齒化石，這也意味著，在過去的史前歲月裡，野馬曾經奔騰在台灣這塊陸地上。

　　地質學家告訴我們，到了更新世晚期，大約在1萬年前至5萬年前之間，相當於地球的最後一個冰期玉木冰期，由於海水大量結冰，海面下降大約100米以上，使得原本就很淺的台灣海峽，整個露出海面變成陸地，亞洲大陸的許多動物，都可以走到台灣海峽來。於是，台灣與澎湖群島之間的低窪地帶，形成河川，動物群集，這就是後來我們為什麼能夠在澎湖水道發現許多動物化石的原因。從這裡我們也了解到，更新世有數次的冰期和間冰期，海水面有昇有降，因此台灣海峽一定有時候是陸地，有時候是海洋，台灣和中國大陸，也有時相連，有時分開。澎湖水道的化石動物，被統稱為「澎湖動物群」，這些化石經過古生物學家的研究，包含有「澎湖馬」。

參考資料
• 王輔羊〈說文解馬〉。
• 李甲孚《中華文化故事》，台北，聯合報社，1985年11月。
• 趙伯陶《十二生肖面面觀》，濟南，齊魯書社，2000年11月。
• 李舫〈親愛的我把馬縮小了〉，《國語週刊》第804期，1997年

3月16-22日。
• 暉舟編著《十二生肖縱橫譚》，台北，國家出版社，1990年8月。
• 白光華〈姓氏起源及族姓堂號（中）〉，《豐縣文獻》第28期，2004年1月。

馬的情緒表現

馬和人類一樣，都有喜怒哀樂的情緒，雖不能像人類一樣能用語言表達自己的感受，可是牠們卻善用身體創造屬於自己的溝通方式，以身體姿勢、活動狀況、嘶叫聲等表達情緒。因此可以從牠的姿勢、臉上的肌肉動作、尾巴、耳朵、四肢的活動，以及嘶叫的聲音看出馬的情緒。

（一）四肢的情緒表現

別看馬的體型高大，但牠們卻是膽小且警戒心強的動物。當受到驚嚇的時候，會彈出前肢，用後蹄亂踢。此時，牠的情緒會呈現出不安穩的狀態。馬會舉起頭部和尾巴，並弓起背且張大鼻孔，警告其他夥伴是該拔腿逃跑了。

（二）耳朵的情緒表現

雖然馬不會說話，卻能運用耳朵來表現牠的情緒變化，馬的耳朵不只是聽覺器官，而且還會傳達喜怒哀樂各種表情。馬耳朵的情緒表現歸納如下：

1、耳朵向後靜止，表示生氣。

2、耳朵向後靜止再往後緊貼一點就是警告要咬了。

3、當馬的耳朵是有力的垂直豎起，並且有些微微的搖動，那就表示心情舒暢。

4、當馬耳前後不停地用力搖動，就是表示心情不快。

5、當牠耳朵倒向後方，是表示很興奮。

6、馬緊張的時候，會高高的揚起頭來，耳朵向兩旁豎立。

7、馬疲倦需要休息時，耳朵會向兩旁垂下來。

8、耳朵不停地緊張搖動，而且從鼻孔發出一種響聲，民間稱為打響鼻，這是恐懼的表示。

參考資料

• 張鈞翔〈台灣曾有野生馬〉，《科學人》第38期，2005年4月。

• 賴景陽〈珍奇化石〉，《大自然》第17期，1987年11月。

• 綠地球國際公司編著《自然科學大百科（3）脊椎動物》，台北，綠地球國際公司。

• 幼福公司《動物奧祕一本通》，中和，2005年11月。

馬 與星宿及五行方位

　　馬以「午」為代表，取「烈火」對「烈馬」的意思，香港影星即有取「午馬」為藝名。古希臘神話中，光明之神—太陽神總是與奔騰的馬連在一起，也是熱力四射，有火熱的象徵。因而，馬年出生的人，個性熱情、開朗、積極。善於與人相處，人緣極佳。《說文解字》：「馬，怒也，武也。」足以表現馬的剛健雄壯、威武昂然的氣度。古云：「萬馬蹄如驟雨來」，說明了萬馬奔騰、風馳電掣、躡影追風的氣勢。

　　馬的個性非常剛烈，但溫順、寧靜、無語的外表下，內心卻有著嚴明的原則。雖然，馬是人類馴服的動物，但如果你不是真正的好騎手，牠是不會允許你騎上背的，因而，馴馬的人不僅要勇敢、要有力量，更需要智慧、藝術、愛心及關懷。只有從精神上征服，馬才能與你有心靈交流，才能和你精神交融。而一旦你駕馭了牠，馬就會忠心耿耿，寧死沙場，也不曾有一絲一毫的徘徊與退縮。

　　台灣流傳說：「午屬馬，馬占天福星，一生命運好。」

　　台灣俗話說：「馬走兵營」，古時候的打戰，都是騎馬論刀鏢，沒有現代如此毀滅性的武器。馬在當時戰爭上，是相當可貴的軍營戰友，所以有兵營的地方，一定有馬匹存在。兵營走到哪裡，馬匹一定跟到哪裡。

● 希臘神話中的太陽神阿波羅總是騎著多匹奔騰的馬出場。圖為奇美博物館外太陽神雕塑／胡文青提供

馬 在台灣的習俗與禁忌

● 李泌千歲造型花燈，
2017年台灣燈會在雲林

射火馬

　　一件慘案，一件故事，一場戰爭，一場祭祀，台南市後壁區崁頂里的一個庄頭，在後菁寮之東，早年因位處八掌溪南畔高地而得名，「崁」就是溪畔高地之意；全庄約有一百來戶，多黃姓，庄廟「勸善堂」，主祀池府千歲，同祀李王、五穀王，合稱「三千歲」，凡有事，皆求祈於三神。清末，盜賊猖獗，時有「搶庄」之舉，傳說當時「嘉義湖仔內」準備渡溪南侵「崁頂」，庄人得知，乃祈求池府千歲，獲神示：於庄口大樹下的八掌溪舊河道沼澤地舖設稻草，四週並布置稻草人欺敵。是夜，「湖仔內」人大舉侵庄，見稻草人隨風舞動，以為「崁頂」人多勢眾，早有埋伏，一時間竟自亂陣腳而紛紛陷入沼澤地，進退兩難，因抽身不及，悉數被「崁頂」人以「刈耙」（耕地時耙平之農具）襲殺。事後，因死者太多，冤魂不散，池府千歲悲憫神示：「池王有吃，冤魂亦有吃」，乃定每年農曆6月17日（池王千秋日前日），全庄齊至原沼澤地的大樹附近祭拜冤魂，並以「射火馬」慰藉在天之靈，沿俗迄今。「火馬」為竹架紙糊，每年有十來匹，排列於祭場旁，祭罷點燃藏於火馬內的沖天炮，再送回廟埕，於晚間火化。崁頂人以悲憫的心情，藉「射火馬」來告慰冤魂，給後代子孫警惕，也給世人警惕。

報馬仔

　　台中大甲媽南下遶境進香活動，進香隊伍中，走在最前面的「報馬仔」，沿途敲鑼報信，負有開路偵查、通報信息等任務；穿著奇異卻擁有不同典故，信眾沿途爭相求換三寶，十分特別。「報馬仔」身穿黑衫代表德高望重，頭戴笠帽來開路引導，即意會他忠於神僕；另戴單片的眼鏡乃是看破世情，手持銅鑼就是勸人向善，肩負長紙傘即意會長期行善等。「報馬仔」的旱煙斗是代表感恩

報恩；留八字燕尾鬍即言未虛之意，誠實責任；反穿羊皮襖表示體驗出人情冷暖。傳說中報馬仔腳生瘡，是意會不揭人瘡疤；行進間須捲起褲管，一高一低即不說人長短之意；穿一隻草鞋、一隻赤足減少疼痛等，訓勉人應腳踏實地。「報馬仔」長紙傘上掛著錫酒壺，代表應惜福祈福；內裝壽酒是長壽的意思；懸掛有豬腳是代表知足長樂，表示身體安康，凡事應知足常樂；韭菜是代表久久長長，意會著友情、感情及恩情等，永無止盡天長地久之意。媽祖遶境進香途中，信途會爭相與報馬仔求換壽酒、豬腳及韭菜等三寶，祈求能夠祛厄降福、闔家平安、植福延壽等。報馬仔於媽祖進香沿路行無須敲鑼，遇岔路、墳墓、喪家及橋，則須敲三響鑼提醒後面的進香團。

石馬成精

　　台南市赤嵌樓文昌閣前的庭園內，有一匹「斷足石馬」，有些遊客會把孩子抱上馬背「騎馬」，並拍照留念，殊不知此馬「來頭大」，傳說中是「石馬成精」。這匹石馬，本來立在台南永康洲仔尾清朝武將鄭其仁的墓前，據說這匹石馬日久成精，入夜後會化作妖精，到處侵犯民宅、騷擾民婦、破壞稻作。當地人不堪其擾，趁著白天石馬保持原形，且不會走動時，將牠的一雙前腿打斷。石馬斷腳後，應聲仆倒在地，妖氣盡去，從此不再作怪，地方也恢復平靜。日治時代，這匹斷足石馬被移到台南市立歷史館（今赤嵌樓）展示，並用水泥重塑前肢，變成目前的摸樣，沒想到如今斷足石馬竟淪為部分遊客的「坐騎」玩物。有人認為，不管「石馬成精」的故事是真是假，如果遊客知道這匹斷足石馬曾經化作妖精四處騷擾民宅及婦女的傳奇故事，也許會有所顧忌，不敢任意抱著孩子跨上馬背，把牠當作坐騎玩物。台南市政府民政局禮俗文物課官員則認為，站在維護古蹟、古物的立場，遊客把孩子

● 報馬仔花車，2017年台灣燈會在雲林

抱去坐在斷足石馬的背上拍照實在不足取，對於這種情形目前還找不到適當罰則，只能夠勸導或靠民眾自律。

此外，台北市芝山岩（士林區）的山上，以前有一座大墓，墓毀後還留有一隻石馬。後來這隻石馬領受了日月精華，變成了精，到了夜晚便下山來吃田裡的農作物，並對人畜造成危害，附近的人們對此事很傷腦筋。光復以後，這隻石馬便失去了蹤影，據說可能是被人盜賣出國。石像變精的傳說，原型可能傳自中國，例如福建省的省會福州，自從唐代黃巢之亂以來，常常有兵災，老百姓經年受苦、苦不堪言，地理師認為福州城跟閩江口的五虎島相互對峙，所以殺氣騰騰，為了消解殺氣，便在城裡的雙門前放置三隻石獅子，以為三獅比五虎的力量來得大，果然此後城裡一切太平，這就是所謂的「三獅朝五虎」。

馬在台灣的民間信仰

● 甲馬金紙／謝宗榮提供

表官和表馬

醮典和普渡場合中，最重要的莫過於將疏文上達天庭，讓玉皇大帝知悉，將民間文書送往上天的工作，也有專司人員，南部地區稱為「表官」，北部則叫「功曹」，且分三界，每界負責之人不同，上界為蕉公奴，中界是鄭元喜，下界名張元伯，祂們的坐騎就叫「表馬」。表官和表馬體積約僅1尺左右，表官正面呈立體狀，雙手環繞在胸前，中留一圓圈可供放置表文之用，背後則為平面狀，表馬則整隻立體糊馬，馬頭朝下，眼、耳、鼻乃用筆畫成，腳下連一底座，以方便站立。民間祭典中許多科儀都有上疏儀式，道士或僧人於典禮中讀完疏文後，便交付給表官，其他的神職人員再將表官、表馬以及一疊金紙一併送到壇外的天公爐中，放火焚燒，表示送神歸天之意。大多數的科儀都必須送表官和表馬，因而事先便得準備足夠的數量置於醮場中，以利隨時取用。

甲馬

「甲馬」是祭祀神明的準紙錢，民間使用相當普遍，但它並不代貨幣，而是馬、盔甲和兵士等實物的象徵。民間每逢臘月廿四日及正月初四日，必須送神上天或迎接眾神回歸人間，祭祀時，必須焚燒甲馬，以化為諸神的座騎，另還有盔甲供神明使用，兵士供眾神差遣。接神和送神之期，人民需準備一個特別的火盆，一張張的焚化甲馬，以化為神明使用之物，除此外，在其他的祭典中，較少使用到甲馬。

四大元帥

建醮盛會或者普渡祭場內，四大元帥可謂是不可或缺的重要紙糊神祇，用以維持醮場或祭場清淨，防止邪魔外道入侵破壞。四大元帥又稱四騎，乃為四位騎著動物的神祇，四大元帥分別是黑臉、黑身、執鞭、騎虎的趙元帥；白臉、白身、托盤、騎獅的高元帥，綠臉、綠身、執槌、騎象的康元帥以及紅臉、紅身、執劍、騎豹的溫元帥，因各地主事及風俗差異，各元帥的姓氏或有不同，四種顏色也可能加入黃色替換，基礎的模式仍不脫上屬範圍。

馬公爺

「馬公爺」就是「輔順將軍」，亦稱馬使爺、馬舍公等，為角色複雜，各地祭日大不相同的神祇，例如台南市開山路馬公廟祭期是農曆 9 月 23 日。民間信仰中或為馬信、馬援等不同角色的馬公爺，最早源於自然的星宿信仰。初建於明鄭時代的馬公廟，歷經清乾隆、道光、咸豐、日領以及民國等多次改建，已成一鋼筋水泥的現代化建築，不過廟中仍存有道光 30 年的「英靈千古」匾以及乾隆、咸豐年的多方古匾，為早失舊貌的古蹟留下些許歷史見證。傳為明鄭攻台時掌軍的主將，對鄭氏拓台有傑出貢獻的馬公爺，如今只是台南市中區一帶的角頭廟。

關廟馬使爺

在台南關廟通往阿蓮的縣道上，有一座規模不大，建築甚為簡陋的五甲壇，供奉的主神為「馬使爺」，相傳馬使爺就是輔順將軍，為舊時軍伍中及養馬人家供奉的馬神，也稱為馬舍公或馬爺，相傳是明鄭駐兵屯田政策遺傳下來的神明信仰。關廟五甲村的馬使爺廟，初創於明末清初，後經歷次修葺，卻因信仰力的衰退，規模愈見縮小，日領時最後一次修建成混合日本寺廟風格的廟貌，太平洋戰爭期間，被充為民眾集會所，光復後雖恢復原樣，但廟場前卻成了菜市場，每天早上當地人都在此地交易一天的所需。

馬 相關的器物

馬自被人類馴養以來，即一直是人類的好幫手，且還給人類帶來無窮樂趣。對人類是如此忠誠與勤勞，堪稱是人類的忠實朋友。馬在中國，是六畜之一，又是十二生肖之一，故更為人們所喜愛，連反映馬的藝術作品也頗受青睞。這就難怪文學家、詩人、藝術家那樣喜歡以馬為題材，創作出一首首讚美詩，編出一個個歌頌馬的故事，以及應用各種材料，以不同的藝術表現手法，塑造出一匹匹栩栩如生的馬的雄姿。所以有關馬的文物及民俗也更璀璨奪目。

參考資料
- 黃文博等《南瀛行腳》，台南縣政府，2000年4月。
- 方祥麗〈古俗陣藝有看頭——鹿港萬人空巷〉，《地方自治》。
- 王烱華〈報馬仔的先鋒路——邊行頭盡含醒世哲理〉，《中華文化雙周報》第11期，2005年5月。
- 陳玉峰〈報馬仔——談台灣的隱性文化〉，《妙心雜誌》第124期，2011年7月。
- 蔡勝義〈石馬成精如今淪為坐騎〉，《聯合報》，1999年11月18日。
- 林衡道《尋根探源》，台北，黎明文化事業公司，1992年6月。
- 劉還月《台灣民間信仰小百科廟祀卷》，台北，台原出版社，1994年2月。
- 劉還月《台灣歲時小百科（下冊）》，台北，台原出版社，1989年9月。
- 姜義鎮《台灣的鄉土神明》，台北，台原出版社，1995年4月。
- 劉還月《台灣歲時小百科（上冊）》，台北，台原出版社，1989年9月。
- 李玉屏《城鄉采風》，台中，台灣省政府新聞處，1997年6月。
- 黃振良、陳炳容《金門的古蹟與先賢》，金門，金門縣文化局，2009年11月。
- 唐蕙韻《金門民間傳說》，永和，稻田出版社，1996年12月。

● 鐵道發展初期曾見以馬拉車，成為名符其實的鐵道馬車

走馬燈

　　「走馬燈」，在古代是一種奇幻的玩具燈籠，利用燭光投射剪影，旋轉而產生動態圖像。現代的馬燈則出現在各式建築物裡外，如學校、車站、機場、公家機關、大樓外牆等。由 LED 製成的資訊顯示器，透過電腦控制，可以不時更新訊息內容。只要電燈亮著，過一會兒，類似燈罩的東西開始轉動，而且會越轉越快，於是圖形就不停旋轉著，這就是所謂走馬燈了。走馬燈相較於「招牌」，它的顯示更靈活，更容易吸引目光，所以在街上到處都可以看到。走馬燈是世界上最早利用熱氣對流，產生機械運動的裝置。

跑馬燈

　　「跑馬燈」是指一種民間歌舞。舞者站在用竹或布紮成的馬或驢中，與搭檔表演的舞者邊歌邊舞。表演過程中，會穿插各種精采技藝，展現表演者的機智與活力，氣氛熱鬧歡愉。

馬蹄鐵

　　腳是馬的全身構造中一個很重要的部位，為馬裝上鐵蹄，據說始於 10 世紀左右。鐵蹄的作用是保護馬蹄，以避免其邊緣被損傷或破裂。馬蹄鐵的大小因馬的體型及工作性質而異。鐵匠依馬蹄大小做成鐵蹄之後，便可釘入馬蹄底部

沒有知覺的部位。

馬廄

馬場的馬都住在「馬廄」裡，每一匹馬都有自己的房間，房間裡還有用木屑堆成的床。

馬皮、毛、骨

馬皮可以製成皮革，毛髮可以用來製作小提琴的弓或織成椅墊的覆蓋物，馬骨和其組織中可以提煉出動物膠來。

馬達

「馬達」（Motor，electric）即電動機，是現代科技生活中非常重要的發明，靠通電流的線圈在磁場中運動的事實而運作。

馬口鐵

「馬口鐵」：將鐵塗上錫，使鐵不和空氣接觸，不易生鏽，用途甚廣。早期罐頭食物的鐵罐就是馬口鐵。

拒馬

警方在處理街頭群眾事件最常用以隔離滋事分子的防禦物是「拒馬」。拒馬是「拒馬槍」的省稱。拒馬槍，原本是戰時防守之具。架設的主要目的是為抵禦敵人的馬隊。

鐵馬

「鐵馬」，顧名思義，是用鑄鐵製造的馬兒，腳踏車因而得名。腳踏車之所以風行數十年而不衰，並非無因。台灣早期農家用自行車運載蔬菜或水果，可

從鄉下騎到街上市場販售。自行車，除了代步外，可載重小孩或其他物品，更是當時相當方便的大眾交通工具。

木馬玩具

「木馬玩具」，是一種馬形玩具，它的由來已久。到了 19 世紀，木馬的腳都裝上半月形的底座，成了可以搖動的搖籃木馬，被商品化而普及。此外，有不會動的木馬和遊樂場電動的上下起動的木馬，以及旋轉木馬等，都頗受孩童喜愛。

馬桶

中國古代春秋時，因地廣人稀，許多人還是隨地大小便。只有王侯富豪家較講究。他們在養馬的馬房旁邊蓋個小房子，放些桶子在裡面，讓大家方便。於是就叫做馬桶。以後一般人家也使用了，雖然不一定放在馬房旁邊，還是沿用這個名字。

1596 年，英國哈林頓爵士為了解決王宮的衛生設施問題，發明了原始的抽水馬桶。後人經過多次改良，1889 年，現代的抽水馬桶才問世。台灣使用抽水馬桶是在民國 5、60 年代之後才開始普及，在之前，不管是城市或鄉村，都是使用傳統式的便所（屎礐），傳統廁所不但有臭味，而且衛生又不好，孳生蒼蠅，最令人感到厭煩的，就是要定期挑糞便。

紙馬

清趙翼《陔餘叢考・紙馬》:《天香樓偶得》云:「俗於紙上畫神象，塗以彩色，祭賽既畢，則焚化，謂之甲馬。以此紙為神所憑依，似乎馬也。」然《蚓奄瑣語》云:「世俗祭祀，必焚紙錢、甲馬。有穹窿山施煉師（名亮生），攝召溫帥下降，臨去索馬，連燒數紙不退。師云:『獻馬已多。』帥判云:『馬足有疾，不中乘騎。』因取未化者視之，範本折壞，馬足斷而不連。乃以筆續之，帥遂退。」昔時畫神像於紙，皆有馬以為乘騎之用，故曰「紙馬」也。

以台灣而言，中國人相信人死後靈魂升天，不再保有具體的形象，所以採紙製品做為陪葬，像紙製的冥紙、人、馬、房子、轎車等，再予以火化，象徵死者要在陰間享有生前的榮華富貴。

秧馬

台灣田間作業，插秧者多採半蹲姿勢作業，步步後退，秧船（木製，扁圓桶形，底部刨修圓滑，在水田中移動滑行，甚為輕便）亦隨之移動，正是俗諺：「起工對清明，播田倒退行」的寫照。

薅馬

台灣稻作搜草不一定全都以跪姿作業，在客家庄農家亦有採立姿方式耘田，用腳指將雜草踩進田泥之效果，與用手搜一樣。「馬」只是用來裝歛起衣服，以免拌著禾草，行動不便。體力重心全在大腿膝蓋及小腿之間，以彎腰又半蹲方式作業，辛苦之狀與插秧一樣。

金門鴛鴦馬

金門新嫁娘歸寧，僱匹騾子代步，歡歡喜喜、蹬蹬晃晃回娘家。昔日道路多為羊腸小徑，往來多以步行，新婚夫妻以騾馬做交通，在馬背上放置雙鞍，馱架上鋪紅毯，小倆口分坐兩邊。一對靦腆的新人，默默相對、含情脈脈，任由馬夫牽著走，這就是現代稱為「鴛鴦馬」。騾馬還可擔任馱負貨物的工作，農忙時亦可拉犁協助農耕，是農家的好幫手。

參考資料

- 吳詩池、邱志強《文物民俗學》，哈爾濱，黑龍江人民出版社，2003年10月
- 曾琴蓮、李俊秀《世界發明‧發現大事典》，台北，牛頓出版公司，1999年10月。
- 鄒敦怜〈即時訊息跑馬燈〉，《國語日報》，2012年4月14日。
- 張賜福〈林業文物懷舊——漫談傳統伐木造材工具（一）〉，《台灣林業》第30卷第1期，2004年2。月
- 謝陳仲〈鐵馬〉，梅心主編《每日一典》第一輯，台北，中央日報出版部，1997年3月。
- 吳建華〈拒馬〉，梅心主編《每日一典》，台北，中央日報出版部，1997年3月。
- 莊伯和《中國雕刻藝術》，台北，行政院文建會，1988年3月。
- 郭生芳〈廁所屎得其情〉，《地球公民365》第67期，2011年2月。
- 陳正之《古農具舊時情》，台北，國立傳統藝術中心籌備處，1999年6月。
- 林馬騰《古物舊事世代情》，金門，林馬騰文史工作室，2013年7月。

馬相關的建築表現

● 土形馬背／胡文青提供

馬背脊

　　當我們站在房子的正前方，往屋頂看去，最上方的那條屋脊，是平平的一直線，而從側面看，屋脊則是呈圓弧形，中央比較高，兩邊彎曲朝下，造型很像裝上馬鞍的馬背，所以就叫做「馬背脊」。

　　背脊的形式與「五行」有點關連，馬背脊是圓弧的曲線，不只是建築物裝飾性的表現，各種不同的曲線，還含有金、木、水、火、土「五行」的象徵意義；大體上屬金的是圓形；屬木的是直形；屬水的是曲形；屬火的是尖銳形；屬土的則是方形。

　　「金形馬背」：係台灣民宅最常用之類型，究其原因有二：一屋之家多用金、招財致富。

　　「木形馬背」：與金形馬背的「收斂」特性相左，屬「發張」性質的木行馬背，常為人間民宅用來與金行馬背搭配共生，旨在「收斂」天下財富，又期望子孫「發達」、出將入相當大官，這一收一發，道盡天下人渴望「福祿壽」盡歸吾家的心願。

　　「水形馬背」：係整個曲脊呈三個彎角而成，高燦榮教授分類為「閩南型」與「客家型」。人言：水火無情，一般三合院以上多間房舍的民宅，除必選的「金行」、「金木行共生」外，有出現「水火行共生」馬背；水，代表「遇水則發」；火，代表「火發火旺」之佳意，當然或許有被鄰人嘲諷「水火不容、雞犬不寧」之虞，截至目前為止，所到之處，「水火行共生」馬背民宅的確較少見。

　　「火形馬背」：係屋脊收頭處向外彎成四個尖角，光以「火行馬背」造型的差異，遠遠的便可區分這裡是「閩南人」村鎮、或「客家人」聚落呢！福建安溪縣人（屬古汀州府）喜住在背山臨溪地形，來到台灣後，亦強悍的保有祖先居

住的習性，新北市深坑即是一處典型汀州安溪人聚落（同樣的地形，因不同族群會出現相異地名，例如三面環山的盆地，福建閩南漳州人叫「湖」、福建閩西汀州人稱「坑」，故台北有「內湖」、「東湖」與「深坑」、「安坑」，由地名便可判斷該處係何族群的地盤）。

「土形馬背」：中庸的土行馬背，有二種樣式，以「一字或平頭型」為最多，這型在民宅用得較少，多見於廟宇；另一款是客家「凸字型」，與前相反，民宅用得較多，幾乎未用在廟宇。土行與其他行共生的建築頗多，分別有水土行、土木行、木火行共生馬背。

在馬背下的牆面，是匠師們誇耀手藝的地方。有的塑成吉祥的花果，有的塑辟邪的獅頭，也有塑出教人為善棄惡的民間故事或書卷、瑞雲、磬牌等。這些飾物並沒有一定的規格或樣本，全都憑經驗代代相傳，並添加了當時匠師的一些創意，既可以達到裝飾美化的效果，又可以滿足人們趨吉避邪的心理需求。

馬頭牆

「馬頭牆」又稱風火牆、防火牆、封火牆，是中國傳統民居建築流派中，江南古典建築的重要特色。特指高於兩山牆屋面的牆垣，也就是山牆的牆頂部分，因形狀酷似馬頭，故稱「馬頭牆」。

「馬頭牆」，亦稱「疊落山牆」、「封火山牆」，雙坡頂建築物的山牆形式之一。將兩際山牆自檐口砌高三數尺，並隨屋面斜坡作成階梯形或其他曲線，如拉弓、貓拱背、紗帽頭、觀音兜、五岳朝天等式樣。上飾線腳或脊帶，既是防火功能，又富裝飾效果。是中國江南民間喜用的建築形式。

參考資料
- 張璨文〈燕尾與馬背〉，《國語週刊》第534期，1992年1月12-18日。
- 連一周〈馬背溯源〉，《勝利之光》第599期，2004年11月。
- 柳用能《新疆古代文明》，烏魯木齊，新疆美術攝影出版社，1999年1月。

·馬·
飲食文化

孕婦忌食驢、馬肉

孕婦忌食驢、馬肉這一禁忌也是流行很廣的。據說孕婦如果吃了驢、馬肉，會使孕期延長。就如驢、馬的懷胎期一樣，會超過十個月而到十二個月。這當然令人不安。這種「食驢馬肉，令子延月」的俗信，醫聖孫思邈曾經在其著述中提到過。可見這一習俗禁忌早在唐代就已經廣泛流行於民間了。

馬蹄炸

「馬蹄炸」，是台灣常見的古老麵點之一，氣味芬芳，甜而不膩。「馬蹄炸」的作法，是在麵粉中加入醱粉，和少許砂糖，調成麵糰。待醱好後，切成每邊長約七、八公分的方形小塊，兩層重疊，用刀在其中一角靠邊處切開一個小洞，把角翻捲一圈，然後放入滾熱的油鍋中去炸，麵糰自會膨脹，且撐開來成為兩個相互絞結在一起的軟麵餅，形狀特殊，呈暗褐色，就像一對分成兩個半圓形的馬蹄，所以大家便叫它「馬蹄炸」，也有人叫它「雙胞胎」。

馬鈴薯

馬鈴薯的名稱，有人以為來自日本，其實不然，這名稱是在一百多年前，在日本的德川幕府末期，一位藥用植物學家，小野蘭山自中國書籍看到「馬鈴薯」（實為另一種植物）的記載，誤以為這就是英文的「potato」，所以採用作其譯詞而來。其實當時馬鈴薯（Potato）剛傳進中國時，因類似土產的山芋，就取名為「洋山芋」。今天中國北方人卻稱它為「土豆」，與台灣人所稱的「土豆」（花生米），無論大小、形狀、味道，都相去甚遠。

馬蹄

「馬蹄」正式的菜名為「荸薺」，俗名「地栗」。是生長於亞熱帶地區水田裡的慈菇的一種。有整腸、退燒的作用。可切成薄片炒或作湯食用。使用罐頭製品較為便利。

馬蹄湯

有一個故事說，孫科先生幼年時患了麻疹，那時，他們住在上海。孫中山先生就延聘江灣名醫徐杏圃為其診視。徐大夫開的藥方是「以芫荽與地栗煮湯飲之。」孫中山本身亦為醫師，但不知道地栗是什麼？就採徐大夫建議採用馬蹄，徐大夫以為馬蹄是馬腿之蹄甲，堅決反對，力主應用地栗，而孫中山是西

醫，精於西藥，可是孫科先生患了麻疹，只好信任徐大夫，命隨從前往街市採購。等隨從人員採購回來，孫中山一看，才恍然大悟，原來上海人的地栗就是廣東人的馬蹄。馬蹄的正式稱呼是荸薺，華中一帶人叫做地栗。荸薺可以生吃，也是席上之珍品，這也是中國特產之一。

馬齒莧

「馬齒莧」類植物的代表，就是馬齒莧。有人說是因為葉形像馬的牙齒而得名，也有人認為因為是馬兒喜歡吃的食物，所以才取這個名字。此外，以前台灣經濟狀況不好的時候，因為豬的飼料少，而且價格又昂貴，所以農民們就會摘野地裡的馬齒莧做成免費飼料餵給豬吃，神奇的是，馬齒莧不但讓豬長得非常壯碩，而且還可以使母豬的奶水充足，餵養出強壯的小豬呢，因此人們又叫它「豬母乳」。

馬蘭頭

在台北東門、南門市場，偶而可以發現很像雪葉的醃漬「馬蘭頭」，道地江浙老鄉就知道，其珍貴與風味足可媲美薺葉。而在南京，也只有早春時分，才見得著纖細葉片、有著比菊葉更濃郁清香的馬蘭頭。嫩葉若與葷料製成肉餡，或炒肉絲蝦仁，或配油炸菜式，還有去油解膩、清味蕾的功能；更高級的配清湯魚翅，綴上兩瓣極嫩的馬蘭芽尖，有如一對兔耳眼，頗具食趣。

檸檬馬鞭草茶

帶有檸檬宜人的香氣，是一種提神的花草茶，有助消除噁心感和促進消化。

參考資料
- 劉君祖總編輯《漫畫世界的歷史 7》，台北，牛頓出版公司，1989 年 8 月。
- 莊萬壽〈中國上古時代的飲食（下）〉，國立台灣師範大學《國文學報》第 2 期，1973 年 4 月。
- 黃宗義發行《驚人的藝術·吃驢肉典故》，台北，雷鼓出版社。
- 胡靜如〈幾道殘忍別緻的名菜〉《聯合文學》第 141 期，1996 年 7 月。
- 任騁《中國民間禁忌》，北京，中國社會科學出版，2004 年 1 月。
- 大方主編〈吃在台灣（下）〉，《書報精華》第 282 期。
- 羅豐〈中國北方乳製品製作與消費之歷史：一個考古學與民族學的考察〉，《中國飲食文化》，第 4 卷第 2 期，2008 年。
- 陳慧俐〈安徽菜的故事〉，《中國飲食文化基金會通訊》第 10 卷第 1 期，2004 年 2 月。
- 凡凡〈雙胞胎馬蹄炸〉，《國語週刊》第 753 期，1996 年 3 月 24-30 日。
- 李錦楓《食品的真相（下）》，台北，健康世界雜誌社，1997 年 5 月。
- 黃珮玉發行《全方位兒童百科全書：繽紛的植物世界》，中和，優美音樂帶公司。
- 阿兵哥〈2008 國際馬鈴薯年〉，《國語週刊》第 1367 期，2007 年 12 月 30 日至 2008 年 1 月 5 日。
- 陳淑英主編《追根究底》，台北，將門文物出版公司，1991 年 10 月。
- 張小林《中華民俗百科》，烏魯木齊，新疆人民出版社，2000 年 12 月。
- 抱殘守缺齋夫《吃的掌故》，新店，長春樹書坊，1980 年 9 月。
- 丁秀山《談中國料理》，台北，大展出版社，1988 年 1 月。
- 鄭元春〈酷愛陽光的馬齒莧〉，《國語周刊》第 987 期，2000 年 9 月 17-23 日。
- 鄭元春、簡錦玲《野花野果端上桌》，台灣省政府教育廳，1999 年 6 月。

馬 相關的動植物

馬蹄蓮

「馬蹄蓮」，就是人見人愛的海芋，天南星科，為多年生的球根花卉。其名字的由來，乃因其佛焰苞先端展開如馬蹄形而得名。馬蹄蓮原產非洲，台灣北部和中部的高冷地區普遍栽培。每年開花集中於冬春之際，喜歡生長於山谷疏林下的陰溼處、水溝邊或土壤肥沃的地方。

馬利筋

「馬利筋」，又名尖尾鳳、金鳳花或蓮生貴子花。多年生植物，原產於熱帶美洲。它的花朵艷麗如火，造型特殊，集中生於莖頂，非常漂亮。馬利筋全株都有毒，以白色乳汁的毒性最大。中毒症狀為引起衰弱、腫脹、無法站立或行走，發高燒、脈搏加速但衰弱、呼吸困難、瞳孔放大。

● 馬利筋

馬兜鈴

「馬兜鈴」，馬兜鈴科，招募動物為其傳粉。它們將到訪的昆蟲從只進不出的門道引進花的內部，然後予以監禁。馬兜鈴原產歐洲，花呈黃色，煙斗狀，基部為鱗莖狀。受花香吸引小昆蟲會飛入花中，沿管道爬至底部，被花內朝下生長的絨毛困住。台灣恆春半島的民族植物利用，會將台灣馬兜鈴全株搗碎，加水及酒煎服，可治毒蛇咬傷及腹痛。

● 港口馬兜鈴

曲莖蘭嵌馬蘭

「曲莖蘭嵌馬蘭」，台灣特有植物，高約 0.5-1.5 米，多年生草本，3-4 月萌

芽，全年開花結果，常綠，生長在全台海拔 600-2400 米裡的森林下，尤其是原始森林下。

海馬蘭科

「海馬蘭科」，單子葉植物中一個小科，包括一些為數極少的生長於海水中的顯花植物。本科植物具有匍匐的地下莖，細長的莖和禾草狀的葉子。雌雄異花，生長在莖的邊緣上，有時為葉鞘所包住，它們沒有花瓣，靠水傳粉。本科內的植物更常靠地下莖的斷裂而行營養體繁殖。總共約有 12 種，出現在溫帶地區的海岸和淡水河流的出海口，大多數生長在低潮所及的水平面上。

黃花馬櫻丹

「黃花馬櫻丹」，常綠灌木，直立，枝多葉密，形狀不定。台灣全島可植，可單株種植修剪成圓形灌木，栽植於公路綠島或做為景園添景樹，然一般都利用成為綠籬。

馬齒莧

「馬齒莧」，屬於馬齒莧科，馬齒莧屬，別稱豬母乳、馬莧、五方菜、長命菜、馬齒龍芽草、瓜子菜、馬子菜、豬母草、五行草、白豬母菜等。一或二年生草本，莖多分枝，直立或傾臥，除了葉腋之外，全體光滑無毛。

台灣馬錢

「台灣馬錢」，馬錢屬植物約 80 種，產南、北半球熱帶地區，台灣產一種。台灣馬錢分布本島東部大武以南，及恆春半島港口溪以北地區，垂直分布於海拔 280-900 米。分布雖廣，然而族群數目不多。蔓性灌木。

馬鞭草

「馬鞭草」，又名鐵馬鞭。屬於馬鞭草科，馬鞭草屬。多年生草本，莖直立，高約 25-110 公分，四稜形。全株疏被短毛。生長在全台海拔 2000 米以下的路旁、林野。

台灣馬加鰆

「台灣馬加鰆」，分布於印度西太平洋大陸棚沿岸，印度、印尼、中國及日本南部。台灣各地均有產，但以西部沿岸較多。近海暖水性中上層魚類。性凶猛，主要攝食魚類及較大型甲殼類。經濟價值高之食用魚。全世界一年估計產量為 4000-4500 噸。煎食或煮湯皆宜。

四絲馬鮁與五絲馬鮁

台灣愛吃魚的朋友，曾依魚的優劣排出一個排行榜，更把最好吃的六種高級魚類，以閩語編成一句歌謠：「一午二紅紗；三鯧四馬鮫，五鮸六嘉鱲」。排名首位的「午」，就是聞名中外，產量最稀少的「四絲馬鮁」。四絲馬鮁屬馬鮁科（FamilyMicrostomus），是一種近海迴游魚類。馬鮁出產在台灣海域有兩種：一種是本地最盛產的「五絲馬鮁」，另一種即是「四絲馬鮁」。五絲馬鮁，俗稱「午仔」。魚體稍扁呈梭形，色灰白，前額晶白凸出，嘴小生於下方，體長可達25 公分，一般市場可見者約 16 公分左右，每條約重 4-6 台兩，肉細味佳，最大特徵為頜下每邊生有鬚絲五根，盛產於台灣海峽海域，是極普通價廉之家庭食用魚。四絲馬鮁體型與五絲馬鮁相仿，俗稱「竹午」、「竹葉仔」、「大午」，但其身價十倍於五絲馬鮁，其差別最大的是頜下只有鬚絲四根，呈長梭形而色青白、嘴大、體長最大可達 200 公分。一般成年馬鮁亦在 60 公分左右，肉質細緻而無刺骨，味鮮美，排名魚類之冠，惟產量稀少，市場難得一見，偶爾只在海產店可見，價格昂貴。所以想吃的人只好自己釣，而且還得到東海岸才有，因為只有太平洋沿岸出產這種珍貴的四絲馬鮁。

馬蹄鐘螺

　　「馬蹄鐘螺」，屬於鐘螺科。貝殼呈正圓錐形，殼質堅厚，殼表光滑，有暗紅色或暗綠色斑紋，殼口內面有珍珠光澤，頗為大型，殼徑可達 10 公分，為鐘螺科最大型的一種。本種多產於南方熱帶太平洋，台灣較少，恆春半島及蘭嶼一帶的淺海底可發現。因具有珍珠質，可作裝飾品及工藝品之材料，也可用來製造鈕扣。別名又叫「大馬蹄螺」或「大鐘螺」，海南島人叫「公螺」。

參考資料

- 黃麗錦〈自然的顏色馬藍〉，《未來少年》第 13 期，2012 年 1 月。
- 陳雅玲〈古紙復活記──王國財手造經典名紙〉，《光華》第 28 卷第 1 期，2003 年 1 月。
- 陳玉峰《台灣植被誌‧第二卷‧高山植被帶與高山植物（下）》，台中，晨星出版社，1997 年 11 月。
- 呂勝由〈台灣稀有的菊科植物及其保育〉，《大自然》。
- 顏炳耀主編《台灣民間故事》，台中，育聯文化事業公司，1988 年 4 月。
- 王清華〈多元文化交織的大河瀾滄江──服裝：綴著千年歷史〉，《大地地理雜誌》，1991 年 1 月號。
- 任騁《中國民間禁忌》，北京，中國社會科學出版，2004 年 1 月。
- 起國慶《信仰的靈光：彝族原始宗教與畢摩文化》，成都，四川文藝出版社，2003 年 9 月。
- 鄭元春《台灣的稀有植物選介（再續）》，台北，台灣省立博物館，1989 年 4 月。
- 陳淑英主編《地球科學》，台北，將門文物出版社，1987 年 9 月。
- 劉凱翔、廖宜倫、林訓仕〈香藥草植物簡介──馬約蘭〉，《台中區農業專訊》第 73 期，2011 年 6 月。
- 蕭梅珍、劉婉玲、吳美蓮編輯《佛教的植物（上）》，台北，全佛文化公司，2001 年 7 月。
- 應紹舜《台灣的高山植物》，台北，渡假出版社，1985 年 8 月。
- 陳龍根總編輯《自然奇趣大觀》，香港，讀者文摘遠東公司，2002 年。
- 徐國士、呂勝由《台灣的稀有植物》，台北，渡假出版社，1984 年 12 月。
- 吳淑芬〈駒草〉，《綠園藝生活雜誌》第 15 期，1990 年 7 月。
- 吳淑芬〈馬字輩植物賀馬年〉，《綠園藝生活雜誌》第 9 期，1990 年 1 月。
- MarkDeeble、VictoriaStone〈西柴弗國家公園‧姆津瑪泉──河馬天堂〉，《國家地理雜誌》，2001 年 11 月號。
- 陳維壹〈造物神大門法──誰造的動物比較特別〉，《地球公民 365》第 32 期，2008 年 3 月。
- 鄭至文〈河馬縮水時──侏儒河馬〉，《國語週刊》第 764 期，1996 年 6 月 9-15 日。
- 邵廣昭主編《台灣常見魚介貝類圖說（下）》，農委會輔導處、台灣省漁業局，1996 年 5 月。
- 劉慕沙、左秀靈合譯《動物世界》，新理想出版社。
- 陳淑英主編《海洋奇觀》，台北，將門文物出版社，1988 年 1 月。
- 陳信朋〈四絲馬　王國──瑪喀拉海〉，《野外》第 189 期，1984 年 11 月。
- 賴景陽《台灣自然觀察圖鑑：貝類》，台北，渡假出版社，1996 年 7 月。
- 參辜俊廷〈美麗的亞洲寶石──小型鯉科魚類之斑馬類〉，《愛酷族水族寵物月刊》第 28 期，2003 年 9 月。
- 《中國地理一本通》，中和，幼福文化公司，2006 年 2 月。
- 徐東濱編輯《自然文庫：海洋》，時代公司。
- 張杜編輯《自然文庫：魚類》，時代公司。
- 劉明太等編寫《動物故事（上）》，台北，建宏出版社，1994 年 7 月。
- 張崇洲〈馬陸腳多為什麼跑不快〉，王國忠、鄭延慧主編《新編十萬個為什麼（3）》，台南，大行出版社，1994 年 1 月。
- 道奇勝者、李偉譯《動物歷險記》，中和，華立文化，2004 年。
- 李鐵生〈為什麼說馬蜂是益蟲〉，王國忠、鄭延慧主編《新編十萬個為什麼（3）》，台南，大行出版社，1994 年 1 月。
- BarbaraTaylor 著、江慧珠譯《透視動物》，台北，啟思文化事業公司，2007 年 9 月。
- 方兒〈叫聲像驢子的企鵝〉，《國語週刊》第 186 期，2007 年 10 月 21-27 日。
- 林壯舉主編《兒童小百科》，台北，新境出版公司，1983 年 3 月。
- 黃俊麟《動物生態大百科（二）哺乳類》，台北，華視出版社，1988 年 9 月。
- 李勉民執行編輯《中國珍稀動物》，香港，讀者文摘亞洲公司，1985 年。
- 于逸知、林大淵〈防治葡萄薊馬危害應趁早〉，《台中區農情月刊》第 189 期，2015 年 5 月。
- 殷登國《賞心樂事說故》，台北，世界文物出版社，1984 年 10 月。

馬 相關的醫藥及醫療

馬以身試毒製救命藥

儘管醫療科技已經很發達，但抗蛇毒血清仍是目前遭毒蛇咬傷的最佳解藥，製造抗蛇毒血清需依賴馬匹，以逐漸加重毒液量的步驟，分成多次施打在「血清馬」上，誘發「血清馬」啟動自體免疫系統，產生「抗體」。接著抽取「血清馬」的血，利用血液透析機器分離出抗毒的物質，製成抗蛇毒血清。由於馬匹血量多，且人體對馬的蛋白質不容易過敏，因此，一般是利用馬匹製作抗蛇毒血清。另外，治療流感、破傷風、白喉、SARS 等疾病的抗體，也常藉助於馬。抗蛇毒血清利潤不高，因此全球製作血清的國家並不多，主要有澳、美、英、法、墨、埃、巴西、智利、印度、哥倫比亞以及台灣。「血清馬」終其一生，馬腹被針扎得千瘡百孔，反覆承受中毒與潰爛的痛苦。又因每滴帶「抗體」的血都很寶貴，使牠們最後幾乎在被抽盡血液後而死。為人類犧牲受苦到生命最盡頭的「血清馬」，值得我們尊敬。

馬鞍藤

「馬鞍藤」原產熱帶及亞熱帶海濱，是典型的沙灘植物。台灣全島海邊地區可植。為沿海最優良之地被植物。可作為海埔新生地之初期定砂植物；為海邊風景區之美麗地被，定砂效果極好。其根煎水服，可治風溼、關節炎等；葉炒蛋可治墜腸。

馬蹄草

「馬蹄草」即「決名」，又稱「馬蹄決名」，它的羽狀複葉並排在枝條兩側，像極了偶蹄目動物的腳印。分布於全台荒野草地，因為具有保健功效，現在也有人開始栽培。是明目、降血壓的保健飲料。

馬蹄金

「馬蹄金」,屬於旋花科,馬蹄金屬,別稱過牆風、葵苔、馬茶金、荷包草、小金錢草、黃疸草。因為葉形酷似馬蹄而得名。多年生匍匐性小草本,莖細長而具有短毛。春至夏季開花,小花單生於葉腋,綠白色或淡黃綠色,種子球形。馬蹄金由於貼地蔓生又具耐陰性,所以很適合當做樹蔭下的庭院草皮。分布於房舍附近、牆角、耕地、路邊或空曠地,是十分常見的植物。

馬蹄金是著名的藥草,全草均可入藥,民間應用甚廣,功效如清熱、利尿、活血、消炎、解毒。

台灣屏東恆春社頂部落傳統的民俗療法是全株加鹽或蜂蜜,搗碎後服用。

土馬騌

土馬騌科,大金髮苔、獨根樹。莖枝直立,粗硬,小葉披針形,具假根。植物體深綠色至墨綠色,直立,與蘚之平鋪附著物明顯不同,植物體不具維管束,生長在潮溼陰涼之處。一般用途如水土保持、淨化空氣。全草為止血劑。

● 近年苔蘚類植物也成為盆栽園藝的一類 / 曾泉希提供

土馬騌植物在分類學上屬於蘚苔植物,由於缺乏支持和運輸的器官維管束,所以它們只能平貼在潮溼向陽的石頭表面生長。而隨著乾季、雨季的變化,它們就會出現時而枯黃、時而翠綠的景象。蘚苔植物的生活史中,會有配子體與孢子體輪替出現的現象,這在植物學上稱為「世代交替」。土馬騌大部分時間是以絨毛狀的配子體生長在石頭或潮溼的樹幹上,因此常被以「青苔」概括稱呼。許多潮溼但日照尚佳的牆腳、花園都可以發現。

馬鞭草

「馬鞭草」,又名鐵馬鞭。屬於馬鞭草科,馬鞭草屬。多年生草本,莖直立,高約 25-110 公分,四稜形。全株疏被短毛。葉對生,長橢圓形或卵形,細

裂成羽狀，花期夏季，花淡紫色，穗狀花序形如馬鞭，頂生或腋出，葉緣有鋸齒。生長在全台海拔 2000 米以下的路旁、林野。民俗相傳「馬鞭草」全草均可入藥，有活血、通經、殺蟲消脹、利尿、解熱之效。

台灣馬醉木

　　「台灣馬醉木」或稱椻木，是原生在台灣高海拔開曠的草生地中。常與玉山箭竹、高山芒、松樹伴生，是常綠灌木，通常分枝極多而成灌叢狀，但也可發育成小喬木，數量很多。馬醉木全株均有毒性，若馬誤食，必致昏醉，因而名馬醉木。其葉煎汁用於殺蟲劑及洗瘡疥，甚有效。

　　馬醉木藥用部分是莖、根及枝葉。具有麻醉止痛、鎮靜安神的作用，主治風溼痺痛、關節炎骨膜炎、頭痛神經痛、頭暈痛、焦慮不眠、瘡毒腫，外用治毒蛇蟲傷，葉可作殺蟲劑。

台灣馬桑

　　「台灣馬桑」，馬桑科，屬灌木，小枝具稜角。莖具髓心，根部具菌根。葉對生，略帶紅暈，蒴果扁球形，具五縱稜，熟時紅色。全株具毒，若誤食，則全身發麻、冒冷汗、嘔心嘔吐、心跳減慢、血壓上升、呼吸加速、痙攣、昏迷甚或死亡。如果遇到了，須敬而遠之，不要去觸摸它為要。全株可做毒殺老鼠之毒餌。若要解馬桑中毒，據說以蕹菜煎水服。

● 柳葉馬鞭草 / 吳瑞玲提供

參考資料

- 林滄陳〈全效型抗蛇毒血清停產醫療救助堪憂〉,《國語日報》,2015 年 9 月 14 日。
- 曾焰《中藥趣談》,台北,中華日報出版部,1996 年 7 月。
- 許鴻源《動物性中藥之研究》,新店,國立中國醫藥研究所,1977 年 6 月。
- 陳錫林、陳孔榮、周帆《正確補品知識》,台北,桂冠圖書公司,1999 年 7 月。
- 符國華、符麗娜《瓊島風姿》,香港,天馬圖書公司,2001 年 3 月。
- 鄭元春《台灣常見的野花》,台北,渡假出版社,1984 年 3 月 3。
- 洪心容、黃世勳《藥用植物拾趣》,台中,國立自然科學博物館,2002 年 11 月。
- 姜濤主編《中醫趣談》,台北,華嚴出版社,1995 年 7 月。
- 許秀夫總編輯《台灣民間驗方集錦:全國藥用植物聯誼會研討會驗方集》,台中,國定文教基金會,2011 年 10 月。
- 將門出版社《台灣青草藥》,台北,1984 年 9 月。
- 鄭元春〈馬齒莧科家族用途廣泛〉,《台灣博物》第 64 期,國立台灣博物館,1999 年 12 月。
- 鄭元春〈綠遍海岸線──台灣常見的砂礫灘植物〉。
- 黃連發〈紅毛人採寶譚〉,林川夫編《民俗台灣》第二輯,台北,武陵出版社,1990 年 2 月。
- 吳美嬌〈別碰聖誕紅、軟枝黃蟬、馬纓丹〉,《童報週刊》第 44 期。
- 李勉民主編《常見藥草圖說》,香港,讀者文摘遠東公司,1995 年。
- 陳龍根總編輯《自然奇趣大觀》,香港,讀者文摘遠東公司,2002 年。
- 清・汪訒庵《增補本草備要》,台南,第一書店,1986 年 3 月。
- 潘富俊〈一樟二瓊三埔姜四苦楝──恆春半島的民族植物利用〉。
- 國立彰化師範大學生物學系《鄉土教材:八卦山常見植物(一)》,1996 年 12 月。
- 朱錦忠《校園生態導覽》,經國管理暨健康學院。
- 張柱編輯《自然文庫:沙漠》,時代公司。
- 清・汪訒庵《增補本草備要》,台南,第一書店,1986 年 3 月。
- 呂福原、歐辰雄、呂金誠《台灣常見樹木解說手冊》,台灣省農林廳林務局。
- 蔡碧麗、林德勳、許逸玫《瑞岩溪野生動物重要棲息環境植物簡介(一)》,行政院農委會林務局南投林區管理處,2004 年 5 月。
- 鄭元春《台灣的常見野花》第二輯,台北,渡假出版社,1984 年 12 月。
- 應紹舜《台灣的高山植物》,台北,渡假出版社,1985 年 8 月。
- 鄭元春《台灣的稀有植物選介(再續)》,台北,台灣省立博物館,1989 年 4 月。
- 雪莉・普萊《芳香療法:針對一般疾病的治療》,台北,綠生活國際公司,1996 年 9 月。

·馬·
地名考

馬祖

　　相傳林默娘投海尋父，與父屍漂流至南竿島，鄉人感念孝行，除立廟祭祀，尊稱為媽祖，並以「媽祖列島」紀念。以後「媽祖」變成「馬祖」，大致有兩種說法，一是為避媽祖名諱，乃改為「馬祖」；另說則是軍管時期，軍方認為「媽祖」為女性，無法突顯出戰地前線的陽剛精神，因此去「女」字邊。

台灣東海岸小馬遺址

　　台灣東海岸「小馬遺址」，在八仙洞之南約 50 公里，由一排十數個海拔約 47 米的海蝕洞所構成，過去除了發掘出一座保存完整的史前人骨外，主要出土各種石器與貝類。石器的種類包括石片器、砍器、石英小石片器、石槌及廢石料等，據 C14 的測定，其年代約在距今 5700 餘年前。（黃士強、陳有貝，1990）

宜蘭礁溪跑馬古道

　　台灣宜蘭礁溪「跑馬古道」，屬淡蘭古道支線，歷史悠久，為清光緒 11 年台灣巡撫劉銘傳規劃完成，始於礁溪猴洞坑隘口通石碑，終於淡水，全長 6.7 公里，當時是宜蘭先民前往台北的唯一

聯外道路。

台灣中壢馬寮

　　台灣中壢「馬寮」，位在中壢與平鎮市的交界，日治時代是日軍用來養馬的地方，但民國 38 年（1949）之後，一批批從大陸來台的政府官員，在一時找不到宿舍之下，將此養馬場改成員工的宿舍，也因而有「馬寮遺跡」之說。

台灣中壢白馬莊

　　台灣中壢「白馬莊」，位在中壢高中附近，以往被稱為「白馬莊」其來有自。據當地老居民說，附近以往都是農地，且有部分地區種植蔬菜，每到晚上，就有匹狀似白馬的野獸到附近農地吃菜或踐踏農作物，農民在不堪損失下，曾有圍捕行動，但未有所獲，惟這種傳聞被街肆渲染後，居民只要一說他是來自白馬出現的所在，大家就知道其居住在何處，因此成了地方之名。

屏東東港白馬穴

　　位在屏東東港鎮，據說晚上好像會聽到很多兜兜兜，像馬在跑的聲音。曾有民眾說他夢見有白馬來此，後來挖深井時發現在這個地方有一甕白銀，以及一個斜下去的窟窿，後來得到這塊地理

的人，發現家道發展相當不錯，當地人就稱此地為「白馬穴」。

屏東馬鞍山

屏東「馬鞍山」，南至墾丁海濱僅 5 公里，海拔高度約 70 米，是恆春縱谷平原與南灣的天然分界線，也是恆春去鵝鑾鼻、墾丁公園途中的必經之地。另如澎湖也有馬鞍山之地名。

台南將軍鄉馬沙溝

「馬沙溝」位於台南將軍鄉西北隅的海邊，是一座滿布魚塭、鹽田、沙洲的典型漁村。濱海的沙洲，沙粒質細，沙岸柔和。

澎湖白馬灣

清朝的時候，有位將軍一天忽然心血來潮，帶著他的愛馬，一同乘船出去。行經澎湖時，遇到暴風雨，乘客全部落入水中，白馬眼看主人即將淹死，便奮不顧身的上前救他。於是主人靠著馬兒的幫忙飄到現在的七美島，這位將軍便因此而獲救，但是白馬卻力竭身亡。當地百姓為了紀念這匹白馬，便把他們登陸的海灣稱為「白馬灣」。

● 日治時期澎湖廳島圖

參考資料
- 陳有貝〈東海岸的洞穴考古遺址〉，《台灣博物季刊》第 23 卷第 2 期，2004 年 6 月。
- 謝政蒼〈溫泉礁溪——暖和的優湯饗宴〉，《警光》第 596 期。
- 李本誠主編《在地的回憶、鄉土的情懷：中壢市百大風光》，桃園，中壢市公所，2001 年 4 月。
- 黃文車等採錄〈白馬穴〉，黃文車主編《屏東縣閩南語民間文學集 3：下東港溪流域篇》，屏東，屏東縣阿緱文學會，2012 年 12 月。
- 王鑫《高屏濱海公路沿線的環境與資源解說》，內政部營建署墾丁國家公園管理處，1999 年 10 月。
- 陳星志採錄〈七美白馬灣地名由來〉，姜佩君編著《澎湖民間傳說》，台北，聖環圖書公司，1998 年 6 月。
- 施淑惠等採錄〈西嶼白馬穴的傳說〉，姜佩君編著《澎湖民間傳說》，台北，聖環圖書公司，1998 年 6 月。
- 唐蕙韻《金門民間傳說》，永和，稻田出版社，1996 年 12 月。

從肖 馬 看性格運勢與命理

　　肖馬人的個性十分積極，對他們來說，世界上沒有什麼隨便說說的事，思考和行動之間是沒有任何阻礙的。如果不能立即將想法付諸行動，那就像廢了他們的手腳一般，會感到極為痛苦。

　　肖馬人心胸開闊，行事直來直往，在人群中是很容易引起注目的焦點，配合積極的態度，喜歡打鐵趁熱的風格，實在不愁沒有表現的機會。事實上，很多創業有成的企業家，或是年紀輕輕就開始獨當一面的傑出青年，都是馬年出生的。肖馬人天生藏不住話的直率作風，可能會讓他人採取「敬而遠之」的態度。不過，馬年出生的人是不會因此深感遺憾的，因為「努力作自己」才是其人生座右銘，至於別人要怎麼想，他們可是管不著，也不想管。基本上肖馬人本身人緣、運勢都不錯，加上勇於追求的特質，常常在青、壯年時就能獲得成功。

　　肖馬人做事乾脆，決不拖泥帶水，為達目的，不顧一切。喜歡成為眾人的焦點，又善於表現自己，有很強的表演慾。喜好藝術，適合成為作家、藝術家。馬人急性子，動作快速無比，總搶在別人之前先行。凡事出盡鋒頭，就想贏得別人尊敬。要打倒馬人比較困難，因為善於衝鋒陷陣，精力無窮，最愛時勢造英雄，這過程雖然精彩，但也相當辛苦。有時候沒有耐心和固執的傾向，常常使其一條路走到底而無法回頭。衝刺過後，很快就又沉寂下來。建議馬人將一切看平淡些，喜悲視作一如，人生

午神將名衛玉卿

● 甲午馬神將衛玉卿

便不再大起大落。

　　勤奮、獨立、和藹可親、受人歡迎和崇拜，以上的特性都反映在肖馬人身上，成功像是與生俱來。正因為充滿自信，多才多藝，所以在社交圈中占有重要的地位。不過，並非每一匹馬都是良駒，急躁和倔強是使得人際關係毀於一旦的關鍵，當自制力發生問題時，沖天的怒氣，往往傷了別人也傷了自己。肖馬人一生財運不錯，不必為金錢煩惱，可以安安穩穩地過日子。另外，因為個性率直，做事乾脆，愛恨強烈，不是早婚便是晚婚。

　　肖馬著名的歷史人物很多，例如：

　　馬援：茂陵人，事光武，佐帝破隗囂，年老猶出入沙場。

　　馬融：扶風人，安帝時為校書郎，桓帝時為南郡太守。

　　馬超：茂陵人，勇武多力，漢末為偏將軍，歸先主。

　　馬謖：茂陵人，諸葛亮重之，引為參軍。

　　馬殷：楚主，鄢陵人，在位賣茶鑄錢，國稱富饒。

　　馬遠：錢塘人，工畫，山水人物花鳥，獨步當時。

　　馬致遠：大都人，工詞曲，為元曲四大家之一。

　　歷史上著名的肖馬名人，例如：

　　石勒：十六國時期後趙的建立者。

　　李世民：即唐代盛世唐太宗。

　　鐵木真：即元太祖。

● 成吉思汗鐵木真像

參考資料
• 余愚〈小龍辭歲駿馬迎春〉，《福智之友》第112期，2013年12月。
• 游福生〈有趣的生相歌謠〉，《台灣月刊》第224期，2001年8月。
• 吳福河〈天河中的耀眼星群人馬座〉，《國語週刊》第944期，1999年11月21-27日。
• 辜秀足發行《星座研習站》，中和，佑文出版社，1998年4月。
• 蔡雯娟《談星‧談心》，板橋，泉源出版社，1998年3月。
• 柯秀雪發行《十二星座的故事》，土城，鐘文出版社，1998年。

● 肖馬人喜歡成為眾人焦點。圖為台灣燈會馬年主題燈

未羊

羊居十二生肖之八，地支「未」，屬火，謂之火畜，古書解釋羊為祥也，因此常見吉祥圖案以羊來表現。按羊年生人，大多舉止文雅，熱情寬厚，仁義有信，偏愛宗教，廣結善緣……

羊的名字？怎麼來

羊的釋義

　　羊是反芻家畜，大體分有山羊、綿羊、羚羊。中國人對「羊」的稱呼或別名渾號甚多，顯示出中國古代「羊文化」的豐富多彩。

　　《說文》言「羊者祥也」，所以「祥」的本字是「羊」。這與羊為犧牲有關，因為能當祭品的物類，必是神聖祥瑞的東西，所以「羊」者「祥」也。

　　在早期的漢字中沒有「吉祥」字，便以「羊」字假借，因此，羊不但成為「祥」的代號，其對象也視為「祥」了。漢代畫像石中，在門楣石的正中，有的便刻著這樣一個正面羊頭，但其形象要寫實得多，所表達的意思就是祥和。在銅洗（即洗臉盆）的內底，多刻鑄羊的紋樣，並標以「大吉羊」的吉語。如果拋開文字學的關係不談，用羊來代表祥和也是最合適的。羊性溫和，特別是作為家畜馴養的羊，山羊偶而會鬥角，但綿羊就非常溫和。另外，羊字又與「陽」字通。古代有「望羊」一詞，也寫作「望陽」，比喻看到別人的偉大，才感到自己的渺小。東漢劉熙《釋名》曰：「望羊。羊，陽也。言陽氣在上，舉高似若望之然也。」注家多釋為「羊畜之遠視者」，也有的釋作「仰視太陽」。後來的吉祥圖中多畫三隻羊，題作「三陽開泰」，典故取自《易經》的「泰」卦。「泰」為正月，冬去春來，陰消陽長，有吉亨之象，故為一年開頭的吉祥語。

● 山羊圖

羊的別名

　　「羔」：大曰羊，小羊叫「羔」。未滿五個月的羊稱「羔羊」。

　　「牽」：小羊。

「羜」：出生滿五個月的小羊。

「羳」：母羊叫「羳」。

「牂」：母羊。

「羭」：黑色的母羊。

「羝」：公羊叫「羝」。

「羖」：黑色的公羊。

「羯」：被閹過去勢的公羊叫「羯」。

「羱」：野生的羊叫「羱」。

「羒」：白色大公羊叫「羒」。

「羬」：稱六尺的大羊。

「羳」：稱黃腹羊。

「羱」：稱細角的山羊。

「羫」：稱掏去內臟的羊的軀體。

「羵」：成了精怪的羊叫「羵」。《國語・魯語》：「土之怪曰羵羊。」因為生在土裡。

「少牢」：在中國古代稱羊為「少牢」，是隆重禮儀上的祭祀品，如軍隊在出師遠征或凱旋班師之日、王侯喪葬殯儀之時，常以「少牢」告廟，祭祀祖先與神靈，以顯示其榮耀與勢力。

「柔毛」：羊兒肥毛細，故稱「柔毛」。《禮記・曲禮》：「凡祭家廟之禮，羊曰柔毛。」

「珍郎」：《清異錄》：「天后好食賜張昌宗冷修羊，羜曰，珍郎殺身奉國。」

「羶根」：羊臭曰「羶」，即羊身體所發的臊氣，故稱。《類說》：「羶根，羊也。」

●《易經》六十四卦之中的天地泰

參考資料

• 張道一主編《吉祥如意》，台北，漢聲出版社。
• 吳振隆〈寒冬臘月羊肉貴〉，《台灣月刊》第157期，1996年1月。
• 林上雋〈中國人心目中的羊〉，《台灣新生報》，1991年3月11日。

羊 的奇幻世界

圈飼

　　羊圈宜設在住家附近，這是為了避免野獸襲擊，有風吹草動能隨時注意。圈飼即是把羊關在羊舍或羊欄內，不過羊隻好動，圈飼的羊仍應給予放牧或運動的機會。

　　羊舍應坐北朝南，使冬天能接受充足日照以增加溫度。選擇羊舍必須選在乾燥、通風、排水良好的地方。羊床大都採用高床式，這樣可以防止雨水或汙水滲入。

　　養羊千口，需地一頃以種植飼料。每年 3-4 月間種大豆雜糧，不需鋤草；8-9 月收割後改種耐寒作物。並且要「積茭」（類似現在的青貯法），以維持全年足夠的飼料。

　　圈飼羊隻至少 2-3 個月要修一次蹄，因為圈飼的羊運動量不夠，蹄部很少和硬物摩擦，所以蹄部會過長而造成行走不方便且容易受傷。

台灣飼養羊隻

　　目前台灣主要畜養羊的地方，例如：「可達休閒羊場」（宜蘭縣員山鄉蓁巷村）、「元春乳羊養牧場」（新竹市香村里柑林溝）、「清境農場」（南投縣仁愛鄉大同村）、「富野綿羊牧場」（桃園縣復興鄉霞雲村）、「久大生態休閒教育乳羊場」（台中市太平區）、苗栗「通霄飛牛牧場」等。

　　苜蓿草、盤固拉草、狼尾草、玉米桿及混合加工條狀物等都是山羊的飼料。愛乾淨的山羊即使飢腸轆轆也不吃腐敗、踐踏過的草木、樹葉，甚至掉在地上或沾有汙物的東西也不吃。

● 羊頭爬出圍欄

羊 與星宿及五行方位

● 南投清境農場的綿羊

　　羊居十二生肖之八，地支「未」，屬火，謂之火畜，古書解釋羊為祥也，因此常見吉祥圖案以羊來表現。按羊年生人，大多舉止文雅，熱情寬厚，仁義有信，偏愛宗教，廣結善緣，但意志較為薄弱，易受引誘；屬羊女性，外溫內靜，氣質優雅，愛好乾淨，具理智與忍性，樂善好施，憂傷多感。若以五行論命則可細分為，辛未年生：五行屬土，為野草之羊，生性寬厚，頗具志氣，初年多勞多災，中年行運，婚後生女見吉，生男有刑；土羊女性，外表高雅，處事穩重，持家興旺，相夫立業之命。癸未年生：五行屬木，為群內之羊，為人可親正直，心直口快，處事積極，但沒有瞻前顧後，反招是非；木羊男性，有收入無積蓄，財產容易流失，需積善造德，晚年可保安祥福分；木羊女性，品性賢淑端莊，一生平平穩穩。乙未年生：五行屬金，為敬重之羊，為人品貌俱佳，早年勤勞，得金氣之助，財運亨通，但天干「癸水」易於泄氣，有破財之虞，因此，有收入需採置產保之；金羊男性，兄弟少靠，子媳不孤，能勤守興家，晚年多有聚財；金羊女性，相夫益子之命。丁未年生：五行屬水，為失群之羊，生性喜怒無常，處事認真，有口才，名利有分，衣祿豐足，家庭美滿，子媳見遲，骨肉疏遠，水羊男女，夫妻和睦，晚年安樂。己未年生：五行屬火，為得祿之羊，為人耿直，口快舌硬，生性固執，宜外不宜內，離鄉創業，有貴人扶助，衣食自來，前程顯達，強公勝祖，百事榮昌。

　　從前的人根據十二生肖的相生相剋，研究其某兩屬相相生，如果配成一對是上上婚，某兩屬相相沖剋，不宜婚配，北方有一個歌訣就是講相沖剋的：「白馬怕青牛，羊鼠一旦休，蛇虎如刀錯，兔龍淚交流，金雞怕玉犬，豬猴不到

參考資料

• 《台灣農家要覽》。

• Lonelyplanet，sbestintravel〈羊年全球玩透透〉，《讀者文摘》，2015 年 2 月號。

頭」，還有女命最怕「羊」、「虎」，因為男人不願娶屬虎的太太，怕娶到一個母老虎，自己若是屬羊的，那豈不成了「羊入虎口？」同時也不願娶屬羊的太太，羊命貧寒，豈不妨礙了自己的官爵富貴？因此從前屬羊或屬虎的女孩子不容易找婆家，唯一的辦法只有瞞歲數，所以俗語才說：「男命無假，女命無真。」

● 春聯祝詞「羊開泰運、萬事興、恭喜發財」

羊 在台灣的習俗與禁忌

石虎吃鬼石羊吉祥

依據清代律令規定，公侯和一二品官所享用的石象生最為完整，依序是石望柱、石虎、石羊、石馬與石人各一對。台閩地區現存配享石象生的古墓，計有新竹市鄭用錫墓、苗栗縣後龍鎮鄭崇和墓、嘉義縣六腳鄉王得祿墓，

● 王得祿像

以及金門縣金湖鎮邱良功墓。望柱為一圓形立柱，狀如倒豎毛筆，俗稱「文筆柱」，上刻對聯，讚頌墓主生前功績。虎，威猛勇壯，傳說神荼、鬱壘二神以繩索縛鬼餵虎，故立墓前足以驅魔逐鬼。羊，古與「祥」字相通，所謂「大吉羊」即能辟除任何不祥事物。馬，健壯坐騎，也有「馬到成功」的意思。石人又稱翁仲。相傳秦始皇曾見十二位高大狄人，認為祥善，乃鑄造十二金人，坐鎮阿房宮外，稱「金狄」；漢代移至未央宮，改稱「翁仲」。或說秦將阮翁仲身高 1 丈 3 尺，始皇命其戍守邊防，聲震匈奴，死後鑄造其像，鎮守咸陽宮司馬門外。

參考資料

• 高雄道德院《玄妙真言典故集（八）》，高雄，2002年。
• 郭立誠《中國民俗史話》，台北，漢光文化事業公司，1990年3月。
• 夏元瑜《昇天記・春節閒話》，台北，九歌出版社，1985年3月。
• 林政行《動物的神話故事》，台灣省政府教育廳，1986年5月。
• 余國芳譯《趣味占星》，台北，韜略文化事業公司，1990年12月。

太陽公生九豬十六羊

農曆3月19日是「太陽公生」，目前在台南市猶存祭祀的古老風俗。一早，備妥祭品、供桌向東，待太陽出來即可祭拜；如街道、店面不是東向，或巧逢陰天，只要供桌向前、人向東亦可。祭品除常見的鮮花水果、壽麵牲禮外，以不沖泡的茶葉，象徵太陽的乾燥特性；而「九豬十六羊」更是獨樹一格，頗具「少牢」古禮。這是以米、麵粉或綠豆烘製，有大有小；大者豬、羊各1，小者9隻豬16隻羊共裝一盒。（按牛、豬、羊牲禮則稱「太牢」）民間相信，太陽公可保平安光明、健康發達，但其中更隱含著「崇禎吊柳樹」的典故。明崇禎17年（1644）3月19日，闖王李自成攻陷京城，思宗於煤山自縊；台灣入清版圖，後人為緬懷故明與政治避諱，乃藉言崇拜太陽而於此忌日遙拜祭祀。奉獻「九豬十六羊」則有思明情懷：明代國姓「朱」，以朱與豬同音，太陽乃「明」的意思。至於數目九為陽數之極，最大且音同久；八為陰數之極，取其倍數十六以配合、平衡陽數為最大的九；如此數字運用，皆在祝頌明代的恢宏久遠。又，豬、羊背上一點紅，亦在表示「紅者朱也」的隱喻，懷念故國朱明的心意更為彰顯。如今，「太陽公生」已逐漸被淡忘，祭祀者少了，製作「九豬十六羊」的糕餅業者也減少，而能明瞭其中隱喻的人就更少了。

五條港安西府神羊

五條港安西府神羊的神威是由十二生肖綜合成的。據說有無限的靈性，只要有誠心和信心祈求，一定會有所幫助。祂有鼠的聽力、有牛的肺活量、有虎的威力、也有兔的溫和、還有龍的吉祥。不過也有蛇的可怕和可愛，更有馬的耐力，能有千里之遠行。羊鬚相傳在歷史上的一幕能夠「一筆定天下」，猴的靈性和聰明不比人類差，雞的定時，是帶給我們方便很多，狗是人類最忠心的朋友，最後豬是帶來滿滿的福氣，更加轉運祥和。

參考資料
- 何培夫〈避邪吉祥物──石虎吃鬼、石羊吉祥〉，《聯合報》，1996年5月19日。
- 何培夫〈民俗探源──太陽公生九豬十六羊為禮〉。
- 《五條港安西府張李莫千歲》摺頁。

羊 相關的器物

故宮三羊開泰玉雕與象牙插屏

在工藝美術作品中，古人喜用有關羊的題材，也正是取其吉祥的寓義。古人常用「三陽開泰」或「三陽交泰」為歲首稱頌之語，此說源於《易經》。「陽」與「羊」同音，且羊中有「祥」之意，於是工藝美術中以「三羊開泰」構思的作品不勝枚舉，大多為陽光之下有三隻羊的形象。北京故宮博物院藏有玉雕「三羊開泰」與象牙插屏「三羊開泰」等，皆為傳世之寶。

台灣達悟族木雕山羊

孤懸於太平洋上的蘭嶼，山羊被達悟（雅美）族視為珍品，非在節慶或特殊場合不加宰殺，所留下的山羊角，掛於主人屋中，做為財富象徵，所以山羊也是達悟族藝術表現的重要題材，是可以理解的。例如一些精靈像，上為人形，下為一雙山羊角；休閒時捏作山羊泥偶，雕刻山羊玩具，有一種等身大的木雕山羊，雙角、尾巴鑲嵌著真正的山羊角；或有一類小型玩具，造形粗樸，雕刻工具簡單，只是一把斧頭，為避免技術上的困難，羊角及四足都是安裝上去的，充滿一種原始樸素之美。達悟族所創造的特殊藝術文化，由木頭羊給人的感受，正可以看出這一點，是一個天性溫和、愛好和平的民族。

參考資料
- 探索發現系列編委會編著《國寶傳奇》，土城，西北國際文化公司，2009年6月。
- 夏元瑜《談笑文章‧動物和我國古藝術品》，台北，言心出版社，1977年12月。
- 莊伯和《民間美術巡禮：藝術見聞錄之二》，台北，雄獅圖書公司，1982年7月。
- 宋龍飛《中華文物》，交通部觀光局，1990年12月。
- 趙伯陶《十二生肖面面觀》，濟南，齊魯書社，2000年11月。
- 張麗端〈清‧玉羊頭水盛〉，《故宮文物月刊》第188期，1998年11月。
- 那志良〈玉雕的牛羊〉，《故宮文物月刊》第46期，1987年1月。
- 莊伯和〈羊的造形趣味〉，《傳統藝術》。
- 故宮文物社〈甦豐協象〉，《故宮文物月刊》第59期，1988年2月。

● 太魯閣族崇德部落山羊壁雕

羊 相關的動植物

● 羊蹄甲

羊蹄甲

「羊蹄甲」，豆科植物，也叫紫荊，屬於蘇木科，落葉小喬木，原產中國南方及印度、馬來西亞等地，喜愛高溫的氣候環境。台灣的羊蹄甲屬植物中，最常見的有羊蹄甲、洋紫荊和豔紫荊三種，春天正是欣賞羊蹄甲的最佳時節。羊蹄甲在台灣全島可植，可作為市街花樹及學校園景樹。極適合小庭園內之屋基窗前種植。群植效果最佳，與大型草地配植，景觀甚美。更有趣的是，羊蹄甲的葉子會在夜晚來臨時，偷偷睡覺（葉片會合起來），直到清晨的陽光再次的喚醒。

羊蹄甲葉片心形，頂端與基部都向內凹裂，形狀很像羊這類偶蹄目動物的偶蹄，所以取「羊蹄甲」這個名字，可說是十分貼切。而這種造型特殊的葉片，正是豆科羊蹄甲屬植物的最大特徵。葉片上還會看到幾條明顯的葉脈從葉柄基部向外呈放射狀散開，葉肉厚，表面帶粉質。

羊齒植物

「羊齒植物」顧名思義，就是長得像羊牙齒的植物，其實，也就是我們熟悉的蕨類。因為最早研究蕨類的科學家們認為，許多蕨類的葉子長得像羊的牙齒，所以就統稱它們為羊齒植物。根據科學家研究，羊齒植物是地球上最早出現的陸生植物，距今約 3 億年前，就已經占據地球許多角落，甚至形成茂密的森林。現在地球上的羊齒植物約還有 1 萬多種常見的，例如山蘇花、腎蕨、過溝菜蕨、鐵線蕨等。它們之中，一部分還保留了帶有「羊齒」的美麗別名，例如山蘇花又叫鳥巢蕨或雀巢羊齒，鐵線蕨又叫孔雀羊齒，腎蕨又叫玉羊齒等。

羊角子

「羊角子」，堇菜科植物，因花朵後方有「距」，形如小羊角而得名。又叫「紫花地丁」、「箭葉堇菜」等。為多年生草本，主根既粗且長，莖不明顯，葉根生，花冠紫色或白色，整株十分美妙可愛。

羊角藤

「羊角藤」，蘿藦科、武靴藤屬，纏繞盤曲的小灌木，為木質爬藤類。因果實形如山羊角而得名，也叫「武花藤」。常分布在森林或草叢的沙質土壤。

羊角豆

「羊角豆」，豆科植物，又名「望江南」、「野扁豆」，因豆莢形有如某些羚羊角而得名。在英國還有個很優雅的名字叫「女人指」。分布於熱帶美洲，台灣全島平地山野。灌木狀一年生草本，花黃色，全株無毛。

羊角豆果實富含蛋白質、維生素 A、B、果膠和鈣質，具有整腸健胃的功效。很早以前埃及人就有栽培的記錄，現在則世界各地的人都知道它特殊的黏滑口感，不論炒菜、煮湯或涼拌，都風味獨特。值得一提的是，羊角豆果實成熟後，將裡面的種子取出、烘焙，可以製成味道和咖啡差不多的飲品，而且不含咖啡因。

羊豆

「羊豆」，豆科植物，因羊兒嗜食而得名，也叫「蝶豆」。花藍紫色或白色，頗美。產於台灣中南部平野及海濱。

羊茅

「羊茅」，禾本科，台灣第一份羊茅的標本是採自玉山，即川上瀧彌與森丑之助在 1906 年 10 月，編號 2376 的採集品，由 Hayata（1908）鑑定為溫帶亞洲共

·羊·
飲食文化

台灣人食羊

　　高雄大崗山、小崗山、田寮、燕巢等地，是台灣有名的羊產地，而岡山正好位於這些地方的交會中心，因此岡山的羊肉市場興旺，岡山的街道上竟有三、四十家鱗次櫛比的羊肉店，是其來有自的，「當歸羊肉」、「羊肉米粉」都非常聞名。羊肉好吃，但如果沒有「辣豆瓣醬」作調味料，可就遜色不少。岡山的羊肉和辣豆瓣醬都非常有名，因這兩者之間，有連帶關係。

　　根據中醫的說法，羊肉有「暖中補虛，開胃建力」的功效，尤其一到冬天，在寒冷的天氣裡吃鍋羊肉爐，最能溫熱身體，也溫暖每個人的心。但台灣最負盛名、也深受本土喜愛的，當屬高雄岡山的羊肉爐。古稱阿公店的岡山，其實並不產羊，但由於岡山附近一帶的土壤多半帶有鹽份，而羊兒喜歡吃的齒仔葉，因為在此種優質土壤長大，羊吃了不僅長得壯碩且肉質特別甘甜，加上附近的養羊人家總喜歡把羊肉就近銷往岡山，造成這裡各式羊肉小吃特別豐富。除了名聞遐邇的羊肉爐外，羊肉米粉、當歸羊肉、麻油羊肉、羊肉大骨湯亦各具特色。

食羊之禁忌

　　羊肉雖然好吃，但也不是百無禁忌。醫典中羊肉食用禁忌的記載，賴正均醫師整理如下：

　　（1）《金匱要略》：有宿熱者不可食之。

　　（2）《千金藥方》：食治：暴下後（腹瀉）不可食羊肉、髓及骨汁，成煩熱難解，還動利（痢）。

　　（3）《醫學入門》：素有痰火者，食之骨蒸（關節酸痛烘熱感）。

　　（4）羊肉不宜與半夏、菖蒲、蕎麥、豆醬、醋同食。《本草經集注》：有半夏、菖浦，勿食羊肉。

　　（5）羊肉以秋冬季食用為宜，夏季不宜食用。

　　（6）《備要》：忌銅器。

　　（7）如果病者胃腸消化有問題，則用生薑煮羊肉，食後可避免腹脹。

　　（8）以羊肉作為藥用或食療用途時，不宜連羊皮同用，因為羊皮含膠質特別多，對於胃腸消化能力弱的人，食後容易發生飽滯。

　　（9）病後體虛，消化機能尚未恢復，最好只喝湯汁不吃肉較好。

蠔油炒羊肉

　　冬菇泡發好切成片，豆薯去皮洗淨切片燙過，薑、蔥切段，蒜仁切成蒜

泥。羊肉片用沙拉油過油至熟，起油鍋爆香薑、蔥、蒜泥，再加入羊肉、豆薯、冬菇及調味料一起炒，最後放少許太白粉勾芡即完成（畜產試驗所恆春分所《台灣羊肉食譜》）。

當歸紅棗燉羊蹄

羊蹄 600 克、當歸片 3 片、紅棗 6 個、老薑 30 克、鹽、水。羊蹄先煮至無血水，取出代用。將羊蹄和其他材料一齊放在鍋裡，燉 3 小時即完成（畜產試驗所恆春分所《台灣羊肉食譜》）。

藥香燉羊肉

羊肉洗淨用水（加蔥、薑、米酒）汆燙去血水及除腥羶味，藥材用水快速沖洗乾淨，砂鍋（燉鍋）放入藥材及純米酒（不加水），用大火煮滾，再放入羊肉煮開後，用細火慢燉一個半小時至兩小時。羊肉量如有增加，則藥材與米酒可依比例酌增。藥膳切勿加鹽，燉煮過程中少掀鍋蓋可保有更多香味。

台灣麵豬麵羊

民間舉行盛大的祭儀或醮典之前，大都有一段齋戒期，這時期所有的祭品都必須為素食品。早期以豆類和麵粉食品為主，如豆干、豆腐或麵筋等，後為求變化與豐盛，乃以麵粉仿製各式牲體祭神，以示隆重之意。早期的麵製祭品，大多仿製三牲或五牲，是素食人家用以祀神的主要祭品。後來遂漸出現麵製的全豬或全羊，以應齋戒期之需。七〇年代以降，許多善信為求隆重祀神，又為節省經費或避免全豬全羊祭神後造成浪費，許多善男信女們都改獻麵豬麵羊祭神。台北市內湖的太陽堂，每年太陽公生日，按例都要備九豬十六羊祭拜太陽，只是這個太牢之禮，已全部改用麵豬麵羊替代。

羊肉爐

放少許油，將羊肉下鍋半炒數下後，投入當歸，手要不停拌炒，當歸香味四溢時，將羊肉取出用水沖洗，並拿掉當歸，這是去羊羶味的祕訣。起油鍋放薑、蔥、南乳、大蒜，用慢火炒香，將羊肉投入拌炒，同時再加入醬油、糖，多拌炒一會兒後，加水，將其他材料入鍋煮滾，接著改小火熬兩個半小時，起鍋時將切好的蒜苗鋪在上面即可。

參考資料

- 張玉欣〈高雄飲食文化初探〉，《中國飲食文化基金會通訊》第 10 卷第 1 期，2004 年 2 月。
- 沈元非〈以好鍋烹鮮三陽（羊）開泰年年有餘（魚）〉，《美食天下》第 110 期，2001 年 1 月。
- 溫秀嬌〈秋風起羊肉飄香——畜產試驗所恆春分所的台灣羊肉食譜〉，《台灣月刊》第 203 期，1988 年 11 月。
- 王邦鐸《浙江旅遊大觀》，測繪出版社，1989 年 2 月。
- 楊明昇〈特別有味的美食羊肉〉，《桃醬》第 9 期，2003 年 4 月。
- 張小林《中華民俗百科》，烏魯木齊，新疆人民出版社，2000 年 12 月。
- 賴正均〈羊肉爐、薑母鴨、香肉〉，《長春月刊》第 179 期，1998 年 2 月。
- 鄭元春〈六月的野菜〉，《綠園藝生活雜誌》第 14 期，1990 年 6 月。
- 鄭武燦《台灣植物圖鑑》上冊，台北，茂昌圖書公司，2000 年 2 月。
- RichardCondon 撰、徐亞蘭譯〈從飲食看民族性〉，《講義》，1987 年 9 月號。
- 劉還月《台灣民間信仰小百科廟祀卷》，台北，台原出版社，1994 年 2 月。
- 許憲平《南瀛小吃誌》，新營，台南縣政府，2000 年 11 月。

通種的羊茅。先前台灣的植被調查慣用中文俗名「銀針草」（例如柳榗等人），乃因羊茅的針狀葉，外觀泛白粉狀的銀綠色，故名之。至於「羊茅」，大概從英名 sheep's fescue 而來。

羊帶草

「羊帶草」，菊科植物，高 80-150 公分，表面上有帶鉤的刺，會附著在擦身而過的羊等牲畜身上，到處散布而得名。也叫「蒼耳」、「地葵」等。一年生草本，全株粗糙有毛，雌雄同株而異花；花期春、夏，花色黃綠，瘦果長橢圓形。嫩莖葉及種子可食，可作藥草或野菜。

黃線擬羊魚

「黃線擬羊魚」，魚體瘦長，吻部下方有二根頤鬚，二個背鰭，第二背鰭在臀鰭之上方，體側有一黃色縱帶，故因此而得名，黃色縱帶在第一背鰭處，有一不甚明顯之淡色斑，是本種之特徵。分布於印度太平洋區，從紅海到夏威夷，北起琉球南至 Lord Howe 及 Rapa 島。台灣四周海域均可採獲。本魚為群棲性，少數會單獨活動，從岸邊到 35 公尺深均有，喜歡在沙質地或軟泥地，以其頤鬚探索泥地中潛藏的甲殼類、軟體動物、多毛類等，再挖掘覓食。體長可達36公分，通常在 20-25 公分左右。漁期全年皆有，可利用延繩釣底拖網或流刺網捕獲。為中型之食用魚，適宜煎食或紅燒。

金帶擬羊魚

「金帶擬羊魚」，體色呈紅橙色，腹部呈白色，體側有一條金黃色縱帶，為本種魚的特徵之一，本種因此而得名。各鰭在魚體新鮮時，呈現鮮黃色。分布於日本南部、西、中太平洋、印度洋，台灣則多分布在南部海域。本種魚喜歡在礁區外緣的砂地或軟泥地上覓食，較喜歡在乾淨的水域活動，小群數群棲活動，以其頤鬚探索砂泥地中的底棲無脊椎動物為食。漁期全年皆有，可利用流

刺網、延繩釣等漁法捕獲，肉味鮮美，適宜紅燒或油煎。

羊駝

　　羊駝懂得群居生活，照顧彼此。通常一群是由 5-10 隻組成，由公羊駝為首。羊駝易於集中，簡單的柵欄即能圍養，可以不需牧羊犬。羊駝的毛比起羊毛更有韌性，是一般羊毛的三倍，保暖是羊毛的 2 倍以上，極具經濟價值，被稱為「家畜中的貴族」。

　　羊駝的毛可以製成精製的毛織品，如毛毯、外套、襯衣、毛衣等，用羊駝的毛所製作的產品透氣性極佳，也不容易產生靜電或沾染灰塵，因此有「軟黃金」和「上帝的紗織品」的美稱。當地的原住民會在春季的時候將羊駝的毛剃除，拿去製成毛織品，等到冬季的時候，羊駝的毛又長滿全身，幫助牠們度過寒冷的天氣。羊駝的毛有白色、棕色、淡黃褐色、黑色等顏色，也能後製加工染成各種不同的顏色，染色後也不會失去原有的光澤感。

駱羊

　　「駱羊」，是一種長相笨拙，一半像山羊一半像羚羊的哺乳動物。站立時身高 3 呎半，體重 500-600 磅。雄的顏色淡黃，背部有深色條紋。雌的淡灰，幼羊黑色。是生長在中國西南的嚙食動物。主要食物是竹子。

參考資料

- 鄭元春《台灣特用植物選介（再續）》，台北，台灣省立博物館，1989 年 3 月。
- 菜菜子〈名字有羊的植物〉，《國語週刊》第 1100 期，2003 年 1 月 26 日-2 月 1 日。
- 鄭元春〈六月的野菜〉，《綠園藝生活雜誌》第 14 期，1990 年 6 月。
- 陳大風《室內觀賞植物栽培》，台北，華聯出版社，1981 年 6 月。
- 鄭李足發行《世界地理百科：西亞與非洲》，台北，東方出版社編譯，1997 年 7 月。
- 菜菜子〈名字有羊的植物（下）〉，《國語週刊》第 1111-1112 期，2003 年 2 月 2-15 日。
- 鄭武燦《台灣植物圖鑑》上冊，台北，茂昌圖書公司，2000 年 2 月。
- 董立《球根花卉》，台北，自然科學文化事業出版部，1980 年 7 月。
- 陳玉峰《台灣植被誌。第二卷。高山植被帶與高山植物（下）》，台中，晨星出版社，1997 年 11 月。
- 張勵婉等《蓮華池亞熱帶常綠闊葉森林動態樣區：樹種特徵及其分布模式》，台北，農委會林試所，2012 年 4 月。
- 鄭武燦《台灣植物圖鑑》下冊，台北，茂昌圖書公司，2000 年 2 月。
- 邵廣昭主編《台灣常見魚貝類圖說（下）》，農委會輔導處、台灣省漁業局，1996 年 5 月。
- 李魴〈羊駝羊真可愛〉，《國語週刊》第 807 期，1997 年 4 月 6-12 日。
- 溫曉君〈駱馬與羊駝傻傻分不清楚〉，《TOP945》第 153 期，2009 年 11 月。

羊 相關的醫藥及醫療

羊蹄

「羊蹄」，蓼科，是多年生的草本植物，全草無毛。羊蹄別名禿菜、禿頭草、大王頭、殼菜、牛舌菜、羊蹄大黃、鬼目、東方宿、連蟲陸、水黃芹、金蕎、豬耳朵等，客家語稱敗毒菜、羊蹄草、土大黃。分布於歐洲、北半球溫暖地區，在台灣生長於路旁、荒地及耕地附近，排水溝旁及山麓向陽地區至海拔1800米處。

羊蹄藥用部分有根、葉、果實或全草。具有除蟲、消炎退黃、清熱解毒、止血通便的功效。羊蹄為廣用性之藥草，大凡鼻出血、子宮出血、便血、血小板減少性紫癜風、咽喉炎、慢性肝炎、肛門口發炎、大便祕結、禿頭、實火、疥癢、疽痔及溼疹等均被利用。

羊角藤

「羊角藤」，茜草科，羊角藤屬，攀緣性蔓性灌木。又名傘花藤、牛角藤；別名武靴藤，客家語稱羊角藤。果為聚合果，橘紅色。羊角藤廣汎分布於台灣低海拔地區山丘稜線或林緣向陽處，性喜涼爽通風的環境，常攀緣在闊葉樹的枝幹上。

羊角藤根含有巴戟苷、樹脂、酚類、醣類、維生素等。根具強腎壯陽、健筋骨的功效；葉具止痢消炎的功用。

台灣羊桃

「台灣羊桃」，為台灣特有（變種）植物，產於海拔 1600-2800 米之山區。台灣羊桃與台灣獼猴桃，常被混為一談，其實係為二種物種。前者葉片為近圓形，葉基心形，葉緣具線狀齒牙，果實密被淡褐色毛；後者葉片卵形至長橢圓

狀披針形，葉基鈍形，葉緣為細鋸齒緣，果實被有痂狀鱗片似之皮孔。台灣羊桃之枝、葉、果均密被銹褐色毛。其根、莖可用於急性肝炎、多夢失眠、淋濁、風溼關節痛。其果熟味酸可生食，市面上所售奇異果，即是「中華獼猴桃」，紐西蘭於 1906 年由中國引入種子栽培改良，被譽為「水果之王」、「維生素 C 之冠」，是潛艇等特種兵的重要營養食品，亦是防癌及婦女美白的重要保健食品。

台灣羊桃，落葉藤本，高達 8 米，髓心呈階段狀。莖、枝、葉及葉柄均密被銹褐色長剛毛。葉有柄，廣卵形或近乎圓形，先端短而突尖，基部心形，邊緣具線狀細齒，長寬約 10-16 公分，背面網脈顯明，並密布灰褐色星狀絨毛。台灣羊桃別名羊桃藤、獼猴桃、台灣獼猴桃。藥用部分果實、莖（藤）。果實用於利尿、止痛、益氣，治風癢、瘡腫、手足痛、失眠等。

羊角芹

「羊角芹」，繖形花科，多年生植物。原產於歐洲和溫帶亞洲，後引入北美。地下匍匐莖長，由此生出許多帶葉的抽枝，並長成高 1 米的莖。羊角芹為極頑強的花園雜草。幼葉有時味如菠菜。羊角芹為傳統藥草，用於痛風，故又名痛風草。

參考資料
- 吳詩池、邱志強《文物民俗學》，哈爾濱，黑龍江人民出版社，2003 年 10 月。
- 洪心容、黃世勳《藥用植物拾趣》，台中，國立自然科學博物館，2002 年 11 月。
- 李勉民主編《常見藥草圖說》，香港，讀者文摘遠東公司，1995 年。
- 符國華、符麗娜《瓊島風姿》，香港，天馬圖書公司，2001 年 3 月。
- 黃書瑋〈癸未吉羊啟千祥〉，《中華寶筏》第 19 期，2003 年 3 月。
- 陳錫林、陳孔榮、周帆《正確補品知識》，台北，桂冠圖書公司，1999 年 7 月。
- 清‧汪訒庵《增補本草備要》，台南，第一書店，1986 年 3 月。
- 曾焰《中藥趣談》，台北，中華日報出版部，1996 年 7 月。
- 蔡碧麗、林德勳、許逸玫《瑞岩溪野生動物重要棲息環境植物簡介（一）》，行政院農委會林務局南投區管理處，2004 年 5 月。

羊 相關的傳說故事

石岡賴半街

　　從前台中市石岡區有條「賴半街」，因為這裡住了一位姓賴的富翁。他有很多田產和房屋，就連這條街一半的店鋪都是他的，大家也就稱他為賴半街，反而忘了他真正的名字。有一天，突然下起傾盆大雨，賴半街的屋簷下來了一個羊販，趕著幾百隻羊在躲雨。賴半街聞到羊騷味，出門一看，很生氣對羊販道：「快把羊趕走，別把我的地方弄髒了！」「先生，拜託讓羊兒避避雨，淋溼是會生病的，雨停了我們馬上走。」羊販懇求說。賴半街不答應。羊販只得將羊群趕到對街的屋簷下，賴半街還是叫罵不休，說那些地方也是他的，不准停留。最後羊販不得已，冒著大雨把羊群趕回家去了。

　　大約七年後，賴半街到鄉下去收田租，回程才走到一半，天已黑了，要趕夜路實在不方便，看看附近，既無村莊也沒客棧。正當焦急萬分的時候，忽然發現不遠處有戶人家，隱約透出燈光，便急忙走上前去，原來是間簡陋的茅草屋。賴半街叩門叫道：「有人在家嗎？」不久，草門打開，出來一個形容憔悴的中年男子，很和氣地說：「先生找什麼人呀？」賴半街答稱是路過，因找不到投宿處，想來借住一晚，不知可不可以。中年人馬上點點頭說：「寒舍遮風蔽雨還行，如不嫌棄，就請進來委屈一夜吧！」邊說邊把賴半街引進屋裡，還問他用過晚飯沒，賴半街略一遲疑，對方會意，便到後房裡端出一鍋地瓜稀飯，連連招呼他坐下「荒村野外，沒什麼好東西，稀飯倒還是熱的，您盡量用，別客氣」。賴半街平時哪看得上這薄粥？可是，趕了大半天路，飢餓難當，也就不再推辭。

　　幾碗稀飯下肚後，渾身舒暢，竟覺得遠勝平日的山珍海味。賴半街感激之至，誠懇地說：「太謝謝了，日後有機會請到石岡一遊，我是，」賴半街還沒報出姓名，對方已微笑地接下去道：「先生，誰不知您是石岡大財主？」「啊，你

怎麼曉得？」賴半街很驚訝。「您真是貴人多忘事。」主人頓了一下說：「約莫七年前，一個下大雨的午後，有人趕著一群羊在府上的屋簷下避雨，那個羊販就是我。因為羊隻淋雨後回來全病死了，以致虧盡本錢，只好賣掉房子還債，變成一貧如洗，只好搬到這裡來種點蔬果過日子，所以招待不周，還請見諒。」

賴半街一聽，慚愧萬分，怎麼也想不到熱誠招呼自己的人，竟然是多年前被他趕出屋簷，害到傾家蕩產的羊販。他忍不住流下眼淚，握住羊販的手說：「我真罪過，你不但寬恕我的過失，還願意幫助我，太令我感動了。今後，我一定發願做善事，來報答你的好心腸。」

果然，賴半街回去後，很快送來 5000 兩銀子賠償羊販的損失，並答謝他的恩德。從此，他像變了一個人似的，一改以前吝嗇的作風，不但待人和藹可親，並且救濟貧困，熱心公益，終於贏回鄉人對他的尊重。

卑南族人變山羊

金榮華〈人變山羊的故事及其他——卑南族民間故事研究〉記載，(《大陸雜誌》，1989 年 5 月)：古代有兩個要好的女孩，有一天，她們到山上的芋頭田裡做事，因天氣太熱，就在田邊的樹蔭下休息。當她們納涼的時侯，她們彼此說：「哎喲，這個地方多麼的清涼啊！」「工作太熱了，我們做什麼才不會這樣辛苦！」「變成山羊是多麼的好，可以常在樹下休息！」說著她們便把除草工具放在頭上當角，結果她們真的變成了山羊了。

曾建次編譯《祖靈的腳步》載〈人變山羊〉：曾有一對情侶，一起到山上的芋頭田裡去除草，因為天氣太熱，男的指著山崖的一棵樹說：「我們到那邊的樹下去乘涼吧！」於是他們到樹下去納涼。可是因為日光斜照的緣故，樹蔭其實是在山崖的另一邊，所以他們雖然到了樹下，卻依然沒有樹蔭可以遮蔽。這時候女的對男的說：「朋友，如果我們能像什麼動物一樣在山崖中來去自如，那該多好啊！這樣我們就可以很輕鬆地到那山崖的樹蔭下乘涼了！」男的說：「對啊！這樣好啦，我們把除草用的工具弄成兩半插在頭上，看看能像什麼！」於

·羊·
地名考

台灣羊頭山

　台灣中央山脈有座「羊頭山」，是台灣百嶽之一，標高 3035 米，位於花蓮縣境太魯閣國家公園內，登山口就在慈恩山莊附近。

另與羊有關的地名

　台灣與與動物有關的地名非常多，牛、虎、狗、蛇、兔等皆可見，與羊有關的則如：台北內湖、八德都有「羊稠（子）」，北投有「羊朝堀」；苗栗竹南、通宵可見「羊寮」；四湖有「羊稠厝」。「稠」或「朝」都指飼養羊隻或家畜的圈舍，也顯示一地地名的景觀特點。

參考資料
• 劉伯姬〈到處都看得到羊〉，《新新聞》第 829 期，2003 年 1 月。

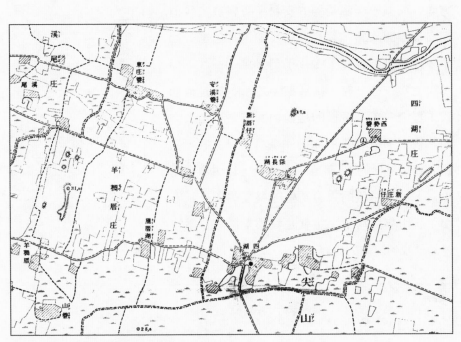

● 日治時期臨時台灣土地調查局測繪之堡圖中的羊稠厝庄

是他們把各自的工具弄斷了插在頭上，結果工具變為羊角，人也變成山羊。當他們看到如此變化之後，慌張之下就發出了「咩！咩！咩！」的叫聲來。

達悟族依法塔斯白羊的故事

很久很久以前，達悟族依法塔斯造船的人有一種習俗。在他們舉行試航時，會抓一隻非常小的白羊到船上，族人相信那隻小白羊是神的化身。以前，養白羊的人家是不能到外海捕魚的，因會受到神的懲罰，所以大家都遵守這一個禁忌。

但當他們航行到綠島進行交易時，在島上不小心被白羊逃掉了。後來白羊在綠島長得像一隻牛高壯，連五十條鉤子都無法捕捉。過去那位船長雖然年紀已經非常大，仍念念不忘那隻白羊，於是他的孩孫們跟著老船長又回到綠島找白羊。老船長使出全力終於制服了那隻大白羊，並把羊抬到船上準備回航。途中起霧迷漫整個海上，他們失去了方向，而這一切都是神的安耕，等霧散去後他們又被漂回綠島，只有老船長知道是怎麼一回事，他只是不說罷了！孩子們又試了一次，仍然與上次一樣。有人提要把羊殺了，於是他們殺了那隻白羊，奇怪的是他們回航不再迷失方向。後來那位老船長為這件事寫了一首歌，歌詞大致是這樣的：「是誰立在那兒，自由自在的生活，披著白色的衣裳，豎著堅固的角，牠毀壞了五十隻釣鉤子，這就是我們羊群的特徵，綠島是我們造訪的島嶼。」

丁未神將名叔通

● 丁未羊神將叔通

參考資料
• 賴芳伶《台灣・嘰咕嘰咕》，台北，幼獅文化事業公司，2000年4月。
• 尹建中《台灣山胞各族傳統神話故事與傳說文獻編纂研究》，1994年4月。
• 鍾鳳娣主編《雅美文化故事》，蘭嶼國民中學社會教育工作站出版，蘭嶼慈懷家庭服務計畫委員會發行。

從肖 羊 看性格運勢與命理

　　屬羊的人工作態度大致任勞任怨、負責責、謹慎，往往是職場上的模範，因此會有很多的機會獲得提攜。如果遇到伯樂，便可望出人頭地。

　　羊年出生的人有纖細的藝術家情感，有藝術天分，很適合能夠發揮個人才華的工作，例如設計師、電腦工作、教師、作家等。容易有事業上的成就，打下的江山，別人很難撼動。屬羊的人不愛被逼迫做決定或陷入窘境，如果強迫他們去做不愛做的事，會變得退縮而懶散。例行性的工作是他們最不喜歡的工作。

　　生肖屬羊的人對於理財頗有計畫，而且對事觀察入微且具責任心，是個能夠信任的合作夥伴。

　　羊人性情不是非常善於表達感受，態度柔和，容易受騙。也易害羞，遇見生人會生澀卻步，事情考慮了很久，才會決定下一步。羊人也很敏感，但有創意、古靈精怪，且多才多藝。男性屬羊者，有時喜歡表現自己，有些是隱性地愛出風頭。屬羊的女性，做事俐落，腦筋清晰有條理，是個理智型的人，而理性常常會在無意間殺別人風景。

　　羊人對愛情的態度很謹慎，但是有時候意志力稍嫌薄弱，往往抗拒不了有心人士的刻意勾引，因此在感情路上常常會遇到受騙上當的情形。

　　屬羊的人由於敏感的特質，意志力較薄弱，很容易悲觀及沮喪，而對人生感到迷惘。不過屬羊者的運氣通常很好，只要碰到問題，身邊隨時都有朋友可以提供支援與協助。

　　肖羊的歷史名人，例如曹操、司馬懿、武則天、歐陽修、司馬光、文天祥、曾國藩、慈禧太后、趙翼等。

猴居十二生肖之九，地支「申」，申猴相配，上合於天，下合於地，中合於人，古書釋申，神也，而猴通靈性，因此申猴兼具智慧與吉祥的象徵……

申
猴

猴的名字，怎麼來？

猴的釋義

在中國浩瀚的古代典籍中，有關猿猴類的動物名目繁多。「猿」是合體的形聲字。「猿」也可寫做「猨」，有人據此字，而附會出多種猴子的解釋。有謂猴性靜緩，所以造字時，即在象類的「犬」字邊，加個「爰」。也有人說，猴子常援引東西，所以稱之為「猨」。關於所謂猴性靜緩之說，應是不曾觀察過猴子生態之人所創的，因為只要看過猴子的人，都知道猴子動作敏捷，行動迅速，絕不會誤以猴子為性緩的動物。

「猴」很明顯是個後起的形聲字，就造字原則來說，習見的東西就該有個象形本字才對。《說文解字》認定這個字就是「為」：「母猴也，其為禽好爪，下腹為母猴形。」這一說法頗有問題，其實「為」是以手牽象的樣子，引申為「巨構」，和猴子沒什麼關係。至於「母猴」，並不是指雌性的猴子。猴的象形字應該是「禺」，《說文》的解釋是：「母猴屬，頭似鬼。」此說亦有未諦，應該只說是猴的象形就行了，不必談鬼不鬼的。至於「猿」一開始多寫成「蝯」或「猨」，取「爰」音成字。「爰」是「援」的本字，因為猿性善援（爬樹），故在同音字中取此為偏旁，以後才寫成「猿」，因此這是個形聲字。這表示在文字形成初期，古人應該沒見過這類動物，是基本文字已經定型後才出現的。事實上，猿類不如猴類耐寒，分布的緯度一向就比猴類低得多。在殷商以前，華北的人可能不知道有此獸，是後來民族擴張及於長江流域才知道的。從造字看，古人一開始就將猿與猴區分得清清楚楚，並不像後世有些人那樣夾纏不清。

● 人類與猿猴的關係甚為密切

中國並非產猴大國，原生種不多，古人有機會看到的靈長目動物有限，尤其同屬猿類的猩猩科更是無緣得見。其中紅毛猩猩或許可能曾分布於中國南方，

● 從長臂猿猩猩到人類的骨骼比較

但在記載中找不到確切的證據。古籍裡再提到會講話的猩猩，最開始是指一種聲音多變化的鼬科動物，後來以訛傳訛變成各式各樣難以理解的怪獸。直到近世產於非洲的大猩猩、黑猩猩和東南亞的紅毛猩猩等大型猿類進入國人視野，於是硬給戴上猩猩的帽子。因而談起古人心目中的猿或猴，可以排除這部分。對於這些與人類親緣最近的物種，古人有不同稱謂。其中多數原是特有所指的，但在不同的記述中常因概念不清而各自表述，以致往往攪混在一起。

猴的別名

「玃」：大母猴，據說是老猴子。生在四川西部高山，蒼黑色，能站立搶人的東西。因「攫」音同「玃」，乃奪取之意，因以名之。

「猨」：《廣韻》雨元切，《集韻》於元切，音袁。《集韻》本作猨。亦作猿。

「獶」：《禮記‧樂記》中有子夏向魏文侯貶損當時的流行音樂——新樂的一段話，鄭玄注「獶雜子女」一句云：「獶，獮猴也。言舞者如獮猴戲也。」

「猶」：《爾雅‧釋獸》：「猶如麂，善登木。」猶是猴類中的膽小鬼，性多疑，偶有風吹草動，立刻爬上樹，忽然又爬下，頃刻間上上下下，驚慌恐懼，猶豫不決，所以「猶豫」就成為「進退踟躕不安」的成語。

「狙」：古代將養猴子的人叫成「狙公」。狙的性格多詐，因而狙字又作「伺」解，狙和猴都是伺伏人的動物，所以伺隙攻擊別人的人被叫做「狙擊手」。狙即一種獮猴。王安石〈禿山〉詩：「一狙山上鳴，一狙從之遊。」

「猱」：猿類，身體便捷，善攀援。金絲猿就是猱。是一種善攀援的猿類。

「狒」：身體似猴，頭部似狗的動物，又名山都。似人形，披髮，迅走。

　　「獨」：《埤雅‧釋獸》：「獨，猿類也，似猿而大，食猿，今俗謂獨猿。」獨比猿稍大，能吞食猿猴。獨會發出叫聲，猿猴聽見就會驚散，古代有「獨一鳴而猿散」的俗諺。

　　「獮」：猿屬，陸龜蒙〈奉和江南書情二十韻〉：「爰鷺欹危立，思獮矍鑠欹。」

　　「獼」：獼猴，動物名。脊椎動物門哺乳綱靈長目。面赤色，毛灰褐，尾短，善怒。

猴 的奇幻世界

● 合歡山上的獼猴

台灣獼猴的智力

　　台灣獼猴和人類一樣，都是靈長目動物，猴自古以來都被認為是極聰明的動物，靈活的四肢，智商和人類的 3、4 歲小朋友差不多。周璽修《彰化縣志》載：「猴，形似人而多智，長臂善嘯，便攀援，一名狙，一名胡孫。」

台灣獼猴的社交行為

　　獼猴跟人類一樣有社會制度，也有複雜的情緒表現方式。

（一）理毛

　　「理毛」是台灣獼猴常見的社交行為，獼猴生性好動，總是不停的活動或者互相整理皮毛。牠們會藉由幫家族中其他成員清理毛髮，來增加彼此感情的親密度，對於維持整個猴群的和樂氣氛有很大的幫助。

參考資料
- 暉舟編著《十二生肖縱橫譚》，台北，國家出版社，1990年8月。
- 楊龢之〈甲申談猴〉，《科學月刊》第35卷第1期，2004年1月。
- 馬銀春《中華民俗禮儀對聯大全》，北京，中國三峽出版社，2005年11月。
- http://www.homencity.com/b5/k2openinnew/item/3000061-2016-02-15-18-28-39.html。

猴子平時自行理毛，為了確定內部的相互關係，會每天長時間地互相理毛，為對方整理、抓食蝨子以維持猴群關係。

（二）威嚇

獼猴的威嚇動作，仔細觀察，會發現，雌猴的牙齒跟人類相似，較為平整，而雄猴的牙齒多了尖尖的犬齒，威嚇時會張大嘴巴呈現 O 形，露出牙齒，還伴隨「吼、吼」的警告聲，有時會有向前跳的突進動作。雄猴露出看起來可怕的尖銳犬齒時，很多人往往以為獼猴要發動攻擊，其實，獼猴的威嚇動作，代表牠正處於警戒狀態。當遇見獼猴威嚇時，請不要驅趕牠或尖叫，或用手指牠，這會讓牠更加緊張，只要閉上嘴巴，移開視線，自然走過就可以了。

（三）咧齒

當獼猴對你咧嘴露出一整排整齊的牙齒，看起來有點逗趣的模樣，可不是在笑或扮鬼臉，這個表情表示獼猴正處於非常緊張、害怕的情緒，你的動作或許已經讓牠感到威脅。這時請不要再靠近牠，或做出讓牠害怕的舉動。獼猴露齒時，通常還伴隨另一個動作，就是嘴唇快速的張合，稱為「唇動」，這個動作代表示弱、示好。

（四）短促響聲

台灣猴以不同音調的叫聲和微妙的身體語言來互相溝通，例如用快速眨眼和點頭來恐嚇對方，或以調皮的臉相去吸引對方與自己嬉戲等。

「短促響聲」：獼猴發現危險或陌生事物出現時，會發出短促「ㄍㄧㄚ」的一聲來警告社群成員；聽到警戒聲的獼猴會立刻往樹上移動、躲避，注意周遭環境。

根據學者陳進明的觀察，台灣獼猴的叫聲簡單可以分成三種：「唧唧聲」是想吃飯；「ㄛㄛ叫」是表示友善；如果發出兇猛的「嚇嚇聲」，便是牠生氣了。

● 台灣獼猴是台灣特有種，有嚴密的群聚性生活

猿猴動作心理學

藉著面部表情的微妙變化，黑猩猩能表達各種情緒和感受。在相互召喚時，會一面「謔謔」叫喚，一面做出「呼喚表情」。如果黑猩猩緊抿嘴唇，怒目注視，做出「宣示的表情」，就表示將要發起進攻。服從或興奮的黑猩猩，面部會出現「害怕」的樣子，嘴唇內

● 靈長類動物的智力比一般動物高

翻在牙齦上，上下牙齒分得很開。還有一種類似的表情（但牙齒咬緊）也表示順從。地位較低的黑猩猩在接近有權威的黑猩猩時，通常出現上述第二種表情。

黑猩猩有許多表情，嘴巴合上或嘴唇垂下，表示放鬆；牙齒咬緊露出，表示憤怒；呼喚同伴則發出「謔謔」聲。

幼猴常有「玩耍的表情」，嘴唇遮住上齒，或表示不會傷害對方的意思。「噘嘴」並伴發嗚咽聲，則表示不滿，想吃東西或要其他猴子替牠捋毛。

猴子生氣或受到打擾的時候，就會搖樹枝和吼叫，或是利用臉上的表情來表示憤怒。

動物的智能愈發達，其種社會的結構也就愈進化。因為，該種社會中所使用的溝通方法，會因智慧的演進而趨複雜，使得種社會的結構自然就愈進化（亦即愈複雜）。智能愈高的動物，叫聲也愈能細分，當然，臉部的姿勢的變化，將更形豐富。相對地，此類動物勢必也會具有能判別各種聲音或動作變化的能力。

猴子為了確認同類個體間的位序，會騎在對方的背上以表明其地位較高，彼此間則以整理對方的體毛來表示寒暄，這些動作都是很廣義的表達方式。

參考資料
• 李光欣〈台灣獼猴的悲歡歲月〉，《經典雜誌》第 48 期，2002年7月。
• 林美吟〈獼猴趴趴走——移動範圍有學問〉，《國語日報》，2016年6月1日。

猴 與星宿及五行方位

● 福猴獻壽桃、春訊賀吉祥

　　猴居十二生肖之九，地支「申」，申猴相配，上合於天，下合於地，中合於人，古書釋申，神也，而猴通靈性，因此申猴兼具智慧與吉祥的象徵。屬猴之人，聰明多才，好奇心強，樂觀進取，正直善良，光明磊落，孝順父母，天生麗質，秀外慧中，口齒伶俐，婚後可獨當一面，晚景多福。若以五行論命則可細分為，甲申年生：五行屬水，為過樹之猴，溫和機巧，具有才智，喜出風頭，傲氣凌人，鋒芒畢露會帶來阻礙；水猴財運，初年顛倒，命宮有財，又帶桃花，感情起伏，晚年利達；水猴女性，兒女見遲，榮隆之命。丙申年生：五行屬火，為山上之猴，性急而烈，重情重義，具有遠志，善得人緣，適宜離鄉，貴人立現，創業利通，自有生財，早年勞碌，晚年豐隆。戊申年生：五行屬土，多為獨立之猴，正直樂觀，性格獨立，少年運苦，兄弟少助，中年勞碌，耗財不聚，晚年財帛足用；土猴女性賢良曉事，針織精通，助夫益子之命。庚申年生：五行屬木，為食果之猴，生性好動，東奔西跑，名聲清高，財運亨通，但命犯背煞，救人無功；木猴女性，六親無靠，持家興旺，助夫有成，晚年享福之命。壬申年生：五行屬金，為清秀之猴，生性固執，聰慧而巧，口才出眾，具有機謀，占天時地利人和，順心應手，但婚姻一波三折，晚婚為宜；金猴女性，貌美絕麗，富貴之命。

●「馬上封侯」的造型花燈

　　凡是申年，包括壬申、甲申、丙申、戊申或庚申，都是「猴年」。古文中，「猴」字原為「候」，也同「侯」，其意為「伺望、觀察」，是猴性機伶聰明的一種表現。人們普遍認定猴是一種吉祥的動物，由於「猴」與「侯」的諧音，一幅猴騎馬的畫，寓意為「馬上封侯」；猴與猴的相揹圖畫，則取

其「輩輩封侯」;而猴子向楓樹上掛印的圖畫,則意為「封侯掛印」,中國人說文解字,實在妙不可言。

猴在十二地支中以申為代表,在年中申月就是七月,是秋高氣爽季節的開始,秋風漸起,開始秋收準備冬藏了。方向是西南偏西方,屬坤宮。在一日中,申時指下午3-5時,是忙於完成一天工作的最後階段。

猴 在台灣的習俗與禁忌

● 孫悟空畫像

守庚申

古老的中國傳統中有一種庚申信仰,是說庚申這一天,人體中有三條蟲會上天,去報告天帝此人犯了何罪,而申即是「猴」之意。這樣的信仰至今都仍為日本人所保留,後來發展出三隻猴子勿視、勿聽、勿說的典故,其實是從庚申信仰而來。

清《艮齋續說》:「道家有守庚申之說,雲三屍蟲能記人過失,至庚申日乘人睡去,讒之上帝。故學道者至日輒不睡,謂之守庚申。」守庚申是道教修養的方術,道教認為人體中行作祟的三種神,稱三屍或三屍蟲。三屍蟲是人體的大害,常常在干支庚申日,向天帝告發人的過失,為防三屍蟲害人,每逢庚申日徹夜不眠守夜到天亮,形成「守庚申」的風俗。唐宋以後不限道家,僧人、儒士及常民百姓都有「守庚申」的風俗。從守庚申衍生三隻猴子,一隻捂耳,一隻掩嘴,一隻蒙眼,取三屍蟲之數三,再取庚申之申的生肖猴,構成有趣的「三勿猴」造形。用捂耳、掩嘴、蒙眼來表示不聽、不說、不看,象徵庚申之日三屍蟲不能進讒言。

萬福庵老樹尖嘴猴腮

孫悟空這號人物可以說是家喻戶曉。在府城台南也有一個有關孫悟空的傳

● 花蓮豐濱鄉大港口大聖宮主祀齊天大聖

奇。位於台南市民族路二段 317 巷內，有一座萬福庵，庵內主祀觀音佛祖，佛祖座前，有多尊齊天大聖孫悟空的神像，幾乎每尊大聖爺神像都是尖嘴猴腮，十分生動。其中有一尊據說已有三百多年歷史，是當年阮夫人從大陸帶來台灣的。非常奇妙的是，該庵前面有一棵老樹，老樹的樹幹上結滿樹瘤，狀如眾多猴子攀爬其上，非常有趣，且十分罕見。據信徒說，老樹有兩百多年歷史，因為得到大聖爺的靈氣，漸結成樹瘤，形如猴群，信徒為牠取名為「猴靈樹王公」。在萬福庵，大聖爺是觀音佛祖的部下，威靈顯赫，台灣許多大聖爺都是該庵大聖爺的分靈。

猴的禁忌

民間忌猴年，認為猴年收成不好，是災年。俗話說：「飢猴年，餓狗年，要吃飽飯是豬年。」

 在台灣的民間信仰

● 卑南族少年猴祭之花燈

燒猴燈

除夕夜圍爐的習俗背後，卻有一個童話似的異說被傳誦著。在石油還沒有被廣泛使用的時代裡，照明方面都用植物油，人們把掛在牆上的竹製燈籠稱為

參考資料
• 莊伯和〈生肖的趣味與星座的迷思〉，《傳統藝術》第 5 期，2000 年 2 月。（吳秋瓊紀錄）
• 陳益宗〈猴的造形藝術〉，《傳統藝術》。
• 蔡勝義〈府城傳奇──萬福庵神像、老樹尖嘴猴腮〉，《聯合報》，1999 年 11 月 14 日。
• 吳乃華、魏彬編著《猴年吉祥》，北京，氣象出版社，2004 年 1 月。
• 雪廬老人〈富翁禦猴〉，《明倫》第 356 期，2005 年 7-8 月。

「燈猴」，一般這種燈猴都是長期使用不更換，所以它就成了精，並會散布謠言說，正月初一那天土地要下沉，而使人人起了惶恐，所以除夕夜人們就聚在一起圍爐以資惜別，到了元旦那天，大家就互相道喜慶祝平安，所以才有「恭禧」這字眼，並且為了祈禧將來的平安，元旦那天，大家都要避免葷肴，當下一個除夕來臨的時候，人們已經知道這是燈猴的惡作劇，因此就把舊燈猴燒掉，換上新燈猴，因此每年除夕都有燒燈猴的習俗。此外把正在燒的竹骨撿起12支，視為12個月份，用米斗蓋住熄了火，然後瞧瞧竹骨燃燒的情形，看它濃淡情形藉以預卜當天的天候，顏色濃（黑）表示該月份雨量較多，不過這種有趣的事在不知不覺之中消失了。

燈猴的傳說

往昔有一種叫做「燈猴」的照明器具，所謂燈猴是用筷子做的燈籠，燃料是用菜子油，因此燈猴經常是黑黑、油膩膩且滑滑地，因此如果在冬至時節想把圓仔粘上去，恐怕也粘不著，因此就沒有人想給燈猴粘圓仔表示謝意。燈猴用的時間一久，就變成燈猴精了。也因為只有他吃不到圓仔，就會很不是味道，於是向玉皇上帝告狀，說凡間的人要不得，用老天所賜的米做成圓仔到處亂粘、亂丟棄，玉帝立即命人調查，當瞭解竟是事實後，便大發雷霆準備於大年初一把暴殄天物的地區打沉海底，但事後發現其實是出於敬愛神明的舉動，因此就寬恕了人們，這便是人們於正月初一碰面時互道恭禧的由來。

參考資料
- 王瑞成〈點心以及新春的食品・關於燒猴燈的童話〉，林川夫編《民俗台灣》第四輯，台北，武陵出版社，1990年5月。
- 福原椿一郎〈民俗種種）〉，林川夫編《民俗台灣》第三輯，台北，武陵出版社，1990年3月。

猴 飲食文化

蝦猴

「蝦猴」，為屏東東港特產，因其頭像猴、尾像蝦，故稱蝦猴（又稱蝦蛄），煮熟後色澤艷紅，宛如鮮蝦般。一般作法都為鹽滷，非常的鹹，昔為窮人家的菜肴。鹿港醃漬蝦猴大多遵循古老傳統的鹽巴蒸煮方法，初嚐時往往鹹得齒牙咧嘴，其實愈鹹，雌性抱卵的蝦猴就愈硬，吃起來甘醇而有勁。

猴蔗

「猴蔗」，即甜根子草，是甘蔗的近親，蔗屬。全世界約有 12 種分布熱帶至亞熱帶地區，中國有 5 種產於華南地區。台灣除引進 3 個外來種供製糖之用

● 吃地瓜的猴子

外，僅甜根子草為自生種，亦曾局部栽培種植。蘭陽溪、大安溪、曾文溪、高屏溪，這幾條台灣有名的溪流，其河床礫地，皆可見野生甜根子草。

猴蔗通常群生在河床邊或微溼的路旁，潔白的花穗與綠葉相互輝映，把單調的原野點綴得很詩意。也許是因為猴子會啃食其莖桿，所以才有這個名字。猴蔗是甘蔗的兄弟，但是它的莖桿更纖細。

參考資料
- 胡靜如〈幾道殘忍別緻的名菜〉，《聯合文學》第 141 期，1996 年 7 月。
- https://zh.wikipedia.org/zh-tw/%E7%8C%B4。
- 潘錦華〈鮮當歸猴菇雞湯〉，《花蓮區農情月刊》第 128 期，2011 年 3 月。
- 張哲永《神祕的官府筵席與民間佳餚》，台北，弘文出版公司，1997 年 11 月。
- 苗雲龍《南島風情》，瀋陽，遼寧人民出版社，1998 年 2 月。
- 武陵〈新興產業——林業副產品猴頭菇〉，《台灣月刊》2005 年 11 月號。
- 張哲永《神祕的官府筵席與民間佳餚》，台北，弘文出版公司，1997 年 11 月。
- 胡靜如《吃遍大江南北：江北篇》，台北，台視文化公司，1991 年 3 月。
- 李瑞宗〈隨風飄逝－－台灣的秋芒世界〉，《大自然》。
- 鄭元春〈八月的野菜〉，《綠園藝生活雜誌》第 16 期，1990 年 8 月。
- 台灣省政府農林廳《中華農業科技研究成果圖鑑 1987-1991》，1991 年 12 月。
- 周肖梅〈蘋果郵票〉，《今日郵政》第 648 期，2011 年 12 月。
- 〈奇異果〉，《中國兒童》第 1168 期，2006 年 11 月 5-11 日。
- 王禮陽〈台灣果菜誌〉，《經典雜誌》第 12 期，1999 年 7 月。
- 羅桂環〈從獼猴桃到奇異果〉，《科學月刊》第 34 卷第 9 期，2003 年 9 月。
- 田孟清著《土家族地區經濟發展探索與思考》，北京，民族出版社，2002 年 10 月。
- http://mt.sohu.com/20161227/n477036766.shtml。

猴 相關的動植物

猢猻木

「猢猻木」，原生長於遙遠非洲的乾燥草原上，與木棉同科的落葉樹。它是利用樹幹基部膨大的構造貯水，才能在熱帶的高溫中生存。

成長速度挺快的猢猻木，有高大直立的身軀，是一種可以長成 20 公尺以上的巨木，樹幹基部特別肥大，有如大肚酒瓶般的樹形，引人注目。

非洲人會在樹幹挖洞來居住，或是當成倉庫和飼養家畜的地方。但是猢猻木的枝幹愈往上長就愈細，到了冬天，葉子全部掉光，光禿禿的細小枝條看起就像樹木的根，所以有人就誤以為它是上下顛倒的樹，整顆樹好像被倒栽種進土裡。傳說這是天神請土狼種的樹，沒想到土狼卻把它種反了。故布希曼人也稱它「倒栽樹」。

猢猻木非常耐乾旱，在炎熱缺水的氣候下，葉子會掉光，避免水分散失，可活超過一千年。猢猻木果實是猴子和狒狒愛吃的食物，所以又叫「猴麵包樹」。猴麵包果也是非洲原住民的重要食物，果肉乾了後，會變得像乾麵包屑一樣香脆。猢猻木也稱為「大象樹」，因為它的樹幹可以儲水，而且每年愈長愈粗，大象經常刨下它的樹皮取水喝，甚至把樹幹挖穿。大象刨下樹皮嚼一嚼，就可以擠出許多水來喝。

猿尾藤

「猿尾藤」，黃褥花科，屬於大型藤本攀緣性灌木，高可達 30 米以上。生長於台灣全島低至中海拔叢林，亦常出現在路旁之林緣。其木質化的莖幹因常扭曲且富彈性，恆春半島居民常拿來做拐杖。花朵可供觀賞，亦可提煉香精香料。

「猴尾藤」，它的小枝末梢，就像在樹叢間活動的猿猴尾巴。春季開黃白色而有芳香的花朵，花瓣有柄，邊緣呈絲裂狀，果實有三片翅膀，可以協助散

布。猿尾藤是台灣低海拔山林中常見的植物，也有人栽培在庭園裡。

猴歡喜

　　「猴歡喜」，即海檬果，又稱山羨仔，夾竹桃科。植物名稱大概來自猴群常在本樹種枝冠上嬉戲，謂之猴歡喜。產台灣中低海拔闊葉林，中國亦有分布。

　　全株均有毒，果實、果仁之毒性較強。中毒症狀有噁心、嘔吐、腹痛、腹瀉、手腳麻木、心律不整、呼吸困難，嚴重則心跳停止而死亡。

猴面果

　　「猴面果」，和麵包樹、波羅蜜是近親，但是聚合果細小，手指頭大而已。聚合果近於無梗，直接貼生在小枝上，成熟時呈淡黃色，並布滿許多小突起，果皮的樣子，很像猴子。

猴蒜

　　「猴蒜」叫毛茛，莖葉帶有辛辣味，之所以和猴子有關，可能是因為猴子有時候會去碰或吃它。猴蒜的花呈鮮黃色，春至夏季原野路旁的潮溼處，常可以發現。

猩猩草

　　「猩猩草」，為大戟科植物，又名火苞草，是生長於全台低海拔平地的多年生草本植物。據日本植物圖鑑，牧野氏曰：「猩猩草，莖頂上的葉紅色，像猩猩的紅臉之意。」猩猩草是聖誕紅的同類，假花瓣由縮小的葉片添加色彩而成。多數大戟花序聚集在各分枝末梢，每一花序各自都有雌花和雄花，但皆無花瓣，故必須靠假花瓣來誘引昆蟲。

猩猩海菊蛤

「猩猩海菊蛤」，屬於海菊蛤科。貝殼大型，紫紅色，有七列長棘，其餘的表面有細放射肋和細小的短棘，殼徑約10公分，產於澎湖群島淺海岩礁底，不常見。

食猴鷹

「食猴鷹」，分布於菲律賓，主要在民答那峨島與呂宋島，全長約1米，是棲息於菲律賓森林的大型鷹，帶有蓬鬆的羽冠，體色主要為白色與褐色。一次產卵1-2個。

牠們狩獵的場所是原始森林，只要看到鼯鼠出現在樹梢，就加以襲擊。食猴鷹興奮時，頭部到後頸部的毛會豎起成扇狀。牠強有力的腳趾和爪子，證明牠具有兇猛的攻擊性。但是這種鷹，因原始森林砍伐而面臨生存危機。

食猿鵰

「食猿鵰」，乍聽這名字就叫人毛骨悚然，是獵食猿猴的猛禽。食猿鵰分布地域極為狹窄，只居住菲律賓的熱帶雨林中。食猿雕身材魁梧，身長有1米，可以輕而易舉的把貓猴、靈貓、犀鳥、獼猴從樹頂上劫走。

猿葉蟲

「猿葉蟲」，成蟲是小形的甲蟲，成蟲全體光澤黑綠色，如放大來看，頭胸背面有微細刻點，翅鞘上有點列。幼蟲灰黑，各節有肉狀突起，上面簇生細毛。一年生二、三次，從卵到蛹一生最短計十八日食葉柄，受驚動則縮足落地。

參考資料
• 李世榮〈倒栽蔥的猢猻樹〉，《未來少年月刊》第18期，2012年6月。
• 陳龍根總編輯《自然奇趣大觀》，香港，讀者文摘遠東公司，2002年。
• 鄭元春〈猴板凳與靈芝有啥不同〉，《國語週刊》第822期，1997年7月20-26日。
• 康宗虎總編輯《中華兒童科學畫刊》第197期。
• 鄭元春《台灣的稀有植物選介（再續）》，台北，台灣省立博物館，1989年4月。
• 鄭元春〈屬猴的植物一次看個夠〉，《全國兒童週刊》822期，2004年2月1-7日。
• 蘇玉鷺《家庭當令盆景》，台北，民生報社，1988年7月。
• 賴景陽《台灣自然觀察圖鑑：貝類》，台北，渡假出版社，1996年7月。
• 劉俊麟發行《瀕臨絕種的動物》，台北，兒童教育出版社，1987年10月。
• 劉明太等編寫《動物故事（上）》，台北，建宏出版社，1994年7月。
• 王國和、林賢治《國小自然辭典》，台北，哲治出版社，1977年1月。
•〈不斷尾求生的猴尾蜥〉，《中國兒童》第1182期，2007年2月11-17日。

猴 相關的醫藥及醫療

● 中醫調配藥方

猴於生物、醫學和科學上的實驗

　　非人靈長類在形態和機能上有很多與人相似的部分，是很重要的實驗動物。獼猴，尤其是恆河猴和非洲青猴經常廣泛用於動物測試實驗中。第一，因為易於管理，還有生殖週期相對於猿也比較快，另外牠們的心理和物理反應比較接近人類。又因為猴子高度善於社交，因此被放在許多不同的環境。猴子用於實驗室時常有很多爭議。很多人認為實驗都非常殘忍，而且這些實驗最後只能得到很少有價值資料，因此有很多人抗議和反對這些實驗，也成為動物權利團體組織的廣泛爭論題目。

猴麵包樹

　　「猴麵包樹」，屬木棉科，又稱為衣索匹亞酸葫蘆或塔塔爾奶油樹。原產於非洲，常見於熱帶乾燥區。是世上最大的樹種之一，高達 12-18 米，樹幹直徑可寬至 9 米，常單株或數株併生。樹皮光滑，淡灰色，有特殊的紫色反射。最大的特性是先開花後長葉，複葉由小葉組成；花白色，雄蕊淡紫色。果實長橢圓形，外皮有淡黃色絨毛，果肉乾而酸，種子藏於內。用途頗廣，果肉可調製成冷飲、調味料、凝態奶品、橡膠的凝結劑、家畜的燻煙。嫩葉可當蔬菜食用，果肉、種子和樹葉可磨粉製藥。樹皮可為奎寧的代替品，其強韌的纖維可製繩索、包裝紙、酒杯、樂器等。種子及殘渣磨粉富含鹼水和磷酸鹽，可作肥料。木質輕軟可製獨木舟、浮標。樹幹常被鑿空用來貯水或做蔽身處。猴麵包樹在印度稱為木栓樹，在美國弗羅裡達州則稱猴子樹。

猴棗

　　「猴棗」，以結於猿猴體內者，最為珍貴。又說是猿猴的睪丸，入中藥，這

是偏方，《本草綱目》中沒刊入。另一說是猴子兩頰中含棗兒，也是用於治病。

猴薑、猴薑

「猴薑」別名「申薑」，蔓生石壁，味辣。為水龍骨科植物的根莖，據說猴用以為薑，故稱。功能治傷止痛、補腎活血，用於腎虛腰痛、跌撲閃挫、外治班禿、白癬症等。

「猴薑」，正式名稱是「海洲骨碎補」，生長在中海拔山區的樹幹或岩石上，根莖細長如薑，但比薑更纖瘦，直徑大約只有 8 公釐，是民間醫治跌打損傷的良藥。褐黃色的鱗片布滿根莖表面，相當搶眼。

猿痘

「猿痘」，這種病毒的感染，是 1958 年在中非和西非的猴子身上發現的；而人類首度感染則是在 1970 年首度報告。

猩紅熱

「猩紅熱」，是一種流行病名，猩紅熱的發生，大概是從外國傳來的。早期中國上海租界因猩紅熱而死的第一人，發現於 1873 年，同時煙台也發生猩紅熱。1902 年猩紅熱流行於上海，死者達 1500 餘人。

猴 相關的傳說故事

布農族吃芋頭變猴子

傳說古早以前，猴子是人類變成的。從前有一戶人家，請了村社的人到家田工作，到了中午，煮了芋頭給幫忙工作的人吃。人們在大太陽底下工作，非常辛苦，都已經餓極了，可是芋頭還沒有煮熟，他們不管三七二十一，就開始

吃了。因為芋頭才煮一半熟而已，所以非常的澀，他們的喉嚨都癢得不得了，拚命的抓著脖子跳躍，有的爬到樹上跳來跳去，有的在地上打滾，他們拚命抓著喉嚨咳嗽，咳！咳！咳！結果變成了猴子，手上的小鋤頭變為尾巴，他們集體跑進森林深處，再也沒有回來。

卑南族猴子的由來

昔時在 babaturan（地名）有某夫婦生育姊弟兩人。一如往常，夫妻倆相偕到耕地，因父母忘記為孩子備妥食物便出門了，兩個孩子只好忍著空腹等待雙親歸來。但是終究難熬飢餓，

● 傳說布農族人是獼猴變來的

看見垂在爐上方的竹棚（tatapayan）有芭蕉（belbel），弟弟便攀爬柱子，坐到棚上吃起芭蕉來，其姊仰頭請求弟弟給她一根，但弟弟不給，因此姊姊亦攀爬柱子到棚上去，弟弟把所有成熟又大的芭蕉全部占為己有而不給姊姊，姊弟兩人因此便在 tatapayan 上起了爭執。附近的人們為兩個孩子的哭鬧爭吵聲所驚動，上前來一探究竟時，只見在爐上竹棚相爭的姊弟，身體生出尾巴和毛、臉部變得赤紅而成了猴子，鄰人們見狀驚恐歸去。不久其雙親返家，兩個孩子即沿著東南隅的柱子爬到屋頂去。由於不見孩子的蹤影，雙親不安地呼喚著他們的名字，但不知從何方傳來「ngu」的回應聲。兩人覺得奇怪又再呼喚其名，而回應仍然如前，三次叫喚時皆有「ngu」的回應聲，但卻不見蹤影，雙親為此感到

參考資料

- http://www.twwiki.com/wiki/%E9%9D%88%E9%95%B7%E9%A1%9E%E5%8
  B%95%E7%89%A9。
- http://www.twwiki.com/wiki/%E7%B6%A0%E7%8C%B4。
- http://www.baike.com/wiki/%E9%9D%9E%E4%BA%BA%E7%81%B5%E9%
  95%BF%E7%B1%BB%E5%8A%A8%E7%89%A9。
- https://zh.wikipedia.org/zh-tw/%E7%8C%B4。
- 王輔羊〈獼猴〉，《台灣博物》第34期，1992年6月。
- 喬伊斯‧波普（Joyce Pope）著、明天工作室編譯《大不列顛動物

百科》，台北，明天國際圖書公司，2006年10月。
- 陳淑英主編《奇妙的野生動物》，台北，將門文物出版社，
  1987年8月。
- https://zh.wikipedia.org/zh-tw/%E7%8C%B4。
- 莊伯和〈猴年話猴〉，《雄獅美術》第108期，1980年2月。
- 《大美百科全書3》，台北，光復書局，1993年6月。
- 幼福公司《動物奧祕一本通》，中和，2005年11月。
- 鄭元春〈屬猴的植物一次看個夠〉，《全國兒童週刊》822期，
  2004年2月1-7日。
- 黃書瑋〈甲申話猴〉，《中華寶筏》第23期，2004年3月。
- 陳邦賢《中國醫學史》，台北，台灣商務印書館，1981年3月。
- 林瑤棋《醫學遇見民俗》，台北，大康出版社，2004年11月。

· 猴 ·
地名考

猴洞坑

　　宜蘭猴洞坑瀑布與白石腳開發息息相關，當初漳州人落腳白石腳時，在猴洞坑下方約半公里處興築奉祀開漳聖王的王公廟，就已發現瀑布附近群猴聚集，嬉戲於樹林岩壁間，因而稱之為「猴洞坑」，目前區內也有日本人在大正 6 年所留的「猴洞圳頭」行書碑石。

猴探井

　　「猴探井」地處南投市福山里，是市公所與八卦山風景區管理所在八卦山脈大力推動觀光的四個重要景點之一。可遠眺彰化縣員林、社頭兩地的小鎮風光，當地日出、夕照之美，更是馳名遠近，讓人流連忘返。相傳猴探井景點是日治時代台中州知事所發現，為方便進出，欣賞美景，據說還命人闢了一條專用道，好讓「黑頭仔轎車」能長驅直入，不用走路即可達觀賞平台。猴探井地名由來，據說當地曾是猴子聚居處，猴子往下探望深谷，狀似探井。

猴洞山

　　台灣恆春西門和南門之間，有一座孤立突起的珊瑚礁石（原名猴洞山），高約 10 米，竹樹交翠，以往是縣署員吏雅士登臨吟詠的地方。首任縣知事周有基捐資建有澄心亭、聽雨山房等館舍，又在縣署西側搭起竹椽數間，名為猴洞書院。可惜日治時代乏人管理，今已蕩然無存。

猴硐

　　台灣「猴硐」，昔日以煤礦維生的小鎮，目前已規劃了「猴硐煤礦博物園區」，周邊還有三貂嶺瀑布、金字碑古道，是個充滿歷史記憶的小山村。近幾年因「貓村」之名，成為熱門景點。

猴山

　　17 世紀荷蘭人所繪的台灣地圖上有個猴山（Apes' Hill），位置就在現今高雄壽山附近。昔時歐美人稱此為「猿丘」，當時此山多猿，故得此名。此山另一峰名號猿峰，打狗八景中之猿峰夜雨即指此處之風景也。

　　一般在野外生活的獼猴，看到人類接近，會試圖威嚇人類或乾脆跑開，躲入山林隱密處，但壽山的猴子，反而會接近人類，展現不同的猴性。人類餵食會造成獼猴行為改變，就算謹慎配合獼

猴生活作息餵食，仍會產生影響。雖然高雄市政府明令不得餵食台灣獼猴，但〈野生動物保護法〉卻未明定禁止條例，政府部門應積極介入防止餵食，以免人類過度餵食，讓台灣獼猴太接近都市，造成人猴關係緊張。

其他

屏東早期的老地名為阿猴（阿緱），原來是當地平埔族原住民的社名之一，另在屏東墾丁國家公園有座「猴崖」，宜蘭縣頭城也有個「猴洞」。

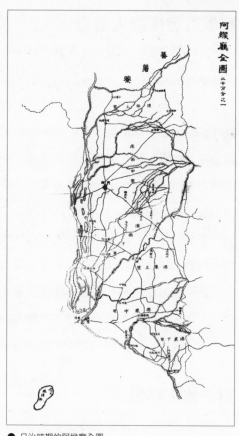

● 日治時期的阿緱廳全圖

參考資料
• 劉世昭〈西南祕境烏江千里行〉，《大地地理雜誌》第128期，1998年11月。
• 趙承國〈猴與旅遊〉，《猴年說猴》，太原，山西經濟出版社，2003年12月。
• 杜世拔《海南山水風物傳說集》，海口，南海出版公司，1999年11月。
• 楊昭寬主編《海南旅遊導趣》，海口，海南出版社，2002年5月。
• 陳斯英〈西北萬裡行‧新疆前門猩猩峽（下）〉，台北，文經出版社，1984年1月。
• 李潼〈羅東：一個舊名猴子的繁榮小鎮〉，《兒童的雜誌》第80期，1993年5月。
• 洪昭隆等〈山水蘭陽〉，宜蘭縣立文化中心，1996年3月。
• 莊富安〈猴探井傳奇有段風水故事〉，《自由時報》，1996年11月29日。
• 王鑫《高屏濱海公路沿線的環境與資源解說》，內政部營建署墾丁國家公園管理處，1999年10月。
• 王詣築〈壽山棲地重疊，探索人猴相處界線〉，《國語日報》，2015年3月23日。

驚訝，於是走到戶外查探聲音來源，卻看見屋頂上有兩隻猴子，雙親也無可奈何。最後猴子進入山裡，這兩個孩子便成為猴子的祖先。

猿猴啟發邵族人造舟

　　古傳高山族壯士們，追趕著白鹿，一直追到此潭，逃得發狂的白鹿，一到了進退無路的時候，突然像飛鳥一般，縱身一躍跳入鏡面一般的大湖水中，不久漸漸泅水向著湖中浮島而去。壯士窮追到此，萬分失望，於是就東跑西跑，找尋路頭，心中非常焦急，終找不到一條道路，就在水邊的小石塊上坐下來，只是喊著可惜，並且呆望著那個浮島西斜的陽光，正遙照在湖面，那湖水愈發顯得清澈而寧靜。而山上忽然捲起了一陣狂風，掠過蒼鬱的深綠色樹林，樹葉就紛紛下來，靜靜的水面上，不料對岸有一隻小猿手攀著枯樹，輾轉坐在樹枝，非常自然的，把自己的長尾，當作划楫，手上握著一根樹枝，用作搖櫓，盡力擺動，枯樹就向前航行。第一次看到這樣便利的事，壯士心想難道不可以也用這樣的方法渡水，可到浮島捉捕那隻白鹿。於是大家商量妥當，立刻從附近山上採來一段很大的樟樹殼，挖鑿中心，使樹的四週都成蒲板，然後浮在水上，可以載人，這就是一直傳到現在的蟒甲（獨木舟）。

阿美族人變猴子

　　阿美族母親責備懶惰的孩子，用杓子打孩子的屁股，杓子斷了刺上屁股，變成猴子的尾巴。

● 獼猴壁畫

　　此外《生蕃傳說集》（佐山融吉、大西吉壽著，余萬居譯）也記載，某家有一懶孩子，叫他去趕鳥都不趕，叫他去田間幫忙的時候都在玩。總而言之，他是一個不受教且不長進的小孩。有一次，他請父親替他做一支 tope（攪拌粟飯之用的器物），父親做

了，他卻把它插在後腰上，頭戴鍋子玩，玩著、玩著，就變成了猴子。族社裡現在還流傳說，懶人會變成猴子。

從肖 猴 看性格運勢與命理

　　生肖屬猴者，能幹而易適應新環境，靈巧且有別出心裁與高度的創造力，能輕易地解決錯綜複雜的問題。但胸中常無定見，人云亦云，脾氣又壞，故不受人尊敬。但他卻愛受別人恭維。為人機敏靈巧，特別是在與錢財有關的事情上。對這類人來說，沒有什麼天大的問題不好解決的，所以在任何工作上都經常會成功。由於有高度的記憶力，其才能出眾，故常受人重用，什麼事一學就會，但做起事來只有五分鐘的熱度，恆心不夠。

　　精明能幹，反應敏捷，創造力強，才華洋溢。性情急躁，愛好工作，屬於不安於室的類型。神經纖細，有時太敏感，疑心病重，去除自我矛盾的焦慮，日子就會比較好過。

　　猿猴是有社會組織型態的動物，以猴王（公猴）為權力中心，有很嚴格的社會階級及責任。猴王是身體強健、勇敢果斷的公猴擔任，負責保衛群體的安全與秩序。母猴則是負責養育幼猴，傳遞生活技能。公猴和母猴的角色不同，各司其職。猴類有真情，不僅能忠，且屬至孝，母猴無不愛其子，幼

參考資料
- 鍾宗憲〈箭西德列・西藏〉，《講義》，2002年10月號。
- 內政部委託台灣大學人類學系研究《台灣山胞各族傳統神話故事與傳說文獻編纂研究》，1994年4月30日。
- 范純甫主編《原住民風情》（上、下），台北，華嚴出版社，1996年8月。
- 黃智慧、許木柱主編《番族慣習調查報告書第二卷阿美族卑南族》，台灣總督府臨時台灣舊慣調查會，中央研究院民族學研究所編譯，2000年11月。
- 曾永坤《台灣日月潭史略明海大觀》，南投竹山，覺生月刊社，1956年11月。
- 李福清（B.Riftin）主編《和平鄉泰雅族故事・歌謠集》，台中縣立文中心，1995年。
- 黃智慧主編台灣總督府臨時台灣舊慣調查會《番族慣習調查報告書第一卷泰雅族》，中央研究院民族學研究所，1996年6月。
- 林道生〈泰雅族的口碑及傳說故事〉，《東海岸評論》第40期，1991年11月5日。
- 高淵源《台灣高山族》，台北，香草山出版有限公司，1977年。
- 陳千武譯述《台灣原住民的母語傳說》，台北，台原出版社，1995年5月。
- 李亦園、徐人仁、宋龍生、吳燕和《南澳的泰雅人》上冊，中央研究院民族學研究所，1997年二刷。
- 阮昌銳《南澳泰雅族的農業》。
- 黃智慧主編《番族慣習調查報告書第三卷賽夏族》，中央研究院民族學研究所編譯，1998年6月。
- 陳運棟、張瑞恭《賽夏史話──矮靈祭》，桃園，華夏書坊，1994年11月。

子無不愛其母。猴子具有體貼的天性，照顧周到，表現良好。

猴年生肖者，會被想起《西遊記》中孫悟空的形象：活潑好動、滑稽幽默、喜歡作怪，精力旺盛，天性樂觀，喜歡行動自由，不喜歡被管理，喜歡搞笑話，讓大家開心，朋友有困難，幫忙到底，擅長惡作劇等。

肖猴人不論男女，喜歡表現，藉以得到他人的注目。通常都很有趣、頑皮，而且是歡樂的代表。為人十分活潑、敏捷、古靈精怪、可

● 甲申猴神將邊文長

愛、主動，常常成為一個團體的開心果，帶給人們愉快和笑容。喝采愈高昂，他們的情緒也就愈加沸騰，是標準的搞笑人物。由於他們常常願意不顧形象逗人開心，帶來歡笑，常常是團體中不可或缺的人物。

肖猴人可以憑著口才及機伶，很容易成為群體中領袖，但時間一長，由於欠缺包容的性格，往往成為突破困境之致命傷。八字上「申」為「金」的長生，猴人舌似刀鋒，鋒芒畢露，欠圓融和忍耐，令猴人的光輝總是擦身而過。男猴人的外表具風采，但天生口是心非，最愛瞞天過海。猴人也自視極高，要學懂看開成敗得失，若貪勝不知輸，必招來怨敵，破運傷身，煩惱自尋。猴人任性，無法安於現狀，要捉緊他的心的確是很難的。

● 花蓮豐濱鄉大港口大聖宮齊天大聖

屬猴者對自己充滿自信，這其實也是他的優點，但是如果不能夠好好自我克制，很容易會變得好鬥且以自我為中心。

猴人有時候也很貪心，因為不能夠跳脫貪婪，所以常常不能夠從陷阱中自我脫險。貪得無厭之心，不思限制，也

是屬猴者最大的缺點。

歷史上肖猴名人，例如：

曾參（前505-前436年），春秋末年魯國人，孔子的學生。

司馬遷（前145-約前90年）西漢歷史學家、文學家、思想家。

蔡邕（132-192年），東漢文學家、書法家。

劉弘（156-189），東漢皇帝，即靈帝。

曹植（192-232），曹操子，三國魏詩人。

司馬睿（276-322），東晉皇帝，即元帝，廟號中宗。

李班（288-334），十六國時成漢國君，後諡哀帝。

司馬鄴（300-317），晉朝皇帝，即愍帝。

慕容德（336-405），十六國時南燕國君。

江淹（444-505年），南朝（梁）文學家。

陶弘景（456-536年），南朝（梁）道教思想家、醫學家。

武則天（624-705），唐高宗後，武周皇帝，歷史上著名的女皇帝。

戴叔倫（732-789年），唐代詩人。

韓愈（768-824），唐代文學家，被尊為「唐宋八大家」之首。

魚玄機（840-868），唐代女詩人，其愛情詩直率真切。

朱溫（852-912），即五代後梁太祖，後梁王朝創建者。

錢鏐（852-932），五代時吳越國的創建者。

參考資料
- 高雄道德院《玄妙真言典故集（八）》，高雄，2002年。
- 蘇忠〈辭舊歲羊羯末開泰、迎新春猿猴愁攀援〉，《樂覽》第56期，2004年2月。
- 黃書瑋〈甲申話猴〉，《中華寶筏》第23期，2004年3月。
- 游福生〈有趣的生相歌謠〉，《台灣月刊》第224期，2001年8月。
- 李慶恭〈猴年話猴〉，《清流月刊》2004年1月號。
- 吳乃華、魏彬編著《猴年吉祥》，北京，氣象出版社，2004年1月。

酉雞

十二生肖之十，地支「酉」，方位正西。雞為報曉之物，鳴於四出之時，屬於陽明之神，因此道家以雞血驅除邪魅。按命理學觀之，屬雞之人，性格誠實，寬厚待人，懷有大志，反應靈敏，善得人緣；屬雞女性，喜歡修飾，樂於助人，婚後相夫旺家……

雞的名字 怎麼來？

雞的學名

雞屬鳥類中的鶉雞類。雄的叫 rooster（美）或 cock（英），而年輕的則叫 cockerel；雌的叫 hen，年輕的叫 pullet；雛雞是 chicken。

酉雞

雞是家禽，其遠祖即古代原雞。古原雞的後代可分為三支，一支是經人工飼養而進化的家雞，一支經遺傳變異而演化為雉（即野雞），一支則變化不大，稱現代原雞，中國雲南、廣西、海南仍有分布，屬三類保護動物。十二生肖中的「酉雞」，一般即指家雞。

伺晨鳥

「伺晨鳥」，陸機〈擬古詩〉有提到此名：「高談一何綺，蔚若朝霞爛。人生無幾何，為樂常苦晏。譬彼伺晨鳥，揚聲當及旦。曷為恒憂苦，守此貧與賤？」

雞的別名

「金禽」：雞的別名。

「翰音」：雞的別名。見《禮記·曲禮》。「翰」是長之意，意味雞肥則鳴聲長之意。

「鳬翁」：雞的別名。見《北史》。

「羹本」：雞的別名。見厲荃輯《事物異名錄》。傳說黃雞宜於老人滋補，嗜食雞肉者，還將雞別稱為

● 雞圖

「羹本」。

「黃雞」：蘇軾〈浣溪沙〉：「游蘄水清泉寺，寺臨蘭溪，溪水西流。山下蘭芽短浸溪，松間沙路淨無泥。蕭蕭暮雨子規啼。誰道人生無再少，君看流水尚能西。休將白髮唱黃雞！」「休將白髮唱黃雞」句，黃雞指的即是普通的家雞。

「兌禽」：雞的別名。見厲荃輯《事物異名錄》。

「酉禽」：雞的別名。見厲荃輯《事物異名錄》。

「花冠」：詞中還以「花冠」代稱雞，例如黃昇〈長相思〉（秋夜）：「砧聲齊，杵聲齊，金井欄邊敗葉飛，夜寒烏不棲。風淒淒。露淒淒，影轉梧桐月已西，花冠窗外啼。」

「雄父」：雞的別名。見《晉書·五行志》。

「酉官」：清代隱語，雞稱「酉官」。

「荒雞」：古時還有荒雞初更亂啼，被視為城荒之兆的說法。其實依《草木子》之說，只要不依時夜鳴者都是荒雞。

「勃公子」：雞的別名。見厲荃輯《事物異名錄》。

「會稽公」：雞的別名。見袁俶《雞九錫文》。

「戴冠郎」：雞的別名。見《異聞集》。

「勃公子」：雞的別名。見《御史台記》。

「鑽籬菜」：雞的別名。見《志林》。

「知時畜」：因其有至曉啼的習性。

「司晨鳥」：因其有至曉啼的習性。「古代計時器尚未發明，早晨的雞鳴一事，向人們報告新一天開始，牠不但是莊戶人家的時鐘，也是公共生活的時鐘。戰國時代，著名的函谷關，開關時間就以雞鳴為準。落魄而逃的孟嘗君，面對大門緊閉的關口，擔心後面追兵到，食客中有會口技者，學雞鳴，一啼而群群雞皆鳴，騙開關門。」這個故事被司馬遷寫入《史記》，傳為經典。

「長鳴都尉」：雞的別名。見《清異錄》。

「鳧徯」：古人的想像力實在豐富，《山海經》中有不少似雞的神奇動物，這

● 母雞孵蛋

● 鐵籠飼養雞

些似雞非雞的禽類,皆為子虛烏有之物,僅可作為有趣的談資而已。例如「鳬徯」:《山海經‧西山經》:「鹿台之山有鳥焉,其狀如雄雞而人面,名曰鳬徯,其鳴自叫也,見則有兵。」

「重明鳥」:雞眼睛的瞳孔很大,人注視牠時,可以反映出人縮小的影像,好像又出現一個瞳孔一樣,所以雞也叫「重明鳥」。

● 土雞深受台灣人愛吃

雞 的奇幻世界

雞的肉垂

　　肉垂是雞的第二性徵,又大又紅者較能吸引母雞。並非一夫一妻制,一隻公雞可同時擁有十多隻伴侶。

雞的嘴喙

　　家雞喙短銳,又尖又硬,上稍彎曲。嘴是用以啄食的,但因沒有牙齒,所以吃東西的時候就不需要咀嚼,牠們會先把食物存於嗉囊內三個小時,經過軟化後再下嚥,並利用肌胃壁磨合消化。雞也常常會吞下小石頭和沙子,貯存在

參考資料
● 趙伯陶《十二生肖面面觀》,濟南,齊魯書社,2000年11月。
● 吳裕成《十二生肖與中華文化》,台北,知道出版公司,1993年8月。
● 馬銀春《中華民俗禮儀對聯大全》,北京,中國三峽出版社,2005年11月。

砂囊中，以代替牙齒磨合食物。

　　雞在喝水時會嘴朝上，這是因為嘴的肌肉不發達，所以必須將喝的水含在嘴裡，然後仰頭讓水自然地流進食道。

　　為了防止啄毛、減低打鬥傷亡、感染，在雞隻七至十日齡時會將其嘴巴尖端截去，即俗稱的「剪嘴」。雖不影響進食與發育，支持者也認為剪嘴可降低日後雞隻本身更嚴重的傷害，但還是受到對危害動物福利的質疑。雞沒有汗腺，無法靠排汗調節體溫，氣溫超過攝氏 28 度以上時，以張口喘息蒸散熱氣，然長期處於 35 度以上就有熱死的危險。雞本身的體溫約 40-42 度之間。

雞的腳趾、爪與距

　　雞有覆蓋鱗片的腳，一般每隻腳有四隻帶爪的腳趾，撐在地上，腳爪既適合行走也易於抓樹等動作。為了找尋食物，雞會用腳爪扒土。鬥雞腳上退化的第五根距爪是可怕的武器，打架的時候，可以用來殺死其他的鬥雞。

　　距是公雞互鬥時的利器，在跳、踢的瞬間用來攻擊對手。這些喜愛鬥雞的人，會在距上綁以刀片，來增加戰鬥力。

分辨小雞雌雄

　　如何正確地辨別小雞雌雄？目前，世界流行頗廣而可靠性極大的識別方法，是察看小雞肛門（泄殖腔）內的生殖突起。這項鑑別工作，待小雞孵出後即可進行。所謂生殖突起，就是指已經退化的陰莖，它的大小和粟米相仿，位於泄殖腔下部。在生殖突起的兩邊，各有一條突起的皺紋，呈八字形。若是雄性小雞，牠的生殖突起很明顯，皺紋發達；雌性小雞的突起不發達，有的甚至凹陷，而且沒有皺紋。

雞 與星宿及五行方位

　　十二生肖之十，地支「酉」，方位正西。雞為報曉之物，鳴於四出之時，屬於陽明之神，因此道家以雞血驅除邪魅。按命理學觀之，屬雞之人，性格誠實，寬厚待人，懷有大志，反應靈敏，善得人緣；屬雞女性，喜歡修飾，樂於助人，婚後相夫旺家。若以五行論命則可細分為，癸酉年生：五行屬金，為樓宿之雞，為人心直，毅力堅強，思路清晰，能言善辯，六親冷淡，有藏衣祿，平穩足用，不貪不取，晚景旺相；金雞女性，婚後相夫立業之命。乙酉年生：五行屬水，為唱午之雞，生性耿直，志氣軒昂，驕傲自負，偏好文藝，六親和睦，衣祿足用，福壽雙全；水雞女性，興財綿遠，平穩之命。丁酉年生：五行屬火，為獨立之雞，外溫內穩，守信重義，貴人明現，初年勞碌，中年行運，身閒心苦，晚年家道興隆；火雞女性，其人清秀，半夫半財，晚景吉昌。己酉年生：五行屬土，為報曉之雞，生性好動，遇事穩重，六親難靠，兒女早見，有貴人相扶，凡事如意，財運亨通；土雞女性，計較多變，無災無厄之命。辛酉年生：五行屬木，為籠藏之雞，品德高尚，六親冷漠，骨肉疏離，獨立奮鬥，財帛足用；木雞女性，賢淑興家之命。

　　十二種動物作為生肖的原因，或與陰陽屬性有關。例如子、寅、辰、午、

參考資料

- 張繼忠等編著《智慧王生字百科》，台北，閣林國際圖書公司，2004年1月。
- 《兒童智商180》，台北，苿麗亞出版社。
- 黃華欣講述、陳龍搜集整理〈公雞冠為什麼是紅的〉，方大倫、黃宗信主編《廣西民間文學作品‧洪水河的傳說：(來賓縣卷)》，南寧，廣西民族出版社，2000年6月。
- 郭泰《拜動物為師(一)》，台北，遠流出版公司，1996年8月。
- 竹內均編著、黃鈞浩《快樂腦10之10》，台北，月旦出版社，1993年8月。
- 吳孟芳〈乙酉年是雞年──雞的知識、經濟與文化大全〉，《大地地理雜誌》，2005年2月號。
- 竹內均著、辛奇譯《你不必擔心沒有話題》，三重，新雨出版社，1992年6月。
- PatrickLouisy 著、周正滄譯《農莊動物》，台北，曉群出版社，

2000年12月。
- 莊朝根發行《世界疑問故事》，台南，世一書局，1992年2月。
- 方兒〈雞會說話〉，《國語週刊》第184期，2007年10月7-13日。
- 楊允文編校《自然科學博物館：動物的行為(三)》，台北，人類文化事業公司，1986年4月。
- 陳游敏伶發行《兒童自然遊蹤(四)》，台北，雪山圖書公司，1986年7月。
- 鄭雯娟企畫〈動物心事一籮筐〉，《康軒學習雜誌》第90期。
- 劉遠民、傅曉玲《動物生態》，永康，2003年9月。
- JaneBurton 著、陳一南譯《動物們學習生存》，新店，人類文化事業公司，1997年6月。
- 張崇洲〈為什麼能吃蜈蚣的家雞不吃蜈蚣〉，王國忠、鄭延慧主編《新編十萬個為什麼(3)》，台南，大行出版社，1994年1月。
- 雲海〈動物也有超能力〉，《國語青少年月刊》第169期，2010年1月。

申、戌屬陽，而鼠、虎、龍、馬、猴、狗的趾或蹄都是單數，符合陰性；丑、卯、巳、未、酉、亥屬陰，牛、兔、蛇、羊、雞、豬的舌或爪都是偶數，符合陰性。當然這純屬猜測，沒有真正歷史根據，倒是地支的「酉」，用來配「雞」，這「酉」字，象徵盛酒的容器，以字的形、義、音來看，與「雞」字似是毫無關連，唯一相關的，是「酉」的五行屬金，「酉雞」是一隻金雞，金雞報曉，處處有生機，自然要飲酒慶賀。傳統中國以農立國，過春節時候，農村家家戶戶都要貼春聯，貯藏糧食的櫃子會貼上「五穀豐登」，豬

● 雞年富貴吉祥

● 公雞報曉

圈牛欄則貼上「六畜興旺」，而雞窩或雞籠則貼上「金雞報曉」。

「雞」字右邊的義是「鳥」的象形；所謂「隹」字，指的是尾巴較短的鳥形。至於左邊的「奚」字是個聲符，「奚」請「兮」，古人認為是雞叫之聲。十地支是子、丑、寅、卯、辰、巳、午、未、申、酉、戌、亥，分陰分陽，古人並且根據動物特性，配上十二種動物稱之。這可能源於古代圖騰崇拜演變出來，對於民情風俗，有頗大影響，特別是傳統的算命、擇日、地理、風水等術數，也常以為依歸。

雞 在台灣的習俗與禁忌

小孩不可吃雞爪

民間禁忌幼兒吃雞爪子，據說是怕上學讀書寫不好字，使字形如雞爪子。還有的說是怕抓破書本、怕寫字手發抖、怕與人打架。總之，由雞爪子能夠聯想到的不吉之事，都是所顧忌的原因。

四九五月雞啄沙

宜蘭俗語「四九五月雞啄沙」，每年農曆的四九五是小月，這時候稻作還沒收成，連雞都沒得吃。

老母雞的俗信

跟牛一樣受到人類敬重的動物還有雞母，也就是生過蛋孵過小雞的老母雞，有鑒於老母雞為人們「製造」了不少營養來源，加上人類敬老觀念的影響，人們對待老母雞也如同耕牛一般，有著不忍食之的情感存在，大多任其終老而死，非萬不得以才會宰殺來吃。而且只有老人才能吃，大人、小孩吃了，將會導致「粗皮」的不良後果。

丁雞酬神饗賓

供奉土地公的紫南宮，是南投縣竹山鎮重要的宗教聖地，紫南宮每年在農曆正月十五日的廟會，有一項特殊的傳統，最初是當地人家若是家中添得新壯丁，便會在元宵節當天準備「丁雞」酬謝土地公，祭拜儀式之後，再將所有的「丁雞」煮成燒酒雞，供全里的里民食用。因為相信吃了「丁雞」煮成的燒酒雞可以帶來好運，這項傳統由該宮管理委員會擴大舉行，也讓所有的信徒分享好運。就以 1999 年為例紫南宮管理委員會就準備了 4600 台斤的「丁雞」以饗全台各地前來膜拜的信徒，讓人們討個吉利。紫南宮每年農曆正月十六日請信徒吃「丁雞」已近廿年。

● 竹山紫南宮石金雞

求子雞酒謝恩

閩南和台灣一帶婦女幾乎都信奉註生娘娘，很多寺廟都奉祀著註生娘娘，香火鼎盛。婦女求子時，必向神明許願，若如願得子，必以當初允諾之禮還願。通常，

● 竹山紫南宮石金雞

富裕人家會買新的龕帳向祂致謝，一般人家，有的將廟裡供奉的麵龜、柑橘帶些回去，如願後，再加倍買來償還，俗稱「求龜」、「求柑」，同時再加上若干「雞酒」和油飯，以答謝賜子之恩。

● 滿月蛋

嬰兒出生三朝禮送雞酒到娘家

嬰兒出生三日，稱為「三朝」，當日又有「洗三」儀式。北方人以艾葉、花椒等草葉湯洗嬰兒，邊洗邊唸祝辭，以驅邪災。在台灣，一般是請接生婆來給嬰兒洗澡。洗嬰兒的「洗身驅水」，十分講究。按例是用桂花心、柑仔葉、龍眼葉、小石頭，及十二枚銅錢煮成。柑葉，是希望這孩子，將來作人能像橘子或龍眼那般甘甜，而事業或子孫也要像橘子或龍眼那樣繁榮。而十二枚銅錢是希望給嬰兒帶來財運，是古代「洗兒錢」的遺俗。洗澡時，用石頭在嬰兒胸前輕觸三下，希望小孩長大後較好膽，也有「頭殼硬、身體勇」的含義。洗完後，為他穿上由祖母準備的「紅嬰仔衫」。在沒有塑膠尿褲、紙尿布之前，一般用舊衣作屎布，直到滿四個月後，才穿「肚線褲」。穿上新衣後，將嬰兒抱到正廳去，祭拜神佛祖先，並為嬰兒取名，稱為「三朝之禮」。此日，祭神用作牲禮的「雞」，其腳直伸不可內折，俗說「腳長有食福」。倒酒時，只能一次倒滿，如此嬰兒就能守規矩，不會到處撒尿。祭拜完了，還將油飯和「雞酒」，送到產婦的娘家報喜，謂之「報酒」。這時親戚朋友都來祝賀，主人家也煮油飯分贈媒人、親鄰。

滿月雞酒

「作滿月」時，外家和親友會送來豐富的賀禮。主人也要以雞酒、油飯答禮，也有人備酒席宴客。在台灣，外家除贈送紅龜粿、香蕉、蠟燭、紅桃、紅圓等物，也會送「頭尾」給外孫。頭尾，是指嬰兒從頭到腳所要穿戴的全部衣物，包括帽子、衣服、鞋襪、背兒帶（揹巾、蒙被）以及金銀打製的飾物，如帽

徽、掛鎖、狀元牌、麒麟送子牌、手鐲、腳鍊、項圈、鈴噹和嬰仔車等物。若生女嬰，則不可送揹巾，因巾、斤同音，怕會生下1斤（16兩）的女孩。

帶路雞

台灣人婚禮習俗中常見的「帶路雞」，從客家婚禮演變而來。「帶路雞」由一公一母組成，以體型豐盈者為佳，女方家長負責準備，並用9尺長的繩子繫

● 你儂我儂的帶路雞

住置於籃中。因台語「雞」與「家」同音，「雞」者，也代表「起家」、「安家」之意。9尺的繩子又有「久」的借諭，希望小倆口能夠長長久久，最好還能像雞一樣生產力旺盛，子孫滿堂。所以，一路帶進新人房裡的雞，放置床下，若當日即能下蛋，就是再好也不過的了。

帶路雞是結婚當天由女儐相用花籃子提著，隨新娘禮車到男方的一隻公雞和母雞，雞隻帶往男方家後，放置新床下，隔天放出，看兩隻雞的先後，判定頭一胎的性別。其中不難看出農業社會家族勞動力的大量需求，直接反映在婚姻禮俗。

忌雞腳屈入雞腹及分三巡斟酒

台灣民俗忌雞腳屈入雞腹及分三巡斟酒，嬰兒洗完澡、乞完好緣奶，喜家隨即著手備辦雞酒、油飯及牲禮、香燭、金紙，敬告自家的祖宗神明或到廟寺對註生娘娘許願酬謝。這一天敬奉神明的雞腳與通常敬神的雞腳不同，通常雞牲禮是將雞腳屈入雞腹內，這次則要完全放直，取意嬰兒：「腳骨長，有食福」。且敬神的酒，要一次斟滿酒杯（通常敬神的酒是分三巡注滿），取意嬰兒一次放完屎，免得母親麻煩多換尿布。

忌母雞啼叫

台灣俗信公雞來啼叫是正常，若母雞啼，究屬反常現象，人們便以為是凶

兆；且俗語有「雞母啼，頭挾紙錢」。母雞的啼叫，被人們視為心頭上的忌諱，必須將母雞殺了，斬下雞頭，連同冥紙紮在竹竿，豎於田頭田尾，以祈消災。

● 烏骨雞湯

無肉配三牲，「卵」來

　　客家人一般民間習俗，每逢節慶祭祖拜神，多以三牲為主：豬肉、魚、雞鴨，如果家境不好的話，則很多以雞鴨「卵」湊數，故這則歇後語「卵來」，與「亂來」諧音，而歇後語又多以諧謔及調侃為主，故頗為傳神。如某人行事不按一般禮俗，或打牌遊戲，不按牌理出牌或不遵守遊戲規則，均可以此歇後語消遣他。

生會過手雞酒香，生未過手四塊板

　　從前的人，臨盆生子是很危險的事，死亡率很高，所以台灣有句諺語：「生會過手雞酒香，生未過手四塊板」，意思是產婦順利生產了，做月子天天有香噴噴的麻油雞酒吃。現在醫院設備齊全，產婦因難產死亡的機會少之又少，可是在那沒有西醫師的時代，除了求產婦保護神臨水夫人及祖先保佑之外，其他的就束手無策，家屬僅能呼天搶地看著難產的產婦撒手西歸。

會呼雞袂歕火，會飲茶袂食粿

　　台灣俗語：「會呼雞袂歕火，會飲茶袂食粿」，「呼雞」是呼叫雞來吃飯，「歕火」是用吹管把火吹焰、吹烈。呼雞和歕火都是輕而易舉的工作，可是累得沒有力氣的時候，雖然能呼叫雞回來吃飯，卻不能把火吹焰，因為吹管用的力氣比叫雞要大些。同樣道理，沒有力氣的人喝水可以喝得下，但是吃粿就沒有力氣吃下去，所以台語形容一個很疲憊不堪的人為：「會呼雞袂歕火，會飲茶袂食粿」。

雞 相關的器物

● 早期農村小雞籠

● 台灣布農族的雞籠

雞籠

　　農業時代的農家大都有養雞和養豬。養雞除了自家食用之外，通常會多養一些出售，增加收入以貼補家用。雞販常騎著腳踏車載著雞籠，在鄉間收購成雞，鴨、鵝也會一起收購。一般雞籠的體積比腳踏車後座大出許多，所以在車架上綁幾枝木條，再將竹製雞籠綁在上面。當雞籠裝滿雞隻時，腳踏車就只能用推著走了。通常雞籠是圓形的，下半部竹編比較密，中間到頂縫就較大，禽類的頭可以伸出籠外透透氣，同時也散去籠中的熱氣，以免中暑。籠子上方留有小圓洞，這是雞隻出入口，用竹篾編成一個圓平的蓋子綁住，以免雞隻跑出來。

　　舊社會的農家，對竹編的雞籠印象最深刻，因為家家戶戶都養一大群雞，大雞、小雞、公雞和母雞，滿院子跑，有時還會溜進房子湊熱鬧。清晨公雞一啼，就打開雞寮的籬笆門，讓雞出去打野食，順便撿雞蛋。傍晚時雞紛紛歸眷，等天暗下來，再提煤油燈去清點一番，看有沒有短缺。

雞舌

　　台灣建築「雞舌」，在斗拱的最上層與桁木相接之間的長形構件，尾端作成雞舌狀，故名。是一種加強穩定的構件。

參考資料
- 任騁《中國民間禁忌》，北京，中國社會科學出版，2004年1月。
- 秦草《對禁忌與迷信的101個問題》，台中，好讀出版公司，2005年12月。
- 林明峪《台灣民間禁忌》，台北，聯亞出版社，1983年8月。
- 江宜蓁〈中國人的求子與育兒習俗〉，《世界地理雜誌》第224期，2001年4月。
- 賴靜怡等撰稿《客家小小筆記書：禮俗篇》，台北，行政院客家委員會，1993年10月。
- 吳詩池、邱志強《文物民俗學》，哈爾濱，黑龍江人民出版社，2003年10月。
- 張訓卿〈無肉配三牲「卵」來〉，《聯合報》，2000年6月30日。
- 林瑤棋《醫學遇見民俗》，台北，大康出版社，2004年11月。
- 黃文車採錄〈一隻雞母，一工生兩粒雞卵〉，黃文車主編《屏東縣閩南語民間文學集3：下東港溪流域篇》，屏東，屏東縣阿緱文學會，2012年12月。

雞毛拂

「雞毛拂」（雞毛撣子），民間用雄雞毛造拂塵具，雞毛雞骨可作肥料，廢棄物有使用價值。彰化埔鹽鄉豐澤村是傳統雞毛撣子手工藝製作的地方，雖然利潤微薄，但是業者已經與雞毛撣子產生深厚的感情，至今仍然有人守著這個傳統的產業。

相關的藝術表現

● 小雞破殼而出的花燈

雞的剪紙藝術

「抓雞娃娃」，雞是「吉」的諧音，「抓雞」就是把「吉祥」抓回家裡。黃土高原著名的剪紙圖騰「抓雞娃娃」，圖中的牡丹花象徵富貴、石榴象徵多子多福，這是代表著生命意義的吉祥圖像，亦可用來避邪。

蛋雕藝術

在台灣，利用蛋殼做為雕刻材質的人並不多，蛋殼除了體積小，可供發揮的空間相當有限之外，更重要的原因是它脆弱不堪碰撞，一不小心，很可能就使得心血結晶前功盡棄，化為烏有。

## 相關的動植物

雞冠莿桐

「雞冠莿桐」，又叫海紅豆、雞公花，屬於蝶形花科落葉喬木，故鄉在巴西，是阿根廷的國花及智利的國樹哦！它的枝幹及葉柄其實並沒有刺，但是因為它的親戚們有長刺的特徵，所以家族成員的名字裡，就全都有「莿桐」兩個

字。雞冠莿桐的葉子呈橢圓形，是由三片葉子組成的複葉。每到春夏之間，樹上深紅色的花一串串綻放，很像熊熊火焰，格外引人注意，非常適合當作庭園綠蔭樹及行道樹。另外，它的花瓣也很特別，像湯匙一樣。

雞蛋花

● 雞蛋花樹

「雞蛋花」，即「緬梔」，原產墨西哥，屬於夾竹桃科，落葉喬木。由於葉子掉光的時候，樹幹光禿禿的，很像鹿角，所以也叫「鹿角樹」。郁永河〈台灣竹枝詞〉之六：「青蔥大葉似枇杷，臃腫枝頭看白花；看到花心黃欲滴，家家一樹倚籬笆。」形容的即此樹。

雞蛋花，枝粗壯，假二叉狀分叉。每年的 4-10 月是盛開的時候，花瓣有中心黃色和中心紅色兩種。其中一種花瓣外部為白色，而花心為鵝黃色，看起來很像水煮蛋，因此大家就依它的外形，稱它為「雞蛋花」了。也有人說：因為它盛開前的花苞，長得像一顆雞蛋，因此而得名；還有人覺得，那是因為它的花瓣像一顆切開的水煮蛋呢。熱情的夏威夷人還會用不同顏色的雞蛋花，編製成花環，歡迎賓客到來。

參考資料

- 陳慧敏總編輯《流傳在每個民族的傳說：布朗族》，中和，永詮出版公司，1994年5月。
- 王國祥〈白雲生處有人家——布朗族風土記〉，顏其香主編《中國少數民族風土漫記（上）》，北京，農村讀物出版社，2001年3月。
- 吳美榮〈舊物新述——民生篇畜牧類（一）〉，《人與地學訊》第75期，2013年10月。
- 李乾朗《傳統建築入門》，台北，行政院文化建設委員會，1984年6月。
- 江喜美〈拔雞毛做毽子〉。
- 山曼、喬方輝、孫井泉《山東民間玩具》，山東濟南，濟南出版社，2003年9月。
- 殷登國《中國人的一生》，台北，世界文物出版社，1988年12月。
- 林馬騰《古物舊事世代情》，金門縣文化局，2013年7月。
- 柳用能《新疆古代文明》，烏魯木齊，新疆美術攝影出版社，1999年1月。
- 宜和〈毽錢〉，《國語日報》，1990年5月20日。
- 國琪〈艷紅欲滴巧色天成：麗質天生的雞血石〉，《紫玉金砂》第12期，1994年9月。
- 陳京〈關於雞血石〉，《國立國父紀念館館刊》第11期，2003年5月。
- 周寧靜〈把運動場包起來——巨蛋體育館〉，《益智國語周刊》第278期，2006年2月26日-3月4日。
- 李承倫〈環遊世界挖寶趣〉，新店，新時代能量寶石公司，2007年9月。
- 簡榮聰〈雞的俗信雜記〉，《台灣新生報》，1997年5月12日。
- 邱建一〈當兔子毛遇見畫法家〉，《行天宮通訊》第198期，2012年5月。
- 潘天壽《毛筆的常識》，台北，莊嚴出版社，1988年10月。
- 夏元瑜主編《未來的機器人》，嘉義，明統圖書館。
- 孫遠謀、陳國強《仙山留聖跡夢夢說傳奇——何九仙夢文化初探》，《台灣源流》，2000年3月。
- 田自秉《中國工藝美術史》，台北，丹青圖書公司，1986年5月。
- 劉三豪〈龍嘴象耳話邊瓷〉，《生活選集》第一輯，中央日報社，1979年2月。
- 張麗端〈雞鳴憂天下白——簡介故宮幾件以雞為題的器物〉，《故宮文物月刊》第118期，1993年1月。
- 陳夏光〈玉版清玩〉，《故宮文物月刊》第115期，1992年10月。
- 秦立鳳〈大陸文物資訊〉，《典藏古美術》第132期，2003年9月。
- 沈文台〈隻手雕人生——蛋雕藝術〉，《國語日報》，1998年6月28日。

雞蛋花被佛教寺廟視為「五樹六花」之一，它可是佛教的代表花朵之一。夏威夷以不同顏色雞蛋花編製成花環迎賓，或是製造香水、香皂和化妝品等。雞蛋花除了可以當庭園樹，還可以拿來做香水的原料，是經濟價值頗高的植物。

野雞冠

「野雞冠」，即青葙、草決明，原產於熱帶美洲。在台灣生長於全島平地。一年生草本，莖直立，全株無毛。野雞冠是雞冠花的親屬，花型似燃燒的火焰，它的生性極強健，四季都能開花。野雞冠可栽培於花壇或盆栽中供人觀賞。

雞眼草

「雞眼草」，分布於中國、日本、琉球及韓國和台灣北部山野。一年生草本，莖高 10-30 公分，由根部多分枝，葉密，互生，三出複葉，小葉有短柄，長倒卵形，質韌而有細毛。

雞屎樹

「雞屎樹」，茜草科，有多種，台灣產的有十六種，如毛雞屎樹、台灣雞屎樹、薄葉雞屎樹、琉球雞屎樹、柯氏雞屎樹、文山雞屎樹、圓葉雞屎樹等，為常綠灌木，果實依種類不同有白色、藍色、紫色等。

琉球雞屎樹

「琉球雞屎樹」，枝條光滑或疏被毛。葉對生，近革質或紙質，花冠漏斗大，白色或粉紫色，裂片五，外側無毛，內側被毛。核果，球形，藍色。

雞肉絲菇

白蟻種的「雞肉絲菇」，屬於菇類。白蟻喜歡吃雞肉絲菇，所以會築巢穴在附近，見到雞隻向下挖，就會發現白蟻巢。

吳厝廖姓禁吃雞頭

相傳某位廖姓祖先家貧,為了赴宴,特地借來一套長袍馬褂穿。酒宴時,跟去的孫子一見雞盤端上,即嚷吃雞頭,阿公知吃雞頭失禮,哄也不是,罵也不是,又恐哭鬧,眾目睽睽下,只好訕訕地任孫攀上桌,伸長筷子挾,不料雞頭一滑,滾入阿公懷裡,染漬了大片衣襟,場面弄得十分尷尬。回家後,眼看那套髒了的袍褂遲遲不敢歸還,從此發誓,姓廖的後代子孫一律不准食雞頭。在今西螺通往虎尾途中的吳厝,仍代代流傳此項特殊風俗。

雞酒

農曆 7 月 7 日為七娘媽誕辰,依照台灣的習俗,家家戶戶為祈求子女長大成人,都盛祭七娘媽。除供奉鮮花、水果、牲禮外,還要特製雞酒和油飯,作為祭品。

麻油雞酒原本是婦人坐月子的補品,現在也成為餐桌上常見的湯品,和一般不同的是,起鍋前再放一些米酒便立刻關火,新放的米酒保存了酒精濃度,喝起湯來有濃濃的酒味。

雞捲

據說「雞捲」是從中國福建流傳過來的食物。以前,當地人生活十分儉樸,覺得把吃不完的菜餚倒掉,實在很浪費,於是,有人想出用豆腐皮將剩菜加上魚漿捲起來,然後放到油鍋裡炸,就變成一道好吃的菜餚了,稱為「加捲」。傳到台灣後,把閩南語的「加捲」,轉成國語發音就變成「雞捲」了。

三杯雞

「三杯雞」原本是一道山西的傳統名菜,傳到台灣後加以改良,風味也更濃郁鮮香。三杯雞選用未成年的仔雞,加上一杯油、一杯米酒、一杯醬油燉製而成。相傳三杯雞的由來是南宋抗元將領文天祥帶兵轉戰各地,後因失利而被俘,其中有一位感念文天祥抗元的老婦人,到獄中探望文天祥,並在獄卒的幫忙下,製作了這道菜給文天祥食用。三杯雞也因此流傳至今,成為一道名菜。

左鎮桶仔雞

「桶仔雞」的作法甚為簡單,卻極具鄉土味。米酒、五香、蒜頭、醬油、鹽巴等配料混合攪拌後,將已清除內臟的放養山雞放進浸泡一段時間後撈起,全

● 民間相信烏骨雞非常補身體

雞抹上鹽巴後，從臀部切口倒插進釘在地上的木樁上，再以空沙拉油桶罩住，桶外堆置木柴，點火燃燒，約 40 分鐘即可熟透，再切盤上桌，沾醬料食用。

楠西梅子雞

　　台南市楠西區梅嶺，「梅子雞」已然成為特色小吃。梅子雞端上桌後，必須再以文火慢慢燉，慢慢吃，紫蘇梅等佐料原味才會跑出來，滲透進雞肉及高麗菜裡，才能嚐到「梅子雞」的真滋味。又，梅子是鹼性的，雞肉是酸性的，因此多吃無妨，且不厭膩，何況梅子又具開脾胃之效呢！

關廟鳳梨苦瓜雞

　　「鳳梨苦瓜雞」是台南市關廟地區的特色小吃，在關廟地區各土雞城均可嚐到這道佳肴。

　　鳳梨是關廟地區的特產。鳳梨除直接販賣當水果食用外，亦製成罐頭產銷國內外。鳳梨罐頭分甜、酸兩種口味。甜的可以直接開罐食用，酸的則必須經過烹調之後才可食用。

參考資料
- 盧英蓁〈吳厝廖姓禁吃雞〉，《台灣月刊》第 181 期。
- 大方主編〈吃在台灣（下）〉，《書報精華》第 282 期。
- 林瑞珠〈回憶中的客家菜〉，《台北畫刊》第 477 期。
- 涂順從《南瀛生命禮俗誌》，新營，台南縣文化局，2001 年 5 月。
- 翎栩〈有動物的食物名〉，《國語週刊》第 1335 期，2007 年 5 月 20-26 日。
- 李氏杏花〈艋舺聽書‧六月的水雞七月　〉，林川夫編《民俗台灣》第一輯，台北，武陵出版社，1990 年 1 月。
- 許憲平《南瀛小吃誌》，新營，台南縣政府，2000 年 11 月。
- 冠年〈有鳳來儀話鳳梨〉，《大同雜誌》，2006 年 8 月號。
- 簡錦玲〈茄芩〉，《台北畫刊》第 418 期，2002 年 11 月。
- 李敏〈這樣吃肉類才健康：完全肉類食用法〉，中和，華威國際，2012 年 4 月。
- 鄭元春〈十一月的野花〉，《綠園藝生活雜誌》第 7 期，1989 年 11 月。

紅冠水雞

　　「紅冠水雞」，是台灣普遍的留鳥，是水雞的一種，也是屬於水禽類的鳥，屬於秧雞科，身長約 33 公分。全身的羽毛大多是黑褐色，嘴巴基部一直連到額頭是紅色，嘴巴的尖端是黃色，腳呈黃綠色，脛基紅色，唯有側邊帶有白色橢圓形斑點。

　　紅冠水雞很會游泳，屬於游泳的鳥類，經常浮游於水面。浮游時頭部會隨著腳部的划水而上下點頭，尾巴也會跟著翹動，非常有趣。

　　紅冠水雞雖是鳥類，但是飛行能力差，因此很少飛行。除非受到驚嚇或發現敵人時，才會展翅起飛。紅冠水雞飛行的時候，必須助跑一段距離，通常牠們只會飛一小段距離，就會停在水上或草叢中。幾乎所有的水雞都是徒有一雙翅膀，飛行能力卻弱，往往飛不到幾尺高，就得趕緊降落，主要原因還是由於牠們長期生活在水邊，靠捕小魚、小蟲為生，極少飛行，久而久之翅膀也就退化了。

深山竹雞

　　「深山竹雞」，又名台灣山鷓鴣，台灣特有的鳥類，屬於雉科。牠們的體型肥胖，身長大約22-27公分，羽帶紅褐色，臉頰、喉部是白色，眼週黑色，胸及體側灰藍色，由於腳為紅色，所以又叫「紅腳竹雞」。

　　深山竹雞普遍分布於 300 至 2300 米間茂密的闊葉林底層，活動極隱密，幾乎不可能見到，因為生性害羞，加上警戒心強，只要附近一有動靜，就會趕緊躲起來。通常安靜的於林中潛行覓食，以植物嫩芽、種子、漿果及昆蟲為食。

　　每當晨昏之時，在山區裡經常可以聽到牠們宏亮而有節奏的鳴唱聲，由於鳴聲固定於清晨和黃昏，故台灣布農族人稱其為「報時鳥」，叫牠 saq-vang。

雞 相關的醫藥及醫療

雞頭米

「雞頭米」，另名「芡實」，為睡蓮科植物草本的成熟種仁。功能益腎固精、祛溼止帶、補脾。用於脾虛久瀉、腎虛遺精、白濁帶下。

紅雞公

「糙葉金錦香」又名「糙葉耳藥花」，由於其枝條紅褐色，故又名「紅雞公」。全株密被剛毛，葉脈為基生五出脈。全株可用於經閉、風溼關節炎、支氣管炎、哮喘、腸炎、吐血、便血、咳血等。

活雞血

在台灣據說「活雞血」也有醫療上的用途，當人遭勒斃快死的時候，如果趕快抓一隻雞，用刀子砍下牠的脖子，利用噴出來的血趕緊送進患者的口中就可以讓他甦醒。

雞屎藤

「雞屎藤」，茜草科，多年生常綠蔓性纏繞草本植物，全株具有特異之臭氣，莖葉揉擦時有雞尿的味道，故名「雞屎藤」。客家語稱「雞屎藤」、「雞糞藤」。

雞屎藤也是一種中藥材，藥用部分根部、莖葉，根有祛痰、鎮咳、祛風、止瀉之功。

雞蘇

辛而微溫，清肺下氣，去痰止咳，又名水蘇。全草可以入藥。

雞冠花

　　雞冠花是酷熱夏季的代表性花卉，它因為花朵的瓣片（花被）含水量很低，所以不怕乾旱，花期也很長。雞冠花對環境的要求不苛，經由園藝學家的不斷育種，現在已經有球團型、掃帚型、槍矛型、羽毛型等不同外觀的新品系，而紅、橙、紫紅、淡黃、粉紅等花色爭奇鬥豔，更增加了它的觀賞價值。

　　雞冠花藥用部分：花、莖、葉、種子皆可藥用。具有涼血止血、止痢、調經、養血的功效。李時珍著《本草綱目》亦記載雞冠花之苗、子、花的氣味甘涼，無毒，以及它的主治效用。

雞爪樹

　　「雞爪樹」別名「鷹爪樹」、「假鷹爪」、「酒餅葉」、「香水樹」，客家語稱「雞爪風」。性溫，具化氣消滯、驅風止痛之功。

鐵雞蛋

　　「鐵雞蛋」，即「腎厥」，又稱「球蕨」、「鳳凰蛋」，蓧蕨科。腎蕨球狀塊莖似腎形，可能因此而得名。多年生草本植物，根莖短小，根下有球形塊莖，有貯水的功能，並富含澱粉，民間稱為鐵雞蛋，鄉間小孩常採取當野果吃食，亦可刮除外皮後炒食。塊莖可用於解熱等，並有解毒之效。

參考資料

- 張勳舫〈國花〉，《國語周刊》第 265 期，2009 年 4 月 26 日 -5 月 2 日。
- 劉還月《田野工作實務手冊‧莿桐花與牛車──從文物看馬卡道族的傳統習俗》，台北，常民文化事業公司，1996 年 4 月。
- 蔡碧麗、林德勳、許逸玫《瑞岩溪野生動物重要棲息環境植物簡介（一）》，行政院農委會林務局南投林區管理處，2004 年 5 月。
- 張勵婉等《蓮華池亞熱帶常綠闊葉森林動態樣區：樹種特徵及其分布模式》，台北，農委會林試所，2012 年 4 月。
- 葉綠舒〈瘧疾剋星金雞納樹〉，《國語日報》，2017 年 4 月 18 日。
- 〈源來如此──影響歐洲人殖民腳步〉，《國語日報》，2017 年 4 月 18 日。
- 〈抗瘧疾新利器──青蒿素〉，《國語日報》，2017 年 4 月 18 日。
- https://zh.wikipedia.org/zh-tw/%E5%B1%A0%E5%91%A6%E5%91%91。
- 吳孟芳〈乙酉年是雞年──雞的知識、經濟與文化大全〉，《大地地理雜誌》，2005 年 2 月號。
- 謝顗《台灣的鳥類》，台北，自然科學文化事業公司出版部，1980 年 9 月。
- 黃書瑋〈乙酉談雞〉，《中華寶筏》第 27 期，2005 年 3 月 10 日。
- 劉明太等編寫《動物故事（上）》，台北，建宏出版社，1994 年 7 月。
- 韓聯憲〈森林中的彩虹──白腹錦雞生活錄〉，《大地地理雜誌》第 60 期，1993 年 3 月。
- 李勉民執行編輯《中國珍稀動物》，香港，讀者文摘亞洲公司，1985 年。

地名考

台灣雞籠

雞籠（基隆）命名之沿革與傳說：

（一）相傳明朝末年，福州地區的漁民冒險渡海來到台灣北部討生活。這些福州移民因為思鄉情切，站在高山上常可聽到黑水溝對岸家鄉福州的雞叫聲，這座山因此就被稱為「雞籠山」了。「雞籠」也就成為這個地區的初名。

（二）在漢人未開墾之前，凱達格蘭平埔族早已住在此地過著原始生活數千年，後來漢人將其聚居的地方稱為「大雞籠社」、「大雞社」、「雞籠社」。「雞籠」由社名而變為地名。

（三）有些學者考據，「雞籠」之名，其實源於譯自原住民之語。雞籠的原住民自稱為 Ketalangalan（凱達格蘭），後來的漢族移民刪去中間的幾個發音，以閩南方言翻譯為 Kelan。則 Kelan 與閩南語「雞籠」音近，因而得名。當時多譯作「雞頭籠」，簡稱「雞籠」。

（四）原住民凱達格蘭平埔族原稱之 Ketagalan，意思是「看得見海的港」，其東方有基隆沿海最高山名雞籠山，從海上遠眺望去，可以看見基隆港後方極似罩雞的大籠子，故稱「雞籠山」。此

● 日治初期的基隆港

山地標明顯，每當福州、廈門等地帆船駛近，望見該山，即知道已經抵達台灣了。則「雞籠」是以山之形命地名。

（五）由於基隆三面環山，一面臨海，地形似「雞籠」，靠海處即雞籠出口，因而得名。

南投縣草屯鎮雞胲厝

南投縣草屯鎮敦和里李宅古厝「三邊堂」，已近二百年歷史，因當年李姓主人與建屋師傅間的一段典故，而有「雞胲厝」俗稱及「大船載出、小船載入」傳說，在李家後代與鄉里間流傳，並認為李家興衰與此有關。

三邊堂後代李竹木指出，其先祖李元光在清朝渡台定居草鞋墩後，由於三子李東邊擔任清朝官員，決定在三邊堂現址興建宅第與公廳，並前往大陸邀請當時相當知名的唐山師傅來台建厝，所有建材也全來自唐山。這位唐山師傅以嗜吃「雞胲」聞名，為人敦厚的李東邊每曰：殺一隻雞款待他與徒弟，但因擔

心雞胗被其徒弟吃掉，特地烘乾保留。但唐山師傅心想，你明知我愛吃雞胗，雖然每天殺雞卻不給我雞胗，就故意在屋樑上畫一艘船頭朝外的大船，並暗中設下咒術，要讓李家衰敗。

　　現今三邊堂古厝僅殘存斑駁、老舊的門樓與正廳，周圍的庭院等土地也已分割建屋，但從其精細的雕工與裝飾，不難窺想昔日富麗堂皇的豪宅風貌。而「雞胗厝」充滿傳奇性的典故，在鄉里間輾轉流傳，已成為地方軼聞。

台北三峽白雞山

　　巍峨的「白雞山」，海拔 734 米，山勢雄偉，是台北三峽著名的景點。為白雞三山之一，是一座大岩峰，頂峰展望良好，由登山口右轉，過一座白鐵蓋小橋，即可看到一條很長、很直的山路，這是昔日的運煤鐵道。1945 年，三峽白雞一帶爆發瘧疾，由於就醫不便，傳染速度極快，當時，經營海山二坑的玄空師父，得知白雞山居民的困境，義不容辭地將礦場的輕便車，調度作為緊急送醫的交通工具。同時，玄空師父為消災祈福，便向恩主公請示聖意，經聖示恩准，於是在礦場事務所內安奉神龕，奉祀關聖帝君，並獲聖示賜名為行修堂。

高雄雞心嶼

　　「雞心嶼」位在高雄港口，據《鳳山縣采訪冊》載：「涼山嶼下有雞心礁，另在海底，潮退則見」。打狗港在清光緒初年，港內水深大部分在 0.6 米以上，惟有港口附近約有 6 萬餘平方米水深達 2 米半，得停泊帆船及小型船隻，港口中心水深雖達 5-9 米，但雞心岩突出，大型船舶僅能停靠港外，以小船接駁入港。雞心嶼，其礁如雞之心臟，附近岩礁起伏，潮流湍急，阻礙船隻的進出，海難叢生，洋船常藉此要求賠償，糾紛多。日治時代築港第一期工程進行後，已將雞心嶼炸除。

● 日治初期的打狗港內一景

參考資料
• 林衡道《尋根探源》，台北，黎明文化事業公司，1992 年 6 月。
• 徐麗霞〈雞籠積雪〉，《中國語文》第 528 期，2001 年 6 月。
• 邱素鄉整理《宋楚瑜筆記 2：一步一腳印一塵即大地》，台北，地球出版社，1994 年 10 月。
• 曾玉昆《高雄市地名探源》，高雄，高雄市文獻委員會，2004 年 12 月。
• 陳界良〈草屯雞胗厝傳奇興衰史〉，《中國時報》，2003 年 12 月 7 日。
• 凌復華〈悠然見南山——行修宮與白雞山步道〉，《行天宮通訊》第 155 期，2008 年 10 月。

雞桑

「雞桑」即桑樹，俗名「白桑」、「家桑」、「小葉桑」、「桑仔」。雞桑木材可製農具，樹皮含纖維可製紙，葉可飼蠶，果實可食或釀酒，果實（桑椹）富含維生素 A、C、B 等，有滋養強壯、祛風、明目之效。

雞鵤刺

「雞鵤刺」，菊科，別名「雞鵤刺」、「雞薊卷」、「雞觴胎」、「大小薊」、「雞公刺」、「白雞角刺」、「白雞過刺」、「牛母薯刺」、「濱刺」。甘、涼。全草及根有涼血活血、祛瘀消腫、解毒利水、補虛之效。

雞腳紅

在台灣據說「雞腳紅」也可以用於醫療用途，主要用於炎症。

雞蛋擦敷瘀青

淤青是指我們身體被堅硬的東西撞到所生成的紫黑色淤腫。不論是身體健康還是弱小的人都有可能會淤青。因為在我們身體皮膚裡面有微血管，當皮膚被堅硬的東西撞到，雖然沒有破皮，但微血管會破裂，流出來的血並未隨著血管流走，硬掉之後就變成淤青。淤青會是青綠色或紫黑色的原因是，經由眼睛透過皮膚看血液的關係。很多人如果淤青就會用雞蛋揉一揉，可是雞蛋其實並沒有特別的效果。不管用小鳥蛋還是用小李子，只要去揉淤青的部位，都有助於血液循環，可以很快消除淤青。很多人會用雞蛋而不用小鳥蛋或小李子，主要也是因為雞蛋比較方便握在手上的緣故。

 相關的傳說故事

● 日治時期打狗港旗後市街

雷公

　　台灣民間故事，雷公是作牝雞形的。傳說有某家的婦人正要生產孩子，這一家的雞籠上正掛著產婦的褲子，剛好雷公從這雞籠的地下要上來，可是糟了，污穢的產婦褲子在頭上，雷公也無法施展神通，只好困在雞籠裡。在這當下有一個小偷兒，正偷偷摸摸走進這一家來，看見雞籠裡的雷公，以為是一隻肥大的牝雞，連忙把雞籠掀起，把牝雞抱過來，雷公因為污穢物已除，馬上恢復神通力。據說雷公因為感謝這小偷救助之恩，以後就不擊打小偷兒了。

林道乾傳說故事

　　台灣民間故事，林道乾在打狗山打獵，抓到一隻錦雞。錦雞是雞中之王，據說牠啼叫後，其他雞才啼。後來遇到異人，得到三隻神箭，供在神桌上 100 天。預備在第 100 天錦雞叫的時候，向西北方北京城射去。林道乾的妹妹照料錦雞，深怕錦雞亂叫誤事，用黑布罩住雞籠，錦雞不見天日，前 99 天都不啼。第 100 天的子夜，林道乾的妹妹緊張得睡不好，起來抱錦雞。錦雞以為人既然醒了，大概天快亮了，結果錦雞一啼，眾雞皆啼。林道乾一聽雞啼，起來取箭，連射三箭，射在還未上朝的皇帝寶座上，皇帝上朝時看見座上三支箭，刻名林道乾，遂下令緝拿。林道乾從打狗逃出，明軍沒抓到他。後來據說脫走南洋羅洲，在那裡據地稱雄，為了防守，仿照西洋兵器技術，鑄成銃（砲的舊稱），但試放的時候，沒想到兵銃爆開來，打死自己。

雁情嶼及雞籠嶼的傳說

　　台灣澎湖民間故事，現在沙港的西方及西北方有二座小島，一座叫雁情嶼，一座叫雞籠嶼。相傳兩座島嶼本來是連在一起，是一對恩愛情侶的死後化身。

但因為八仙之一呂洞賓下凡出巡，經過澎湖天台山時，不小心掉落身上的「斬仙劍」，而將島嶼分開，並在天台山上留下仙腳印。兩座島嶼被分開後兩地相思，時常利用夜晚見面。所以到晚上，便可以看到兩座島嶼靠向彼此。

關聖帝君斬雞精

台灣澎湖民間故事相傳，從前地方上鬧雞精，有人結婚，雞精就來作祟。有一次一個女孩要結婚，信奉聖帝祖（關聖帝君）的她，早晚都上香拜拜。出嫁的前一晚，聖帝祖來託夢，要她明天帶著祂的香火過門，若有什麼事，只要呼請祂的名號就會馬上到。成親那晚，雞精出現了，女孩急忙呼請聖帝祖，只聽得聖帝祖大喊一聲「斬」，青龍寶刀一出鞘就把雞精斬了。從此以後便再也沒有雞精作祟了。

從肖 雞 看性格運勢與命理

生肖屬雞者，為夜郎自大型，不害臊且膽子大。多才多藝，才能出眾。一般人說話的時候，「思」與「言」是一致的，也就是說「想到哪裡，嘴巴就說到哪裡」。但是雞年生的人頭腦非常靈活，思慮也非常快，所以在說話的時候，常常會有急躁的表現，也就是嘴巴說出來的話趕不上腦中所思慮的，所以講出來的話就會有斷句或口吃現象。想要改進這種現象，只有訓練腦筋的思慮要放慢一些，就可以「思」與「言」相一致，口吃的現象就會慢慢消失了。

交際廣，待人熱情，很受人歡迎。性子急反應快，做事有條理，行動有

參考資料
• 林川夫編《民俗台灣‧雷公與雷母》第五輯，台北，武陵出版社，1990年7月。
• 葉振輝《高雄市俗語與傳說故事》，高雄，高雄市政府文化局，2004年11月。
• 陳自強等採錄〈雁情嶼及雞籠嶼的傳說〉，姜佩君編著《澎湖民間傳說》，台北，聖環圖書公司，1998年6月。
• 鄭慈安等採錄、姜佩君初稿〈關聖帝君斬雞精〉，金榮華整理《澎湖縣民間故事》，新店，中國口傳文學學會，2000年10月。

計畫，有先見之明，是理想的幹部人才，多勞碌還要操心別人，十分熱情。

● 丁酉雞神
將臧文公

雞人的進取心很強，凡事都很認真的去做，惟有的時候會操之過急，看到他人的操作較為遲緩，就會嘮叨地責怪並且催促之，也許沒有惡意，卻遭來他人的討厭。尤其是女性，更是嘮叨個不停，以致遭到他人之不滿，甚至吵起來。

雞人律己甚嚴，他們不會輕易降低標準便宜別人，他們厭惡做事馬虎，態度敷衍，也無法睜一隻眼、閉一隻眼，所以常常會對看不順眼的事物嘮嘮叨叨念個不停，雞蛋裡挑骨頭。因此很容易給人神經質、愛嘮叨的印象。

雞人說話命中主題就不留餘地，只是一不小心，過於犀利，就會傷害了友誼。雞人喜歡爭辯，別人的意見卻不愛聽，做錯事不肯改。奉勸雞人得饒人之處且饒人。

雞人做事熱心、有條有理、一絲不苟，工作能力也強，其待人處事的態度都很好，會給人很好的印象。當然也不是每個人都是如此，有些人也是昏昏沉沉、渾渾噩噩，缺乏進取心，好像要休息睡覺的雞，自然也沒有競爭力，做事也較缺乏條理。

雞人具有前瞻力，有先見之明，比人早想到幾步，也比他人想得多一點。所以有妥善處理事務的能力，做起事來較有計畫，無論任何事都能夠有效又迅速地處理好，不會浪費時間。

雞人的自我意識很強烈，強調自我的個性與風格，喜歡獨樹一格。他的義務感也極強，只要認定是自己的責任所屬，執行任務，始終如一，他自我要求很高，即使沒有任何人或長官強加要求，他們也會按著自己的標準把事情處理妥善，一點也不馬虎。自尊心也極為強烈，所以很在意他人在其背後

指指點點，會覺得無地可容身之處，有恨不得消失在地球上的衝動。

　　雞人不會隨便與人交流祕密（咬耳朵傳小道），所以絕對能夠做到守口如瓶的境界，所以，他們是可以放心傾訴心情的對象。

　　雞人的頭腦靈活，對新資訊的敏感和接受度遠在一般人之上，在他人之前掌握了有利的條件。這種好的本能，如果運用得宜，便是掌握了獲得成功的利器。福星高照的屬雞者，一生之中沒有什麼大波折，幾乎都能夠順利如願。

　　歷史上雞肖的名人，例如：

　　胡亥：秦二世，在位三年，被趙高所殺，再一年，秦亡。

　　劉徹：漢武帝，生於公元前156年，乙酉。

　　諸葛亮：生於公元181年，漢光和4年辛酉。

　　司馬文德：晉恭帝，生於公元385年，晉太和10年，乙酉。

　　高洋：北齊文宣帝，生於公元529年。

　　楊堅：隋文帝，結束南北朝487年的分裂，卻被兒子楊廣所殺。

　　李隆基：唐玄宗，在位45年，太上皇七年。

　　郭子儀：生於公元697年。

　　劉長卿：生於公元709年。

　　張巡：生於公元709年。

　　陳叔寶：陳後主，生於公元553年。

　　寇準：生於公元961年。

　　蘇洵：生於公元1009年。

　　王安石：唐宋八大家之一，生於公元1021年。

參考資料
- 游福生〈有趣的生相歌謠〉，《台灣月刊》第224期，2001年8月。
- 高雄道德院《玄妙真言典故集（八）》，高雄，2002年。
- 林上雋〈雞年談中國人雞文化觀的轉變：折翼的鳳凰〉，《台灣新生報》，民1993年1月。
- 井蛙〈雞的典故〉。
- 余愚〈雞年吉祥到〉，《福智之友》第57、58合刊，2004年12月。
- 朱復良〈送雞迎猴話生肖〉，《台灣月刊》，2005年2月號。
- 紹衡〈歷代雞皇帝幹的好事〉，《時報周刊》第775期，1993年1月3-9日。

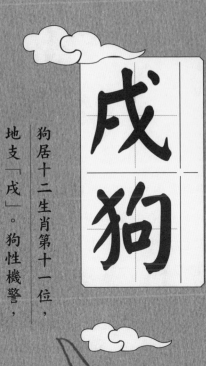

戌狗

狗居十二生肖第十一位，地支「戌」。狗性機警，嗅覺敏銳，忠於職守，舊時專司守之責，有「義僕」之稱……

狗 的名字，怎麼來？

狗與犬

　　有科學家認為，狗是由早期人類從灰狼馴化而來，發展至今日。在中國文化中，狗屬於十二生肖之一，在十二生肖中排名第 11 位。傳說古代的商族祖先契的母親簡狄來自「犬種之族」。「狗」最早是中國姓氏之一，是非常稀有的姓氏，現已改為「苟」。

● 黃狗

　　狗可以為主人的門面加分，尤其主人如果是天子、貴族，更在意狗是不是系出名門，是否為善捕獵、看門的良犬。古時候的狗品種就很繁多，例如《詩經》中就提過犬、尨（長毛狗）、盧（大黑狗）、獫（長嘴獵狗）。當然養了體型巨大的「獒」或其他稀有品種，也能凸顯主人身分的尊貴。如在周朝時養了中原極為少見的北方黑嘴野狗「青犴」，或在唐朝時養幾隻從西亞進口的「拂林狗」，也能讓主人面子增光。

　　孔子說，視犬之字，如畫狗也。又曰：牛羊之字以形聲。今牛羊犬小篆孔子時古文也。《說文》有注：犬、狗之有縣蹄者也。象形。孔子曰：「視犬之字如畫狗也」。

　　《爾雅·釋畜》記：「未成豪，狗」。按未成豪者，謂未生長毛也。「狗」，犬之小者。通常說「狗」就是「犬」，如果硬要區分，大隻的叫「犬」，小隻的叫「狗」。犬、狗哺乳綱食肉目，畜養演化已雜食。

　　郝懿行〈義疏〉：「狗犬通名，若對文，則大者名犬，小者名狗；散文，則《月令》言食犬，《燕禮》言烹狗，狗亦犬耳，今亦通名犬為狗矣。」

　　趙翼《陔餘叢考·犬》：犬即狗也。《月令》記孟春毋殺孩蟲、胎夭、飛鳥。

《說文》注：未生曰胎，初生曰夭也。《呂氏春秋》則云：無殺孩蟲、胎犬、飛鳥。高誘注曰：麛子曰犬，則又有以犬為麛子者。此《說文》、《玉篇》諸書皆未見。

　　用「犬」字作部首寫成「犭」，是從篆字演變而來，「犬」部的字大多數和走獸有關。

● 賽德克族與狗

狗的別名

　　在古籍裡，狗的異名也不少：

　　「犬」：孔穎達疏《禮記‧曲禮上》曰：「狗、犬通名，若分而言之，則大者為犬，小者為狗。」

　　「狗」：很多人可能不知道「犬」和「狗」的差別，其實在中國古代，只有「犬」才是包含了所有的狗類，而「狗」在先秦兩漢時，指的是「未成年的犬」，也就是小狗。而且在當時狗還不止指小犬，也兼指其他未成年的小動物，像小虎、小熊等。

　　「狣」：指體壯力大的狗。《廣韻》，犬有力也。《爾雅‧釋畜》，絕有力，狣。《疏》犬壯大絕有力者名狣。

　　「猣」：愛吠的狗。段玉裁《說文解字注》，犬吠不止也。從犬，兼聲。讀若檻。一曰兩犬爭也。

　　「猶」：小狗。《釋文》引《尸子》，五尺大犬也。《說文》：「隴西謂犬子為猶。」

　　「猁」：善鬥的狗。

　　「龍」：勇猛力大的狗。

　　「獒」：身高4尺者。犬知人心，可使者。獒是狗的一個種類，身體高大，性情兇猛，垂耳，長毛的犬種，能幫助人打獵，也可用於看門或警戒。獒的主要品種包括藏獒和雪獒。

　　「尨」：犬之多毛者，為長毛狗。

● 台灣土狗雕塑

● 威武的狗兒

「猘」：狂犬。《漢書‧五行志中》引《左氏傳》，宋國人逐猘狗，猘狗入於華臣氏，國人從之。

「猈」：短腳狗。《說文解字》：「猈，短脛狗」。段玉裁注：「猈之言卑也，言矲也。」為短頸狗。

「獫」：一種長嘴的狗。《說文解字》：「獫，長喙犬。」

狗 的奇幻世界

狗的社會行為

狗是群性動物，擁有與生俱來的團體意識，除了本能保護主人外，只要住在一起的夥伴，也一樣照顧。狗可能會對別人家的貓如凶神惡煞，卻對自家貓溫柔有加。中國有一句「狗吠非主」的成語，正好印證了狗這個特質。

狗的特質很多，只要多接觸便可體會到牠的喜、怒、哀、樂，但最令人感動是狗的忠心，古云：「子不嫌母醜，狗不嫌主貧。」靈犬萊西從窮人家被賣到

參考資料
• 顏靜君〈忠犬護主萬年不變〉，《地球公民365》第68期，2011年3月。
• 小狗子〈狗年行大運〉。

富有公爵夫人家，因想念舊主，不斷逃脫，最後靠牠敏銳的感覺，跑了 1 千英哩回到主人身邊。在中國成語中「犬馬之勞」、「犬馬戀主」，也都有忠誠不渝、盡忠效誠之意。

● 有些原住民家中養許多狗

長聲、急食、挖洞

狗與狼有相同的祖先，所以有很相似的習慣，例如長聲通知同伴、吃食物很快、喜歡挖洞等。狼用嚎叫來溝通，狗也會拉長叫聲，來宣示領域或呼叫夥伴。

狼群不一定常會捕獵到食物，所以牠們的胃袋大、腸子短，幾天不吃東西都沒有關係，有得吃，就會趕快吞進肚子裡，狗也有這種習慣。狼喜歡到處嗅來嗅去找東西吃，一發現動物的巢穴，就會用腳挖開。而吃不完的食物，又怕被搶走，也會挖洞藏起來，有些狗也會這樣子。

狗吃東西狼吞虎嚥，不必像人一樣咀嚼食物，因為牠們的消化系統非常強壯，而且狗吃東西的樂趣在於聞，不在吃。因此，沒有必要把香味流在口中。

狗喜歡挖東西和搬東西。挖洞也是狗的絕技之一，有時為了尋找食物或遁入土中的小動物；有時則是把吃剩的食物埋藏起來，以後再挖出來吃；甚至把土回填後坐在上面，假裝什麼事也沒發生。

狗喜歡啃一些帶肉的骨頭，又為了把多餘的食物保存起來，常常把骨頭藏在地底，所以，狗經常挖洞就是為了尋找骨頭。天氣熱了，狗兒也會在地上挖個洞，然後蹲在洞的上面消除暑氣。

抬腳尿尿

狗具有氣味標記功能，公狗用具有獨特化學氣味的尿作地盤的標記。公狗習慣抬腳尿尿，這是為什麼呢？原來狗會用留下自己氣味的方法來占地盤（勢力範圍），用抬腳方式，就能把尿射得遠一點，多占一些地盤。狗要尿尿時總

是要先用鼻子聞一聞有沒有別的狗撒過尿，如沒有，或者撒過尿的狗並不厲害，牠便會也撒一泡尿，宣示領土。萬一聞到比自己強的狗撒下了尿，也就不敢侵占這裡了，當然尿也就不撒了。所謂強者為王的道理即此。

● 布農族攜狗狩獵

狗會抬腳尿尿的另一個原因，是因為公狗的生殖器是朝著前面的，如果不把腳抬起來，就會將尿尿灑在自己的胸部。

狗 與星宿及五行方位

狗居十二生肖第十一位，地支「戌」。狗性機警，嗅覺敏銳，忠於職守，舊時專司守之責，有「義僕」之稱。按命理學觀之，屬狗之人，生性小心，為人忠誠，自信心強，稟性純良，因剛直正義而常擾口舌，如能謹守言行，更受人敬重；肖狗女性，喜愛寧靜，外表冷漠，內心溫和，中年多勞，晚景幸福。

若以五行論命則可細分為，甲戌年生：五行屬火，為守身之狗，為人口快舌便，身閒心不閒，有權柄智謀，福祿有餘，女性旺夫，生財之命。丙戌年生：五行屬土，為自眠之狗，豪爽溫和，招財得寶，自立家業，前運勤勞，晚年榮華，清榮氣高；女性年老好命，進財旺相之命。戊戌年生：五行屬木，為進山之狗，為人和氣，自營自立，早年顛倒，財物耗散，晚景得

參考資料
- 內田康夫等《牛頓科學研習百科：動物》，台北，牛頓出版公司。
- 李淵百編著《動物行為學》，2005年8月。
- 余愚〈狗年旺旺到〉，《福智之友》第64期。
- 水越美奈作、李毓昭譯〈狗狗發出的訊息——表情〉，《講義》，2015年6月號。
- 陳淑英主編《追根究底》，台北，將門文物出版公司，1991年10月。
- 流浪動物之家〈人類最忠心的朋友〉，《哥白尼21》第108期，1993年1月。
- 黃美玲〈狗狗會流汗嗎〉，《童報週刊》。
- 林美玲發行《有趣的動物世界（一）》，台北縣中和市，育昇文化出版

公司。
- 劉遠民、傅曉玲《動物生態》，永康，2003年9月。
- 雲楓輯譯《世界搜奇》，台北，民生報社，1987年4月。
- Kim,SunHee 著、吳德君譯《101個科學常識》，台北，飛寶國際文化公司，2005年2月。
- 楊允文編校《自然科學博物館：動物的行為（二）》，台北，人類文化事業公司，1986年4月。
- 簡聰義〈從狗的動作及聲測知其心理狀態〉，《愛犬飼養手冊》。
- 竹內均編著、黃鈞浩《快樂腦10之10》，台北，月旦出版社，1993年8月。

財，利路亨通；火狗女性，中平之命。庚戌年生：五行屬金，為寺廟之狗，為人豪爽，醜年逢災，利官近貴，做事敏捷，凡事如意，節儉勵業，福在晚年；金狗女性，賢淑伶俐，興旺之命。壬戌年生：五行屬水，為顧家之狗，為人多善，奔波不停，多勞多管，衣食不缺，貴人明現，中年行運，晚年興旺；水狗女性，豁達賢淑，助夫創業，興家有成。

　　狗在十二地支以戌為代表，一年中的戌月是 9 月，正值暮秋的秋收季節；一日中戌時是指午後 7 時至 9 時，正是華燈初上，全家團聚的時刻。

狗 在台灣的習俗與禁忌

● 狗始終伴隨著主人

死貓吊樹頭，死狗放水流

　　澎湖民間故事傳說，從前有一隻貓，看到老虎很威風，只要隨便吼就把所有的動物嚇得半死，所以牠很羨慕，便去要求老虎教牠這個絕招。老虎起初不答應，因為牠怕貓學會了反過來欺負牠。後來在貓再三懇求的情況下，老虎才有條件的答應。老虎要求貓去找保證人，擔保他以後不亂用絕招才肯教他。所以貓去找狗當保證人，於是老虎才把絕招教給貓。

　　誰知道貓學會絕招以後就四處去嚇人，害得大家都很怕貓。老虎知道了很生氣，就去找貓算帳。但是貓會爬樹，牠看到老虎就跳到樹上去，讓老虎捉不到，所以老虎去找狗評理。可是狗一看到老虎，就跳到海裡去，讓老虎也找不到牠。所以死貓要吊在樹上，死狗要放水流，以避免老虎找牠們的麻煩。

瘦田肴吸水，瘦狗公上桰鬼

　　台灣俗語「瘦田肴吸水」，是說貧瘠的田地需要較多的水灌溉，「瘦狗公上桰鬼」，是說瘦的公狗最貪吃，這句所指的貪吃不是吃食物，是吃母狗，意

思是說瘦瘦的公狗性能力比較強，愛與母狗交媾，我們台灣人常引用「瘦狗公上桷鬼」來比喻瘦的男人性慾較強。

九月狗頭重，死某亦死尫

台灣民間有嫁娶忌農曆四到九月的習俗。俚諺云：「四月死日，五月差誤，六月娶半年某（妻），七月娶鬼某，八月娶土地婆，九月狗頭重，死某亦死尫（夫）。」其中的道理，「四月死日」是因「四」與「死」同音，因而嫁娶吉日不能放在四月裡，以免引起不祥的聯想，成為不吉的兆頭。「五月差誤」是因「五」與「誤」同音，五月為惡月，這月嫁娶恐有「差誤」；民間還有「五月娶五毒某」的說法，也是基於五月五日端午節，俗稱「五毒節」的緣故。「六月娶半年某」，是因六月等於半年，俗畏「半年夫妻」之兆，擔心早喪偶或離婚，造成一方或雙方的不幸。「七月娶鬼某」，是因為七月俗稱「鬼月」，這月陰間的一些孤魂遊鬼會齊聚陽間來討吃，在崇信鬼神的時代，人們害怕觸犯鬼魅，便忌諱在此月內嫁娶。「八月娶土地婆」，是因八月十五是祭土地公的日子，八月裡嫁娶，恐怕娶著了土地婆，據說土地公懼內，怕老婆，因而在八月裡嫁娶恐怕將來也要怕老婆的。「九月狗頭重，死某亦死尫」，「九」與「狗」諧音，「狗」是常常用來罵人的咒語。民間稱有不正當關係的男女為「狗男女」，所以忌諱「九」字。九月又是霜降的節氣，「霜」與「喪」諧音，故而擔心在這月裡結婚，日後不是死妻就是死夫。以上所談到的台灣忌四月到九月嫁娶的禁忌理由，表面上是從吉凶觀上考慮，而實際上則仍是根據農忙農閑的氣候變化關係而約定俗成，不管風災或暑熱都會影響嫁娶的進行，給人們帶來煩惱，對於嫁娶這樣的吉慶喜事來說當然是不祥之兆，因而四至九月便成為嫁娶的「忌月」了。

忌打獵時驅狗咬

台灣民俗，叫獵犬「咬」，即命令獵犬前去追逐獵物並咬回來。在人的觀

感上，狗雖為人的忠實朋友，可以指使來指使去，但人力總無法百分之百加以「控制」，在潛意識裡，總有一二分懼怕狗的反常，怕萬一狗不聽指使發起癲來，竟咬傷自己人。因此「咬」字不輕易出自獵人之嘴，必要時喊「呵」，以代替「咬」。這是基於動物性有正常的一面，亦有可能反常的一面。人為預防萬一反常發生及自己心安起見，乃有此忌諱。然而就狗來說，並不能分辨「咬」與「呵」的代表意思，牠只知道一聽主人的吆喝聲及手勢，便衝出去追逐獵物。那「咬」與「呵」，對牠來講，所代表的意思是完全一樣。這樣說來，獵人怕被獵犬咬傷所作的禁忌措施，豈不白費？雖然，獵人猶對自己聰明的迴避辦法感到沾沾自喜。

狗 在台灣的民間信仰

● 布農族巫師作法，狗也會在旁邊

新莊地藏庵放燄口

　　台北新莊地藏庵（大眾廟）放燄口是全台北規模最盛大者，善男信女手持清香默禱，寺前廣場供品堆得像小山，不僅在地人爭相前來，亦有華僑遠從菲律賓、馬來西亞、美國趕回家來祭祀祖先，外國人甚至組團觀禮，讓祭祀法會意外成為觀光景點。除了為先人超度亡魂，也有為了求得心靈平靜，特地前往祭拜。「燄口」就是指「餓鬼」，這種鬼食量極大、喉管卻極細，有食物也難以裹腹，吃進食物又會變成烈焰從口冒出，透過法師施法，則能讓召請前來的餓鬼飽餐一頓。而所謂「放燄口」，意指平等布施食物，分享給好兄弟們。超度亡魂以祖先為最大宗，有些女子因墮胎後心中愧疚，每年為嬰靈超度。曾有特種行業女子一人超度十八個嬰靈。普渡亡魂中不乏貓狗寵物，最特別的是螞蟻，有個信眾因孩子頑皮，曾用煙燻死了數十隻螞蟻，令她過意不去，才會為螞蟻舉辦超度。儘管亡魂形形色色，但從中彰顯「眾生平等、生命不分貴賤」的精神，才是超度法會的真義。

石門十八王公廟

台灣「十八王公廟」位於金山與石門洞之間的北海岸線上，傳說曾有漁民17人出海捕魚遇難，其中有一人所養的忠犬，見主人未歸，日夜守在漁港等候，飯茶不食，最後竟投海追隨主人而去，為紀念這感人的事件，當地居民特興一塚，以悼念遇難漁夫與這隻忠犬，取名為十八王宮廟。廟宇雖小，但引來很多善男信女燒香拜拜，據說在那兒許願都能如期所願，也是當地居民的信仰中心。

另一傳說中的十八王公，是清乾隆年間，某一商船因遇颱風，漂流至廟址附近時，船上的17人都已殉難，僅一條狗守在屍體旁，村人不忍屍骨暴於荒野，挖了一個土坑準備埋葬，沒想到那條狗竟先跳下坑中，再也不肯上來，當地居民深受感動，只得把義犬陪葬，稱為十八王公。

宜蘭五結黑狗血平安符

宜蘭縣五結鄉的二結王公廟，在農曆春節期間，會提供一萬張「黑狗血平安符」，供全台各地信徒求取回家，以「降妖伏魔永保安康」。台灣關公廟提供的平安符，多半用松香墨汁或朱砂石粉書寫，但以降妖伏魔著稱的二結王公廟「古公三王」，則習慣宰殺「特定飼養一年」的雄性黑狗，汲取滿盆鮮血，請專人調合黑狗血汁書寫成一萬張具特異功能的平安符。

狗血被民間認為可以避邪、壓煞，也是因為狗比其他動物有靈性，狗血自然比其他血來得靈驗有效。

烏狗報白鬚

台灣民俗言風信曰「暴」，亦曰「報」。初起時，謂之「報頭」；風力漸大，

參考資料
• 林瑤棋《醫學遇見民俗》，台北，大康出版社，2004年11月。
• 連雅堂《雅言──台灣掌故三百篇》，台北，實學社出版公司，2002年8月。
• 任騁《中國民間禁忌》，北京，中國社會科學出版，2004年1月。
• 林明峪《台灣民間禁忌》，台北，聯亞出版社，1983年8月。

行船者忌之。《台灣府誌》所載有「玉皇暴」、「媽祖暴」、「烏狗暴」、「白鬚暴」
凡數十名，各有時日。如正月初九為「玉皇暴」，相傳玉皇誕辰。是日有暴，
則各暴皆驗，否則，未可憑準。故里諺：「天公那有報，眾神藉敢報。」又曰：
「烏狗報白鬚」，言相應也；正月29日為「烏狗」，而2月初2為「白鬚」。又曰：
「送神風，接神雨。」則以12月24日多風，而正月初多雨也。

鹿草員山宮奉祀犬公

在台灣民間宗教中，狗所表現的忠心，成為人對「狗」的動物崇拜。鹿草
鄉的員山宮奉祀犬公，傳說犬公曾鎮壓田螺妖怪。

北港義犬將軍祭

台灣民間信仰中，不少義民廟或有應公廟配祀有義犬將軍，其中最著名的
便是台北金山的「十八王公廟」。而嘉義「忠義十九公廟」與北港「義民廟」奉
祀的義犬傳說都是林爽文事件的殉難者。

義犬廟

配祀有義犬將軍的廟祠，大多是義民廟或有應公廟，比較著名的有北港義
民廟，和嘉義市公明路的「忠義十九公廟」。傳說中的義犬將軍廟，大都與戰
亂有關，都相傳是在林爽文事件中，隨義軍戰亡，被奉祠入廟。另有一著名的
義犬廟，是台北縣石門鄉乾華村的「十八王公廟」，一說此狗生前並無特殊戰
功，只因隨17位男人渡海來台，此17人皆喪生船中，為陸上漁民發覺後，將其
葬於石門，此狗隨即跳入墳中陪喪，感動世人，乃稱之為「十八王公廟」。善
男信女在祭祀義犬將軍時，除備具豐盛祭品外，更有些父母拜義犬將軍為契父。

台灣日蝕及月蝕信仰

台灣民間俗信，遇到日蝕月蝕開始時，會將長椅凳搬至屋外，上面放著

肉、魚、青菜等食物，也可以水果代之，獻給太陽，當太陽、月亮開始缺口時，即點香、燒金銀紙，並不斷地以認真的態度向太陽、月亮祈禱。

古時遇有日、月蝕，各廟寺則敲鐘及大鼓，各地方長官均率幕僚至城隍廟上供品，燒香膜拜祈求月亮、太陽平安。

狗 相關的器物

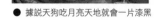
● 據說天狗吃月亮天地就會一片漆黑

天狗錢

天狗也是民間年辰中常犯忌的星辰，每一年通書上都會指出某生肖者犯天狗，必須至寺廟中祈神以為化解。天狗的原始形貌，《晉書・天文志》謂：「狼北七星曰天狗，主守財。」《協紀辨方書》的解釋是：「月中凶辰也，常居月建前二辰，選擇家嫁娶忌之。」前者說明天狗是守財的星辰，後者卻說它是每個月中的凶惡時辰，嫁娶的人家千萬得避開。民間俗信認為，犯沖天狗的人必然會破財遇厄，百事不順，必須於新年期間或祭煞補運時，焚燒印有天狗圖案，專供天狗專用的天狗錢，以為補償並兼祈福。

台灣史前狗形物

台灣史前人將狗的造型做為裝飾，如祭祀用陶器的把手，舊香蘭遺址出土的陶片土狗的圖案，芝山岩發現的狗形玉飾等。在台灣史前遺址中狗的出土情況被視為人類親密的夥伴。埋在人類墓葬區內的「狗墓葬」，骨骸保存完整，這種特意的埋葬情形，在過去從未在別種動物身上發生過的。

狗母鍋

台北縣鶯歌的尖山埔是台灣最有名的燒製陶瓷地方，所出產的甕壺行銷台灣各地。產品包括現代的便器、爐子、花盆、黃金（骨壺）、狗母鍋（陶器鍋）、

醬鹽甕（渣物甕）等各種陶瓷類，都是用原始的方法素手拉坯做成。台灣一般家庭最喜歡吃的是鍋仔潤飯，煮很久的滷蛋、滷肉（豬肉），這些都要用「狗母鍋」細火慢燉，而且具有特別味道。

狗 相關的動植物

頂芽狗脊蕨

「頂芽狗脊蕨」，烏毛蕨科，別名單芽狗脊蕨，屬於大型的蕨類植物，分布於日本、中國和菲律賓，在台灣多見於中海拔 1200-2000 米山區霧林帶林緣邊坡或路旁。

葉軸頂端會長出很多小芽，這些小芽剛長出時，看起來像一粒粒金色的毛球，然後才長出鮮紅色的嫩葉；當小芽落在地上，又會長出一棵新的頂芽狗脊蕨。孢子囊群呈長條形排列，看起來就像拉鍊。台灣水鹿會食頂芽狗脊蕨。

東方狗脊蕨

「東方狗脊蕨」，烏毛蕨科，別名孢子狗脊蕨，分布於日本、中國和琉球，在台灣見於海濱至 2000 公尺山區，較向陽，但又有點潮溼的地方。葉片上常長出許多小芽，稱為不定芽。當小芽長大、葉片太重而下垂，一株株小苗就掉落地面生長，是它繁殖後代的方法之一。

除了無性繁殖，它葉背孢子囊群裡的孢子成熟落地後，依然可進行有性生殖。東方狗脊蕨的幼葉常呈鮮艷的紅色，因此是很有觀賞價值的蕨類。

● 生芽狗脊蕨

狗娃花

「狗娃花」，別稱為「荒野之野菊」，屬於菊科，兩年生草本。狗娃花會隨著環境而改變，如長在野外土壤肥沃的地方，其葉形、儀態、葉片等，都不同於它原來真面貌。而在海濱的沙地或山坡等地，則較嬌小可愛。

狗娃花分布於東亞，台灣見之於濱海的沙地或山坡等。

狗頭芙蓉

「狗頭芙蓉」，即「台灣山芙蓉」，生長於台灣平地、山麓至海拔2000米處。

狗骨仔

「狗骨仔」，茜草科，林下小喬木，生於華南及台灣全島闊葉林內。樹幹髓部橫切面呈骨頭形狀，因稱為狗骨仔。木材黃白色，緻密，為優良刻印材料；小枝條適合製造手杖。

褐毛狗尾草

「褐毛狗尾草」，高約20-50公分，二年生草本，無根莖，8-11月開花，

參考資料
- 〈新莊地藏庵放畚口貓、狗乃至螞蟻皆在超度之列〉，《中國佛教雜誌》第54卷第11期，2010年11月。
- 李天枝〈死貓吊樹頭，死狗放水流〉，《新講台》第5期，2001年3月。
- 楊平世《果真如此(上)》，台北，書評書目出版社，1986年8月。
- 林進源《中國神明百科全書》，台北，進源書局，1995年9月。
- 劉還月《台灣歲時小百科(下冊)》，台北，台原出版社，1989年9月。
- 連雅堂《雅言——台灣掌故三百篇》，台北，實學社出版公司，2002年8月。
- 徐麗霞〈萬善同歸——義塚大墓公〉，《中國語文》第483期，1997年9月。
- 許獻平〈四六公小祠——四十五士加一狗〉，《聯合報》，1999年5月5日。
- 張靜茹〈人狗之間〉，《光華畫報》，1995年9月號。
- 陳彥任等採錄〈十二犁頭鏢的故事〉，黃文車主編《屏東縣閩南語民間文學集3:下東港溪流域篇》，屏東，屏東縣阿緱文學會，2012年12月。
- 黃文車採錄〈犁頭鏢被破壞〉，黃文車主編《屏東縣閩南語民間文學集3:下東港溪流域篇》，屏東，屏東縣阿緱文學會，2012年12月。
- 黃文車採錄〈十二犁頭鏢〉，黃文車主編《屏東縣閩南語民間文學集3:下東港溪流域篇》，屏東，屏東縣阿緱文學會，2012年12月。
- 簡單〈二結王公廟的黑狗血平安符〉，《源》第38期，2002年3/4月。
- 李氏杏花〈艋舺聽書・三腳貓一目狗〉，林川夫編《民俗台灣》第一輯，台北，武陵出版社，1990年1月。
- 潘迺禎〈士林歲時祭〉，林川夫編《民俗台灣》第一輯，台北，武陵出版社，1990年1月。
- 洪春柳〈金門風水的傳奇〉，《明道文藝》第178期，1991年1月。
- 劉還月《台灣歲時小百科(上冊)》，台北，台原出版社，1989年9月。
- 魏吉助《俗俚俗去:台灣節慶諺語・民俗節慶》。
- 東方孝義〈日蝕及月蝕的傳說〉，林川夫編《民俗台灣》第一輯，台北，武陵出版社，1990年1月。
- 王志煌〈新竹都城隍爺的神蹟傳說〉，《台灣時報》，1998年10月5日。
- 周明德《海天雜文:天狗食日災禍層出》，台北縣立文化中心，1994年6月。
- 池田敏雄〈艋舺之日蝕風俗〉，林川夫編《民俗台灣》第一輯，台北，武陵出版社，1990年1月。
- 立石鐵臣〈台灣民俗圖繪・日蝕龍山寺〉，林川夫編《民俗台灣》第一輯，台北，武陵出版社，1990年1月。
- 綠地球國際公司編著《自然科學大百科(11)天文科學》，台北，綠地球國際公司。
- 葉明豪〈碧血丹心〉，《靈仙宗》第288期。

10-12月結果，小穗有褐色剛毛襯托，生長在全台海拔 1500 公尺以下草生地，常見於路旁、原野多風且乾旱地帶。狗尾草別稱蟾蜍草、耳鉤草、大尾搖、金耳墜。叫它蟾蜍草，因其葉片皺縮如蟾蜍的表皮而得名。

台灣豐年狗母

「豐年狗母」主要特徵，背鰭前方有分叉之棘，鋤骨有齒，體軀腹側在軀幹部與尾部之間無突然緊縮之部分，眼正常，臀鰭不分前後，有發光器，產於東港。

虎頭犬

「虎頭犬」，是由英文字的牛和狗拼成的。古代英國常有牛犬相鬥的表演，一般狗的鼻子突出於嘴巴前面，所以咬住牛腹的時候，常窒息而死。於是人們便研究改良出虎頭犬，這種狗的鼻子位於嘴巴後上方，虎頭犬因此被用來和牛相鬥，現在的虎頭犬已經被當作寵物來飼養。虎頭犬有兇惡的面孔，其實性情很溫馴。

 相關的醫藥及醫療

台灣金狗毛蕨

「台灣金狗毛蕨」，屬於大型的蕨類植物，為簡單的陸生植物，是一群在地球上已生長了 3 億年的古老植物。喜歡長在岩壁、陰暗、潮溼的樹林裡，與菲律賓金狗毛蕨，長得很像，但金狗毛蕨的孢子有稜角。

參考資料
• 顏靜君〈忠犬護主萬年不變〉，《地球公民365》第68期，2011年3月。
• 邵美華〈大幸莊的前世今生〉，《典藏古美術》第147期，2004年12月。
• 張紹熙〈狗是人們忠實的夥伴〉《台灣月刊》第134期。
• 劉還月《台灣民間信仰小百科廟祀卷》，台北，台原出版社，1994年2月。
• 潘天壽《毛筆的常識》，台北，莊嚴出版社，1988年10月。
• 鄭乃元、高惠敏主編《哈爾濱文廟勝覽》，哈爾濱，哈爾濱出版社，1994年2月。
• 烏爾沁《中華民俗》，北京，中國致公出版社，2002年1月。

• 黃延煌〈放水燈〉，林川夫編《民俗台灣》第二輯，台北，武陵出版社，1990年2月。
• 劉飛虹〈機器狗是如何為盲人帶路的〉，王國忠、鄭延慧主編《新編十萬個為什麼(20)》，台南，大行出版社，1994年3月。
• 張炳棟〈狗年話東洋——狗物語〉，《日本文摘別冊》第97期，1994年2月。
• 曾琴蓮、李俊秀《世界發明•發現大事典》，台北，牛頓出版公司，1999年10月。
• 長野敬《牛頓科學研習百科：生命》，台北，牛頓出版公司。

當它們在生長約三年之後，其地下根就會逐漸滋長金色的毛，而且愈長愈多，這些地下根的外形酷似一團狗毛，而且又是金黃色的，因此俗稱為金狗毛。

以前的農業社會，一般鄉村居民，把台灣金狗毛蕨毛茸拔取一些，敷在流血的傷口上，可當外傷止血的用藥，據說功效很好；根莖拿來燉湯喝，對於腰痠背痛、腎臟病也很有療效。

狗尾草

「狗尾草」，別稱狗尾蟲、耳鉤草、蟾蜍草、肺炎草、蝦蟆草等。禾本科狗尾草屬，屬於天芹葉一年生

● 狗尾草

草本。全世界均有分布，為常見的田園雜草，台灣幾乎都有它的蹤跡，多生長於沿海地區和海拔低的田野山間，海邊、河流、池塘或湖泊等有水的地方，不用刻意的栽培，就能長得很好。

狗尾草不但可以食用，也可以藥用，對於野外求生的人有很大的幫助。把成熟的花穗整個割下，用手輕輕揉或搗碎，取出裡面的種子，可以煮成可口的狗尾草粥或飯。狗尾草和排骨一起燉煮，據說還有開脾、降胃火的效果。

棕葉狗尾草

「棕葉狗尾草」，屬多年生草本，別稱颱風草、大風草。植株可達 100 公分左右。民間傳說它有預測颱風的本領，只要看葉片上有幾條橫向摺痕，就知道那一年會有幾次颱風，例如兩道摺痕，就表示會有兩個颱風。不過，這只是傳說，因為每株棕葉狗尾草的摺痕數都不一樣，所以並不能準確預測颱風的次數。棕葉狗尾草的莖葉可熬成汁，是治關節炎的好藥材。

狗頭芙蓉

「狗頭芙蓉」，即木芙蓉，又名山芙蓉。錦葵科，落葉大灌木或小喬木，全株密被長毛，葉互生。闊三角形，3-5 淺裂，花單生葉腋，白或粉紅色，具長

梗，蒴果球形具毛。花用於肺熱咳嗽吐血、癰腫、疔瘡；葉用於跌打損傷、腫毒惡瘡、火燙傷、目赤腫痛等。

山芙蓉不僅花美可供觀賞，用途也很廣：葉片可用來包裹食物；花朵炸一炸、炒一炒，味道很不錯；樹皮富含纖維，可以製作繩索；木材可以做成木屐或當薪材使用；中藥行販售稱為狗頭芙蓉、芙蓉頭的中藥，就是山芙蓉的根部。

狗筋蔓

「狗筋蔓」，分布於歐亞溫帶地區，台灣中高海拔 1000-3000 米森林內。多年生攀緣性匍匐草本，性喜林緣或路旁。

狗牙根

「狗牙根」，也叫「百慕達草」，別名鐵線草、蒿蓄。多年生禾本科狗牙根屬植物，約 15-30 公分高，通常匍匐地面或斜上生長，莖節處長不定根來固定，也會長出新的莖和葉子。

狗牙根原產歐洲、亞洲及非洲百慕達島，是分布十分普遍的野草，可以當作牛羊的牧草。台灣分布全台平地、丘陵及海邊地區。

狗牙根之根可以入藥，農曆 3 月採收後陰乾備用，味微苦，性平無毒，可以療風消腫毒。

狂犬病

台灣地區自 1948-1958 年，狂犬病在台灣連續猖獗 11 年。狂犬病是人畜共通的急性傳染病，曾造成百分之百的死亡率。根據台灣公共衛生發展史記載，1948 年台灣發現第一個人類狂犬病病例；1951 年狂犬病感染人數達到最高峰，總計 238 人遭到感染，全部死亡。1958 年，台灣終於遠離狂犬病，正式被認定為非疫區，整個社會花了長達 10 年的時間，進行狗類撲滅、注射疫苗、登記、發牌，才能抑制這場浩劫。

狗 相關的傳說故事

● 澎湖七美人塚

狗仙

傳說在某個村子裡，有戶非常貧窮的人家。有位神仙覺得他們很可憐，於是就化身成一隻狗來到這戶人家。因為是隻很可愛的狗，所以那家人決定要飼養牠。隨著狗漸漸長大，家裡也變得愈來愈有錢。附近的鄰居都傳說那家人是因為撿到那隻狗，才變得那麼有錢，但主人卻反駁，可是誰也不信他的話。因此，主人就用大竹棒打那隻狗，那隻狗頻頻發出了好像老人哭泣的聲音。聽到哭聲的鄰居都說，那隻狗一定是神仙。主人聽到了更加生氣，決定要把那隻狗丟到河裡去。但是因為鄰居不斷地請求，在沒有辦法的情況下，主人便把牠埋到土裡。但村裡還是流傳著狗是神仙的說法。主人聽了更加憤怒異常，於是集合村裡的人，去把狗挖出來。然而從挖開的洞中卻出現了一具滿身傷痕的老人屍體。至此主人才知道自己的過錯，大聲的哭了出來。從此之後，那戶人家又恢復到原來貧窮的樣子。

七美為什麼不養狗

澎湖民間故事，清朝時期，海賊來搶劫七美，七美的人都躲在後山的洞裡，房子空空的，海賊找不到人，也沒有東西可以偷。後來海賊經過那個山

參考資料

- 張惠珠、陳秋正《玉裡野生動物保護區植物解說手冊》，農委會林務局花蓮管處，2008年9月。
- 陳岳文〈不是神農也嚐百草，不是華陀卻能救命〉，《大自然》第63期，1999年4月。
- 林嬙卿〈咬人貓〉，《國語青少年月刊》第90期，2003年6月。
- 鄭琳枝〈以狗為名的花草〉，《兒童天地》第317期。
- 鄭元春《台灣的常見野花》第二輯，台北，渡假出版社，1984年12月。

- 陳大風《室內觀賞植物栽培》，台北，華聯出版社，1981年6月。
- 張勵婉等《蓮華池亞熱帶常綠闊葉森林動態樣區：樹種特徵及其分布模式》，台北，農委會林試所，2012年4月。
- 邵廣昭主編《台灣常見魚介貝類圖説（下）》，農委會輔導處、台灣省漁業局，1996年5月。
- 劉寧顏總纂《重修台灣省通志》，南投，台灣省文獻委員會，1995年8月。
- 戴維·伯爾尼著、明天編譯小組譯《動物大驚奇》，台南，世一文化事業公司，2007年4月。

· 狗 ·
地名考

咬狗

從雲林縣斗六鎮往湖山巖寺的途中有個小地名叫做「咬狗」，咬狗村名是因為以前本地村廟的乩童起乩後往外直奔，到達村內某地後停下來用手在地上扒土，不久挖出一堆狗骨頭來，乩童並叼著狗骨繞著跑，如此口耳相傳，本地就稱為咬狗莊，另外一個傳說是清代時本地無地號名稱，某天地方官來此巡視，在村口橋旁石厝墓附近看到一條惡狗在墓旁亂扒，突然扒出一堆狗骨頭，狗咬著狗骨繞著這位地方官跑，地方官員便問起此地何名？帶路的人說此地段尚未取名，因此該地方官就把這個地方命名為「咬狗」。

打狗仔港

因「打狗」而來，或曰「打狗仔港」，又稱為「打鼓港」。康熙 36 年，浙江仁和人郁永河自廈門渡海來台半載，著《裨海紀遊》載：「鳳山縣在台灣縣的南部，南達沙馬磯大海，長四九五裡，臨海的打狗仔港，寬五十裡」。乾隆 35 年，台灣知府余文儀主編的《重修鳳山縣志》，稱高雄港為「打鼓港」；《鳳山采訪冊》則稱西港，與東港對稱。

高雄港自 16 世紀時已成為大陸沿海漁民活躍之處所，清領初期，更進為華洋雜處，商賈雲集之通商口岸，惟因附近河川搬運之泥砂堆積，築港之議時起。日治時期正式分三期築港。

戰後高雄港為配合時代要求，繼續不斷的擴建，且開闢第二港口，其設備及容量已達國際商港之標準。

打狗嶼

明萬曆 30 年（1602），閩人陳第隨安徽宣城人陳有容（破倭寇有功，陞都督僉事）將軍至澎湖及台灣剿倭時，著有〈東蕃記〉一篇，稱港區周圍地區為「打狗嶼」，為「打狗」兩字在史志上可稽考的最早記載。

打狗山

打狗山縱貫於鼓山全區，是高雄市西面的天然屏障。打狗山，又名打鼓山，簡稱鼓山，為打狗社古址，打狗、打鼓為其譯音，今名為壽山。在開拓前期是平埔族馬卡達奧族（Makatao）

● 日治時期的打狗港全景

之竹林社居處，竹林之原住民語為「Takau」，又譯打狗社或打鼓社，故名。《台灣府志》載其命名原由：「其形如鼓，故名」，有牽強附會之疑。《鳳山縣志》云：「打鼓山，俗稱為打狗山，原有番居焉。至林道乾屯兵此山，番逃，徙居於阿猴社。」

《重修鳳山縣志》云：「打狗山，高峰插漢，高百餘丈，袤二十餘裡，背障大海，樵採所資，舊時水師營在焉。」打狗山又名埋金山或麒麟山，或以其形如靈獸麒麟，又傳林道乾兄妹埋金於此。

白狗山脈

「白狗山脈」，台灣中央山脈西側，與埔裡盆地群間，呈南北縱走，北自白狗大山（334 米）起，連接白狗南山（2872 米）、有勝山（2104 米）、守城大山（2420 米），綿延不絕。

參考資料

• 劉明俊〈咬狗莊咬人狗很多〉，《聯合報》，1999 年 10 月 13 日。
• 連雅堂《雅言——台灣掌故三百篇》，台北，實學社出版公司，2002 年 8 月。
• 林藜《台灣傳奇（四）》，永和，稻田出版社，1991 年 11 月。
• 曾玉昆《高雄市地名探源》，高雄，高雄市文獻委員會，2004 年 12 月。
• 謝森展編著《台灣回想》，台北，創意力文化事業公司，1993 年 1 月。
• 陳炎正〈狗溫躋〉，《台中縣國民中小學台灣文學讀本：地方傳說卷》，台中縣文化局，2001 年 6 月。
• 莊淑月採錄〈赤崁村狗頭穴的傳說〉，蕭佩君編著《澎湖民間傳說》，台北，聖環圖書公司，1998 年 6 月。

洞，聽到有狗在吠，知道裡面一定有人，就要洞裡的人出來，洞裡的人不出來，他們就放火薰，結果薰死很多人。這就是後來七美人不再養狗的原因。

從肖 狗 看性格運勢與命理

　　生肖屬狗者，忠貞不二，頗講義氣。自視甚高，瞧不起人。愛發謬論自以為是。狗的忠誠個性也如一的反應在狗年出生者的身上。他們對己有恩的人百依百順，赴湯蹈火也在所不辭。性情純樸，對朋友誠懇而又熱情，為人厚道，人緣尚可。

　　狗人的負責受人信賴，做事態度良好，配合度頗高，富幽默感，活潑爽朗，能捨己為人，表面溫和，其實內在是滿好勝的。狗人性格衝動，情緒起伏變化大，容易跌倒，但很快又爬起來，對人生充滿希望。狗人脾氣並不好，情緒也常令人捉摸不定，容易緊張，內心深藏著不安全感，尤其是陌生的場合，常常使得他們手足無措，心情一慌亂，恐懼、無助的情緒就爆發開來了。想和狗人成為好友，緩一緩他們衝動的性情，他們就會覺得和你在一起是十分可靠有安全感的。如果你能使他們起伏多變的情緒，常常保持平靜無波的寧靜，那麼，你們就有機會成為知己。

參考資料

- 陳錫林、陳孔榮、周帆《正確補品知識》，台北，桂冠圖書公司，1999年7月。
- 曾焰《中藥趣談》，台北，中華日報出版部，1996年7月。
- 張小林《中華民俗百科》，烏魯木齊，新疆人民出版社，2000年12月。
- 黃義盛發行《民俗拾穗：狗年篇》，台北，竹本堂文化事業公司，1993年10月。
- 馬書田《中國道教諸神》，北京，團結出版社，2002年1月。
- 〈蕨類的地下根──金狗毛〉，《中國兒童》第615期，1996年3月31日–4月6日。
- 李勉民主編《常見藥草圖說》，香港，讀者文摘遠東公司，1995年。
- 清·汪訒庵《增補本草備要》，台南，第一書店，1986年3月。
- 林瑤棋《醫學遇見民俗》，台北，大康出版社，2004年11月。

- 符國華、符麗娜《瓊島風姿》，香港，天馬圖書公司，2001年3月。
- 印弟〈這些花真漂亮──花蕊特別的錦葵科植物〉，《國語青少年月刊》第185期，2011年5月。
- 黃志傑〈狂犬病國內外流行病學及國家政策〉，《台灣醫界》第56卷第10期。
- 陳國強等主編《長汀塗坊客家》，中國人類學學會編印，1999年12月。
- 林瑤棋《透視醫療卡夫卡》，台北，大康出版社，2004年2月。
- 西川滿、池田敏雄《華麗島民話集》，台北，致良出版社，1999年9月。
- 張秀玲採錄〈番仔狗祖公〉，《宜蘭縣口傳文學上冊》，宜蘭縣政府，2002年5月。
- 陳勁榛等採錄、蕭佩君初稿〈七美為什麼不養狗〉，金榮華整理《澎湖縣民間故事》，新店，中國口傳文學學會，2000年10月。

狗年出生的人在愛情方面顯得相當理性，不會只憑一時的感覺就陶陶然的墜入愛河，而先觀察合於自己的標準，才會慢慢打開心扉。交往期間，覺得不適合，便決然斷絕往來，不會拖泥帶水。雖然這樣，但是他們對感情絕對是相當執著專一的。狗人觀察能力強，沉著以應變。據說狗人最佳之婚配對象是：馬、兔、虎；次佳之婚配對象是：鼠、蛇、猴、狗、豬；不適之婚配對象是：龍、羊。兔年出生的人是生肖屬狗的好朋友，俗話說，狗兔合占貴人。因為曾有「掛羊頭賣狗肉」的情形，而使狗、羊之間有了分歧，有了矛盾。

狗年出生者認為自己的責任重大，因此會隨時提高警覺，對周遭的一切也相當敏感，充分具備犧牲精神，並有杞人憂天的傾向。此外，處理事物公正無私，對待朋友率真忠誠，再加上富幽默感，因此很受人喜愛。不過，須小心過度的無私，而義正辭嚴地評論他人，會予人一種善挑剔、愛說教的印象。屬狗的人擅理論，卻很少付諸行動。以職業而言，適合美容師、社會工作者、醫師等工作。肖狗人一生的運勢來看，有起有落，若能在好運來時，遇到一位好的指導者，便能趁機出頭，否則便要安於人生舞台上的小角色，所以千萬別妄自菲薄。

歷史上肖狗名人，例如：

孫權：三國吳帝，在位30年。

李淵：即唐高祖，在位10年，太上皇8年。

玄奘：唐代聖僧。

王勃：唐代著名詩人。

秦良玉：苗族巾幗英雄。

王陽明：學術思想家。

朱熹：學術思想家。

趙佶：帝王畫家宋徽宗。

湯顯祖：《牡丹亭》作者。

徐霞客：明代著名旅行家、文學家、地理學家。

徐光啟：明末著名科學家。

洪秀全：太平天國起義首領，38歲起兵，前後14年。

黃興：近代革命軍事家。

朱自清：著名文學家。

楊振寧：著名物理學家。

蔣經國：曾任中華民國總統。

● 甲戌狗神將展子江

參考資料

• 高雄道德院《玄妙真言典故集（八）》，高雄，2002年。
• 游福生〈有趣的生相歌謠〉，《台灣月刊》第224期，2001年8月。
• 曾焰《為你奏一曲流水．狗肉和草巫》，台北，黎明文化事業公司，1993年3月。
• 余愚〈狗年旺旺到〉，《福智之友》第64期。
• 朱復良〈送難迎猴話生肖〉，《台灣月刊》，2005年2月號。
• 黃書瑋〈丙戌論犬〉，《中華寶筏》第30期，2006年1月。

盡，要邁向次日之前時分。

亥，「閡」也，義同於「核」字，表示萬物生命深藏於種子內部之狀態，象徵意義是事物的中心點，因此古時陰陽家對豬年出生人的特徵論說，凡事充滿信心，屬領導型者……

亥豬

豬在傳統的十二生肖中排名第十二，在十二地支中以「亥」為代表；一年中的代表月份是10月，是收割完成準備過冬的季節，即冬季生氣之始。

代表方向是西北偏北，屬乾宮。在一日中，亥時指晚上9至11時，是一日將

豬 的名字 怎麼來？

豬的釋義

「豬」在過去，農家多有飼養，常因地方之不同而各異其名，豬的別名亦多。有關豬的專用字非常多，說明豬文化的豐富。

「彘」：豬也。《孟子·梁惠王上》：「雞、豚、狗、彘之畜，無失其時，七十者可以食肉矣。」《商君書·兵守》：「老弱之軍，使牧牛馬羊彘。」《山海經》中有「彘身而戴玉」或「彘身而八足蛇尾」的神（《北山經》），也有「其狀如彘而人面，黃身而赤尾，其名曰合窳，其音如嬰兒」的怪獸（《東山經》）。

豬的別名

「豨」：豬。《墨子·耕柱》：「言則稱於湯文，行則譬於狗豨。」《淮南子·本經》：「封豨、脩蛇，皆為民害。」特指大野豬，《淮南子·本經訓》：「封豨、修蛇，皆為民害。」

「豭」：公豬。《左傳·隱公十一年》：「鄭伯使卒出豭，行出犬雞，以詛射潁考叔者。」孔穎達正義：「豭，謂豕之牡者。」

「豕」：豬，家畜之一。《詩經·小雅·漸漸之石》：「有豕白蹢，烝涉波矣。」《毛亨·傳》：「豕，豬也。」《左傳·莊公八年》：「齊侯遊于姑棼，遂田於貝丘，見大豕。」

「豶」：為去勢之豬，即閹割過的豬。

「豵」：稱一歲豬。《爾雅·釋獸》記載有：「彘，豬也，其子曰豚，一歲曰豵。」

● 豕

「豚」：小豬，也泛指豬。

「豜」：稱三歲豬，也泛指大豬。《詩・豳風・七月》：「獻豜於公。」

「豥」：特指四蹄皆白的豬。多用於祭祀等國家場合下。

「豵」：特指小豬。《說文》：「生三月豚，腹豵豵貌也。」《揚子・方言》：「南楚謂豨之子，或曰豵。」

「豝」：母豬，或是兩歲的豬也稱「豝。」《說文解字》：「豝，牝豕也。」《詩經・召南・騶虞》：「彼茁者葭，壹發五豝。」豬二歲稱為「豝」，《說文解字》：「豝，一曰：二歲豕，能相杷拏者也。」

「豕子」：豕子曰豬。《爾雅・釋獸》：「豕子，豬。」

「艾猳」：為公豬。

「烏金」：張鷟《朝野僉載》：「唐拱州有人以畜豬致富，因號豬為烏金。」

「烏鬼」：杜甫〈戲作俳諧體遣悶二首〉之一：「異俗籲可怪，斯人難並居。家家養烏鬼，頓頓食黃魚。舊識能為態，新知已暗疏。治生且耕鑿，只有不關渠。」《懶真子・烏鬼魚蔬》：「老杜遣悶詩雲：『家家養烏鬼，頓頓食黃魚』夫言烏鬼，豬也，峽中人家多事鬼，家養一豬，非祭鬼，不用。故於豬群中特呼烏鬼以別之。」宋代《漫叟詩話》寫道：「川人嗜此肉，家家養豬，杜詩謂『家家養烏鬼』，是也。每呼豬則作『烏鬼』聲，故號豬為烏鬼。」

● 其狀如彘而人面

● 彘身而八足蛇尾

● 彘身而戴玉

● 黑爺，日治時期黑毛肉豬

「烏羊」：也是豬的別稱，與豬在亥位有關。《宋稗類抄》有載，據說，一位修水利的古人，在開挖河渠時，變化為一隻大豬，奮力當先。為此，當地人稱豬為「烏羊」，紀念那位先人。豬：長喙，善拱掘，在人們想像中成了開河挖渠的生力軍。加以亥屬水，古稱築土堵水，謂「偃豬」。《周禮》早記：「以瀦畜水。」注曰：「偃豬者，蓄流水之陂也。」

「黑爺」：清末貴族祭官，稱活豬為「黑爺」。載濤、惲寶惠《清末貴族生活》記祭禮：「後請牲人，活豬，呼為黑爺。」

豬 的奇幻世界

豬的社會行為與領域性

豬為群居生活的動物，有社會位序，由打鬥產生老大和老二等階級排序。野豬群由母豬和小豬組成，公豬則是單獨行動。只有繁殖期間才會見到公豬和母豬在一起。豬會發出不同種聲音做為個體間相互溝通的訊號。豬會四處遷移，沒有領域性，但會遺留分泌物做為辨識的依據。

豬有群聚性，除大公豬獨自生活外，多半成群一起生活，成員以母豬和小豬為主，豬群中也有地位尊卑之分。叫聲是豬群裡重要的連絡訊號，例如會以不同的聲音來傳達警告、攻擊、求偶、接觸、呼喚小豬等。豬是挺人性化的，會用哼聲傳達心情和感受。公豬則只有在繁殖期間才會加入。

參考資料

• 張士傑〈豬年話豬〉，《中原文獻季刊》第39卷第1期，2007年1月。
• 趙伯陶《十二生肖面面觀》，濟南，齊魯書社，2000年11月。

野豬在交配期間是甚難對付的，雄豬會以所謂的恐嚇前進開戰，那是一種平行的虛張聲勢與大搖大擺之姿。接著牠們互相用力衝撞（人類亦有這種行為），企圖用獠牙戳傷對方，有時會用後腿站立起來，一面發出低鳴咆哮聲並口吐些許泡沫，想把對方推倒。野豬建立其領域的方式，是用身體去摩擦樹木以作記號，也會用尿或糞在地上作記號。為了吸引雌性到自己的領域裡，雄野豬會用鼻吻去按摩雌野豬，然後發出一些低沉的聲音。很顯然地，雌野豬頗受這些行為的吸引。

豬是夜行性動物

野豬通常白天睡覺，黃昏或夜晚才會出來活動找食物吃。豬的視力不好，多靠嗅覺和觸覺，野豬雖生活於靠近村落的山中，但因其本屬於夜行性的動物，所以很少有機會看到牠。不過野豬一旦知道對自己沒有危險，牠就不怕人，白天也會出來活動。

豬以吼聲溝通

許多人都以為豬很笨，沒有思想，但是根據專家研究，豬可以發出二十多種聲音，每一種聲音都各代表不同的意思。

豬擁有多樣的聲音來表達各種情緒，在人類聽來的哼哼唧唧、短吼與高分貝的尖叫，聲調、長短之變化各有其含意，表現諸如舒服、好奇、飢餓、孤單、興奮、焦慮與痛苦等情緒。

澳洲的研究人員把豬叫聲分門別類記錄下來，發現某些特殊的咕嚕聲意思是「你在那裡」、「你是誰」以及「當心」，另外一些叫聲則像是「我在這裡」、「來拿去吧」，以及「照我的意思去做」。豬是模範交際動物，當牠們肩靠肩、鼻對鼻，你推

● 豬具有群聚性，家豬是由野豬馴化而來

我擠地走來走去時，發出的叫聲帶著威脅意味，且夾雜著具有節奏、心滿意足的叫聲。

如果在夜晚聽到叢林裡傳來濃重的鼻音，這可能是野豬的聲音。這些聰明的哺乳類動物有很好的聽力，會以低吼或尖叫來彼此溝通。

● 豬隻交配圖，象徵代代相傳

野豬是十分聰明的動物，可以從每一隻野豬的特有聲音來辨識對方；還會發出多種不同的聲音，每一種都有它的意義，例如悲傷、歡迎等。人類還可教導牠，聽主人使喚。在非洲，野豬還曾經跟名人一起生活過呢，史懷哲曾養過一頭馴化了的野豬，到處跟著他，甚至和他一起上教堂，還喜歡人家撫摸牠那長著硬毛的背。

豬 與星宿及五行方位

生肖與地支

「生肖」就字義而言，「生」指的是生物或動物，「肖」本作骨肉相似解，意思是說後世子孫的形貌、神態都酷似其先祖。因此，「肖」有「類似」、「相近」之意。中國古代術數以十二種動物分配於十二地支，所以稱為「十二獸」；又因為十二地支與十二種動物相配，則二者之間必有性品相似之處，遂稱「十二肖」或「十二生肖」。一般人以人之生年定其所屬之獸，又稱「十二屬」。

十二生肖又稱十二禽、十二獸、十二神等，也就是利用十二種動物來象徵

參考資料
- 唐欣潔〈豬事大吉〉，《動物園雜誌》第106期，2007年。
- 珍妮‧韓森《上帝的魔法箱——百種最危險的生物》，台北，允晨文化公司，1998年6月。
- 黃清和發行《自然圖鑑》，台北，眾文圖書公司，1995年11月。
- KENTBRITT 作、陳淑卿譯〈為豬之樂〉，《世界地理雜誌》第1卷第6期，1983年2月。
- JIMPIPE 著、曾桂香、李美華譯《夜行性動物全集》，小牛津國際文化有限公司。
- 珍妮‧韓森《上帝的魔法箱——百種最危險的生物》，台北，允晨文化公司，1998年6月。

分割為十二的時間觀念，流傳至今的說法是子鼠、醜牛、寅虎、卯兔、辰龍、巳蛇、午馬、未羊、申猴、酉雞、戌狗、亥豬。

　　為什麼用豬來代表「亥」呢？是從古代晝夜十二時辰的角度來解釋。據說因為夜幕來臨時正好為戌時，狗是守夜的家畜，所以結合成戌狗，而亥時到，天地間陷入一片混沌黑暗，有如果實包裹果核那樣，亥時夜黑覆蓋世間萬物，在一般人的觀念裡，豬又是只知道吃又混混沌沌的動物，因此豬成了亥的屬相。此由動物的習性引申為某種象徵意義，正是傳統的民俗特徵之一。

運勢與五行論命

　　豬居十二生肖第十二位，地支「亥」。《周公夢解》：夢豬在圈欄內走動，為福星高照；見殺豬，表示內臟有病；夢見一群豬，表示家中即將新添人口；夢見豬朝自己身上撲來，意示不久會生病。按命理學觀之，肖豬者，性格耿介，沉默寡言，易發怒；男性耽於享受，重視家庭，女性熱情溫柔，感情豐富，善於持家。若以五行論命則可細分為，乙亥年生：五行屬火，為山頭之火，為人和順，依賴心重，處事保守，初年多災，父母有刑，重拜無害，婚後興運，夫婦和合；火豬男女，子女有剋，見遲方好。丁亥年生：五行屬土，為屋上之土，生性樂觀，善交際，自立自營，有貴人扶助，兒女有刑，見遲方好，多行善事，財源旺相；土豬女性，衣祿平穩，有天財之命。乙亥年生：五行屬木，為平地之木，生性聰慧，巧計伶俐，骨肉少靠，六親冷漠，離鄉發達，白手起家，兒女早見；木豬女性，一生清閒，晚年受福之命。辛亥年生：五行屬金，為釵釧之金，為人和氣，守信重義，得人敬重；金豬男性，不惹閒事，勤而勵業，初年起伏，錢財不聚，晚年興運；金豬女性，衣祿豐足，相夫立業之命。癸亥年生：五行屬水，為大海之水，性格主觀，做事認真，一意孤行，六親疏遠，宜外不宜內，創業可成；火豬女性，持家旺相，福壽之命。

　　豬在傳統的十二生肖中排名第十二，在十二地支中以「亥」為代表；一年中的代表月份是 10 月，是收割完成準備過冬的季節，即冬季生氣之始。代表方

● 豬在傳統的十二生肖中排名第十二，以地支「亥」表示。

向是西北偏北，屬乾宮。在一日中，亥時指晚上 9-11 時，是一日將盡，要邁向次日之前時分。亥，「閡」也，義同於「核」字，表示萬物生命深藏於種子內部之狀態，象徵意義是事物的中心點，因此古時陰陽家對豬年出生人的特徵論說，凡事充滿信心，屬領導型者。

　　生肖是中國傳統上特別的民俗，可說增加了不少人的生活情趣，也影響了不少人的姻緣，決定了不少人的生辰。

參考資料

• 高雄道德院《玄妙真言典故集（八）》，高雄，2002年。
• 游福生〈有趣的生相歌謠〉，《台灣月刊》第 224 期，2001 年 8 月。
• 朱復良〈送雞迎猴話生肖〉，《台灣月刊》，2005 年 2 月號。

豬 在台灣的習俗與信仰

台灣原住民婚俗送全豬

　　往昔台灣淡水、基隆、武洛等地的高山族保留著男子入贅到女家的風俗，男子嫁到女家時，只帶最簡單的行李，如衣服、雨傘、毯子、鋤頭、砍刀、弓箭等，以及一頭殺好的全豬和三、五罐米酒，由新郎的好友在天亮以前護送到女家，而後在村頭的草坪上舉行婚禮，大夥兒喝酒吃肉、唱歌跳舞，盡情歡樂，要一連熱鬧數日之後，才算完成婚禮儀式。

布農族婚俗備豬牛酒布氈

　　布農族婚俗曾有黃水文〈布農族婚俗〉詩形容：「布族婚姻博好評，聘金不贈贈犧牲；豬牛酒布毛氈備，禮品如山誓海盟。」

排灣族分豬肉習俗

　　屏東排灣族佳平部落，有婚喪喜慶才會殺豬，分肉上有分階級：頭（當家大頭目聘禮才有頭）、脖子（貴族以上才有）、前腿（會用原本豬皮蓋住，表示女生貞潔）、內臟（肺要有氣管、心臟也要有血管、肝要有膽，貴族以上）。

● 布農族人分食豬肉之情形。

排灣族獵人分享獵獲野豬

　　屏東排灣族佳平部落，獵人抓到山豬時代表自己的運勢很好，會向天高呼。用意有兩種：（一）感謝山神、天神。（二）告知或分享給其他獵人前來分享戰果。第一位到達現場分到尾巴往上一個手掌寬度，再來分給頭目

一條前腿、肋骨、肝（要帶毛帶皮），並邀請周遭鄰居，分享獵人的戰利品。

排灣族山豬牙頭飾

屏東縣排灣族德庫富樂部落，族人最重視「山豬牙」了，尤其是在婚禮上，男方要送給女方父親之盛服，其中的頭飾部分。以山豬牙製作的頭飾，稱之為「pagamuce」，男性的禮帽以附有圓盤形硨磲貝殼的帽徽為中心，周圍飾以山豬牙，形如向日葵，上下邊緣以黑白的小琉璃珠裝飾。部落禮帽頭飾以山豬牙最為人稱讚，象徵「勇敢的勇士」。佩戴 pagamuce 頭飾品的人，必須獵到十隻公豬以上，才可佩戴，而且部落核心頭目會贈百合花以認定他是勇士。若有獵到山豬，大都是部落人大家共享的食品。山豬皮可以製作男性的頭飾或製作皮衣。家族辦理婚禮時，若家族中有捕捉山豬，在婚禮中家族以「qmalu」方式獻給辦婚禮的家庭，就是所謂的「賀禮」。

泰雅族山豬尾巴象徵靈力與祝福

台灣有許多原住民族，都喜歡獵山豬，豬肉用以醃食，山豬牙則用來做頭飾或胸飾，以示自己的勇猛。宜蘭泰雅族碧候部落，過去獵人會把山豬的尾巴留下來，當作狩獵靈力祝福的象徵。

平埔族點豬

著名的頭社夜祭，先是由巫師在神案上換上新紅布，供上祭品，而後換紮祀壺外的紅布等工作揭開序幕。至於第一個高潮卻是「點豬」。點豬乃是代替阿立祖點收子弟們供奉的豬隻之意。準備夜祭時獻豬還（許）願的子弟們，在黃昏之前都會將活的豬載到公廨前。約在 8 點過後，頭戴花環的巫師來到豬前，子弟們則手捧托盤，上置一瓶酒，站在豬旁。巫師前來時，一方面遞上酒，同時報出自己的名字與還（許）願事由，請巫師代向阿立祖禱祝後，將酒灌入豬口中，即為「點豬」。點豬之後，接著要殺豬，地點就在公廨後的大灶旁，過去

● 原住民抓豬比賽

● 原住民狩獵背負山豬

因用竹筒刺入豬喉而為人們側目,今則改用豬刀殺豬,並將這竹筒豬血供在神案旁,直到第二年開向日才拿走。祭典結束之前,巫師也會起童,生吃擺在供桌上的豬血、豬肝或豬肉,意為代表阿立祖接受子弟奉獻的牲醴。東河的公廨雖同樣舉行夜祭,卻不自己殺豬,「點豬」的儀式也較簡略。

食酒婚桌

台灣吃「合婚酒」,俗稱「食酒婚桌」,為合巹之禮,菜色為六葷六素,計十二品,由新郎新娘拜請床母先食,然後雙雙就席對坐。新娘方面由好命人挾筷餵吃,每淺嚐一口菜,媒婆即應聲唸一句諧韻的吉利話,吃到豬肚做的菜,會唸「食豬肚,子婿大地步」;吃到肉丸做的菜,則唸「食肉丸,生子生孫中狀元」。

換蹄

女子出嫁後生的頭一胎是死胎,或產後不久嬰兒即夭折時,就必須要求娘家的人幫忙「換蹄」。女方家屬取豬的前、後腳(二者必須帶有蹄)各一隻,放在新的(或未曾用過的)陶鍋內熬煮。煮好後將鍋放在也是全新的「謝籃」之中,拜託一名老婦人將之帶往夫家。老婦人來到夫家後不得跟任何人交談,靜靜地把帶來的東西放在產婦的床上,再靜靜地離開。產婦與其夫婿二人必須一次將豬腳吃光,如此日後再生之子,一定能順利養育成人。此習俗尚附帶一句俚諺:「換蹄見生見汝的」(換蹄之後再生的孩子都是你的)。

豬哥神信仰

「豬哥神」在民間道術是一個很特殊的鬼神，一般尊稱為天篷元帥，是在天庭掌理兵馬的天篷都元帥（法師在捉妖去煞時奉請非常給力）。後民間供奉豬哥神者，會得到豬哥神的幫助，為八大行業酒店、色情按摩店之類的特種行業供奉，主要是招徠客人，增加小姐的邪淫桃花，讓其對男性的性吸引力增加。

俗稱豬哥神的八戒將軍，也有專門奉祀的廟宇，例如坐落於彰化縣大村鄉美港村的八堡圳旁的「八戒將軍廟」。據說豬哥神雖然管轄人間的色情行業，但非色情的事情也熱心協助，致受到男女老少信徒尊敬，以致香火不斷，也成為村民的信仰中心。

另「癡哥神」，和豬八戒同宗，對異性愛濃厚，嘻皮笑臉，又皮又黏，見色亦步亦趨，如魂附體。最喜愛在風月場所鬼混，打情罵俏，有「有癡哥肉，愈打愈跳搭」的雅興。

豬公

在台灣，民間大型的祭典、廟會活動裡，常常看得到比賽大豬（台語稱「豬公」）的場面。一頭頭宰殺好趴在木架上重達幾百公斤的大豬，雖然已經動不了，卻還架勢十足。嘴巴往往給塞上一個鳳梨或橘子，整個身體包上一塊大紅布，更增加了熱鬧氣氛。「鳳梨」的台語發音類似「旺來」，有「興旺」的意思，橘（桔）代表吉祥；紅色則是民間在慶典時最喜歡用的色彩，代表喜氣洋洋，也有神聖的意思。有趣的是，宰殺好的大豬，往往在自頭頂沿背脊的部位，留了些鬃毛，活像現代的龐克頭，令人發噱。說起來，這也是不同於普通豬的打扮了。對羣眾來說，「豬公」無疑是充滿了趣味的民俗活動。以豬為供品的習俗，在中國由來已久。古人以牛、羊、豬為「三牲」，祭祀或饗宴時，配備三牲，又叫「太牢」，表示這是最隆重的禮節。所以，台灣的「豬公」，也算是一種古老習俗的遺留吧。

民俗慶典往往是地方文化的精隨，例如台北近郊的三峽地區（昔稱海山

堡），每逢年初六都要為清水祖師聖誕舉辦七股輪值的「殺豬公」祭神賽會，這是當地的年度大戲，歷史傳承少說也有百年以上的主題民俗活動。

養神豬祭拜神明

在台灣節慶拜拜時，常有拜豬公的習俗，甚至會比賽誰家的豬養得大、養得重。豬公被供在祭壇上，嘴巴咬個橘子或鳳梨，用來祈求來年的豐收。

人們往往把豬毛刮掉，用木架或專用的大方桌架起來，有的還披掛上花紅綵帶，也有的在豬身上粘金貼銀，遠遠望去，栩栩如生，在香火頂盛的廟宇前面有幾十、幾百甚至上千的大豬，整整齊齊的排列著，非常壯觀，加上廟宇的香火繚繞，善男信女的虔誠膜拜，豬小姐豬先生居高臨下，兩耳直豎，嘴巴張開，像一隻隻蓄勢待發的醒獅，頗有一番天馬騰空的神祕氣象，相對的還有一種滿足的寓意，那就是國泰民安、五穀豐登、安和樂利的興旺情景。

在一些迎神廟會中，甚至還有養豬公的習俗，參加比賽的人家，為了能在神前展現最大的敬意，並在人前爭一口氣，所謂「輸人不輸陣，輸陣歹看面」，於是乎給豬吃補品，給豬吹電風扇（聽說還有吹冷氣的），給豬按摩，給豬聽音樂，給豬按時沖涼等，花招盡出，就為了讓那豬公無限制的增胖，使主人得以在廟會時爭得面子，因此，豬公養到七八百公斤是小事，上千公斤也常見，甚至曾出現 1400 公斤以上的超級大豬公呢，雖然那豬公享受了其他的同類所沒有的恩寵，但在面對那上供桌前的臨終一刀，想來也十分無奈。

賽神豬、賽豬羊

桃園龍潭龍元宮的慶典活動，最特殊的是有二次的「神豬賽會」——神農祭聖、中元普渡。據地方耆宿指出，慶典中的神豬賽會始於戰後，因生活逐漸改善，由昔日的五小莊輪值辦理，以往僅由廟方提供一頭豬公祭拜，簡單隆重。近幾年來，豬公愈養愈大，參賽的數量常因輪值區域的不同而各有增減，但重達千斤以上的，每年一定都有。名列前矛的前幾名，除了有各方的賞金

與獎牌外，飼主也會製作金碧輝煌的藝篷來襯托，以凸顯其雍容華貴之相。有些親朋好友甚至不惜斥資，聘請傳統八音團、花鼓隊、電子花車等熱情演出助興，以增光彩。這些豬公早在三天前就已先過磅，4月26日一大早，在熱鬧的鼓樂陪襯中，輸值的莊民將裝飾好的豬公，緩慢地恭迎到廟埕陳列祭拜。特等神豬的出現，不但吸引眾人的駐足圍觀，也讓本已人山人海的廟埕更形擁擠。9時30分，鼓樂大作，鞭炮聲喧天價響，揭開了慶祖神農大帝聖誕三獻祭聖慶典之序幕。11時頒獎後，緊接著在戲台上有「扮仙戲」精彩演出，隨後廟埕中煙花炮火聲四起，掀起了祭典活動的高潮，直到12時活動結束。是日中午及晚上為宴客的時刻，前來幫忙的親友與食客，除可大快朵頤外，還可獲贈一塊豬公肉，分享主人的福份。下午及晚上在龍元宮鳳鳴台上有演出梨園戲，攤販雲集，占滿龍元路與東龍路，人潮湧進，小販的叫賣聲，平添不少熱鬧。即使在這尖端科技的現在，神豬賽會，仍會一年一年地傳演不輟。畢竟它是親友間促膝敘舊，閒話家常的日子，亦總是為大家捎來永遠的祥和、溫馨與安樂。

農曆6月，台北坪林的迎神賽會上，神豬當然是會場上少不了的重頭戲，不過如果仔細瞧過去神豬在嘴上叼著鳳梨或柑橙的鏡頭，在坪林地區，神豬的下巴又多掛了一條魚，這代表著什麼意義呢？本來神豬嘴裡叼著鳳梨或柑橙，是取「旺來」或「吉祥」的意義，多一條魚就像過年所說「年年有魚」一樣，等於是雙重吉祥的意思。

另外，新竹地區的客家人，為了表示對主神的虔敬，更相互競賽誰的豬或羊最大，並發展出相當具規模的賽豬公，並且影響其他地方，成為普渡盛會中的另一項特色。

但隨著時代的進步，保護動物的意識逐漸受到重視，這樣的活動內容正面臨挑戰。傳統神豬飼養方式，是當豬重達五六百斤時，飼主就讓豬下窟（禁錮），在豬身上方架設竹條、木條或鐵條橫桿，限制其行動，使豬隻只能翻身，無法站立，強迫灌食，動保團體不是反對神豬獻祭，而是強調飼養和宰殺的過程中，限制活動和強迫灌食都會造成神豬莫大的痛苦，過磅時甚至要搬

運，這些虐待動物的行為，應該立法禁止。而人道方式對待動物也是動保團體堅持和追求的核心價值。面對兩者核心價值的衝突，不該以強硬執法解決，應多予以包容，尊重彼此價值。

肉山

「肉山」在古老的歲月裡，則是以牲畜堆積而成，目的在於祭祀無主的遊魂，祈求一家大小平安。節約拜拜後的「肉山」則是民間手藝的競技。上面供著用彩紙糊成的「八仙過海」、「七仙女」、「三戰呂布」等大的人形，教人看得眼花撩亂。

積肉如山，列脯如林，原是夏桀生活荒淫的故事，後比喻宴會的奢侈。皇甫謐《帝王世紀・夏》：「以人架車，肉山脯林，以酒為池，一鼓而牛飲者三千餘人。」張居正《帝鑒圖說》下篇：「殫百姓之財，為肉山脯林。」皆形容此。

建醮大典或者中元普渡盛會，向為民間所重視，多數人家都會準備豐盛的祭品以祭無祀之魂。陳淑均修《噶瑪蘭廳志》載：「七月超渡家供牲醴、時饈、果食、結綵，陳設圖玩，焚化楮鏹，不計其數。」傳統的普渡祭品中，尤以「肉山」最典型且常見。所謂肉山，乃指長形的普渡台，台上分成幾個階梯式的層面，每層分置不同的肉品，包括全豬、全羊、全雞、全鴨等，還用各類漁產海鮮等併排共祭，一眼望去，普渡台上盡是各種肉品如山疊列，因而稱為「肉山」。現代的普渡場中，各式各樣的祭品豐富而多變，現代人在營養過剩的情況下，已漸拒絕過多的肉品，而以耐存放，甚至可向商店租來的罐頭、飲料替代，肉山自然較不易見到了。

黃水文〈普渡〉詩：「大放鬼門任過關，揶揄鬼笑醉中顏；酒池海味孤寒恤，普渡陰光肉滿山。」相傳七月初一是「開鬼門關」，七月三十是「關鬼門關」，這一個月裡各地紛紛舉行「普渡」的儀式來祭拜，超渡孤魂。

超渡畜魂碑

● 中元節新竹新埔地區義民節普渡的賽豬公

台北市今蘭州街和大同區行政中心一帶，曾為家畜市場和第二屠宰場（今大同區行政中心址），此處因而有個「豬屠口」舊名。原屠宰場附近，日治時代昭和6年（1931年）2月台北蘭州屠宰場設有一座畜魂碑（民國63年被重新豎立於台北市四獸山的天寶宮門外），就是為了超渡畜魂所立。

其他在文山區指南路1段14巷3號旁邊，也有一座矮碑，名曰畜魂碑，上寫「昭和12年（1937）4月建立」。昭和6年（1931）6月9日台北大龍峒屠宰場設有一座畜魂碑（碑已不知下落）。北投也有一座畜魂碑。

而彰化縣肉品市場的獸魂碑，每逢農曆初一、十五，市場人員及一些肉商就會到碑前祭拜。肉品市場開辦電宰後，平均每天電宰近一千頭豬，十餘年來殺豬數百萬頭，這座獸魂碑就是要弔祭豬的亡魂。獸魂碑未設立前，市場曾有一陣子很不安寧，值夜人員在深夜會聽到豬的慘叫聲，部分肉商表示也有類似的經歷。十餘年前，市場籌湊經費在電宰室附近增設獸魂碑，猶如一座墓園，四周種植花木，市場人員及肉商，會在農曆初一、十五祭拜。深夜無故傳出豬的慘叫聲，增設獸魂碑祭拜後就相安無事，市場人員及肉商說，並非迷信，但寧可信其有不可信其無，何況要靠此維生，凡事求個心安，立碑祭拜又何妨。

日治時台灣畜魂碑不計其數，據堀入憲二教授說日人興建屠宰場，常有設立畜魂碑此一習俗，乃是為了追念動物的犧牲、安息動物的英靈，並借此以安人心。

麵線豬蹄充壽禮

黃水文〈轎前盤〉詩：「男家贈送轎前盤，報答爹娘博喜歡；麵線豬蹄充壽禮，從茲欣締鳳和鸞。」又稱屎尿盤，意為酬謝新娘雙親養育之恩（換洗連褲的

勞役）。由男家贈送豬腳、麵線（祝壽禮品）、餅食等物為禮。

台灣人婚禮送喜豬

　　往昔台灣鄉下人的婚俗，女方在訂婚以後，要選一頭豬作為喜豬，以備婚禮時使用，如果家中養豬，可以從當中挑頭大小適中的備用，否則就要向養豬人家訂購。挑中的喜豬要另外單養，並在項上繫紅絲棉以為標記，喜豬的豬圈則需經常打掃以保持乾淨，紅絲棉更要經常換新。喜豬的飼料比較考究，希望把豬養得又大又肥，因為喜豬的肥壯程度既顯示了女方的經濟實力，是未來婚姻幸福美滿與否的預兆。到了舉行婚禮的大喜之日，喜豬要挑選吉利的時辰宰殺，並將豬肉分與四鄰親友，稱為「分喜」，以分享福澤，共沾喜氣。

豬 相關的器物

● 早期豬舍還有堆肥的功能

豬籠

　　早年台灣，養豬幾乎是農村家庭的副業，無論是農民、鄉下派出所的員警、學校的老師，都會勤儉努力的養一隻母豬。當時，如果養了一隻母豬，等牠順利生產豬仔賣出後，就可以繳小孩子讀書的學費，幫助很大。當時竹子做的豬籠，

參考資料
- 老隱〈婚禮中的豬（下）〉，《台灣新生報》，1995年1月22日。
- 江寶釵編著《黃水文詩選》，高雄，麗文化公司，2002年1月。
- 原住民族委員會104年度原住民生物多樣性傳統知識保護實施計畫《佳平部落期末調查成果書面資料》，社團法人屏東縣泰武鄉手掌心原住民文化關懷協會，2016年6月16日。
- 原住民族委員會104年度原住民生物多樣性傳統知識保護實施計畫《德庫富樂部落期末調查成果書面資料》，2016年6月16日。
- 劉還月《台灣民間信仰小百科節慶卷》，台北，台原出版社，1994年2月。
- 林明峪《台灣民間禁忌》，台北，聯亞出版社，1983年8月。
- 曾新蔘〈人山人海的神豬賽會——龍潭龍元宮五穀爺聖誕祭典〉，《傳統藝術》第19期，2002年6月。
- 江寶釵編著《黃水文詩選》，高雄，麗文化公司，2002年1月。
- 林馬騰《古物舊事世代情》，金門，林馬騰文史工作室，2013年7月。

為買中豬、小豬時使用；中豬用的是大一點的，小豬用小一點的。做生意的豬販，是把兩個豬籠用二支竹桿穿過豬籠上面，內裝十隻八隻豬仔，再用腳踏車或者機車，運到賣豬仔的所在銷售。農民買了中豬（50-80台斤）就用比較大的豬籠，二人扛著回家，放豬入欄飼養。現在時代轉變了，養豬已是企業經營，而且很專業。

豬槽（豬兜）

農業時代的鄉下人，家家戶戶幾乎都以養豬為副業，以增加家庭收入。有人養大豬賣給肉販，也有人專養母豬生小豬出售。當小豬斷奶之後就要餵穀類加飼料。餵小豬是用一種專用圓形食器，底部直徑約60公分，周圍用高約10公分的木片，圍成一個不滲漏的大盤子。盆子的中間再用四枝木片為架，再圍成一個離底的圓錐柱，讓食料可以流出至大盤子。其中有四枝木片當中兩枝較長的超出圓錐體部分，釘上橫木當成提把，這裡也是食料倒入的地方。因為小豬有可能進到盆子裡搶食，空心圓柱是為了倒飼料時不會倒在小豬身上，也可以多出短暫儲放食物的空間，當盆子裡的食物減少了，所儲的食物就會從底部自動流出來，也算是控制流量。另外，長方形豬兜有用石頭鑿的，也有磚和水泥做成的，是大豬專用。通常固定在一個地方，搬動不易，也不會被大豬頂到別處或啃咬損壞。

豬槽船

被稱為東方女兒國的瀘沽湖，位於雲南省寧蒗縣與四川省鹽源縣交界處，湖面海拔2685米，總面積為52平方公里，平均水深42米，最深處達93米。湖中有八島十四灣十七灘和一個連堤島，湖面呈南北長東西窄，形同一隻葫蘆。當地人（摩梭人）稱瀘沽湖為「樂屬溪納米」，是大海的意思。到了瀘沽湖，可別忘了坐一下具有當地特色的「豬槽船」，到瀘沽湖如果不坐「豬槽船」，就等於沒到過瀘沽湖。豬槽船就是一種大型的獨木舟，可以乘坐六至八人，是由養豬

戶的豬食槽演變而來，這其中有一段很長的神話。在波光瀲艷的瀘沽湖，乘坐在豬槽船上，聆聽搖櫓的摩梭姑娘嘹亮而宛轉的歌聲，隨水波盪漾，為風光綺麗的瀘沽湖，憑添無限聲色。

　　當地人俗稱「豬槽船」的獨木舟，傳說，有一年洪水暴發，村莊頃刻間被大水淹沒，村民急中生智，跳進豬槽，用瓢當槳划到岸邊，倖免於難。傳說中的豬槽變身舟船，如今依然穿梭在湖中，不斷地對著訪客訴說它的身世。

相關的動植物

豬莧

　　「豬莧」即「野莧菜」，分布於熱帶美洲，世界溫暖地區，在台灣則生長於原野、荒地等。一年生草本。

● 山豬肉樹結果

山豬柳

　　「山豬柳」即「海州常山」，又名為白沙、澀仔樹、斯氏榕，分布於中國南部、韓國、日本、琉球、菲律賓、台灣全島平野及常綠闊葉林中。落葉性大灌木或小喬木。枝為圓形，嫩枝與葉面均被褐色軟毛，全株具不愉快之臭氣。

● 山豬肉樹

參考資料
- 吳永榮〈40年前豬籠的用途〉，《豐年》第53卷第10期。
- 吳永榮〈爸爸做豬籠幹啥用〉，《豐年》第53卷第11期。
- 吳美榮〈舊物新述──民生篇畜牧類（一）〉，《人與地學訊》第75期，2013年10月。
- 王輔羊〈每下愈況與豬形撲滿〉，《清流月刊》第15卷第10期，2007年4月。
- 趙伯陶《十二生肖面面觀》，濟南，齊魯書社，2000年11月。
- 莊有德《書道技法永樂大鑑》，台東，2011年10月。
- 潘天壽《毛筆的常識》，台北，莊嚴出版社，1988年10月。
- 郭兀〈走訪女兒國〉，《明道文藝》第322期，2003年1月。
- 蔡瑞珍〈女人國追蹤記〉，《講義》，1994年10月號。
- 林坤元《望八文存》，財團法人鹿港文教基金會，1985年10月。
- 文昌〈曬豬屎好賺錢〉，《國語週刊》第824期，1997年8月3-9日。

燴豬肝

豬肝切片裹上少許太白粉後用沸水汆燙過;洋蔥、胡蘿蔔、木耳和薑等均切片,蔥切段;鍋內放油加入蔥、薑爆香,再放洋蔥、胡蘿蔔及木耳拌炒一下,接著放入調味料、水2大匙及豬肝續煮1分鐘,最後用太白粉水勾芡即成。

麻油豬肝湯

薑切片,豬肝切片後以沸水汆燙,然後泡冷水除去血水;鍋內放入麻油略為加熱,再放老薑爆香,然後倒入豬肝略炒,最後加兩碗水(500cc)煮沸即可。

大腸包小腸

「大腸包小腸」就是台式熱狗,把烤香腸包在烤糯米腸裡面,也就是把糯米腸包著烤香腸一起吃。大腸包小腸有許多配料可供選擇,像是花生粉、大蒜和黃瓜。這一道小吃,在全台各地都是很受歡迎。

焢肉

焢肉所用的調味料其實相當簡單,最原始的做法就是以醬油、冰糖、酒及滷包燉煮至肉爛,肉汁與醬汁互相融合,脂肪燉煮得變得腴而不膩即可。

花生燉豬腳

將豬腳洗淨後汆燙去除血水,放一旁瀝乾備用。另煮一鍋水,放入花生,加少許鹽煮約40分鐘,熄火備用。起油鍋,先將豬腳炸成金黃色之後盛入碗中,再用醬油醃約15分鐘使其入味,醃的過程中必須翻面。另起油鍋爆香蔥薑蒜後,把醃好的豬腳及所有調味料(醬油、滷包、香油、酒、冰糖、五香粉、蔥、薑、大蒜、麻油、鹽)一起放入,開大火,待湯汁煮開之後,再把煮過的花生放入鍋中一起滷。約15分鐘後,轉小火慢慢燉煮至花生熟爛,其間約70分鐘。

台灣坊間促分泌母乳最常見的方法是豬腳燉土豆吃,所以台諺才有一句「豬腳燉土豆,乳水洙洙流。」土豆是花生米,乳水是母乳,洙洙流是流得很多之意,是說豬腳燉花生米吃,母乳量就會多。

● 扣肉料理

虎皮豬腳

豬前腿用刀刮淨表皮汙物，洗淨，以醬油、米酒、鹽、冰糖、雞晶、蔥、薑、蒜頭、橘皮、甘草、桂皮、八角等香料塗抹後，放於冰箱冷藏室內醃上一天。取出後以火蒸上 3 小時左右，至豬腿皮試起來有彈性，似破非破之際。將晾涼瀝乾湯汁的豬腿，下油鍋以微火炸至表皮焦黃後起鍋，灑上花生粉來添其色即成。蒸豬腳瀝下的湯汁，可加上大白菜、凍豆腐與粉絲同燴。

酸菜白肉火鍋

白菜洗淨後切半，放入乾淨且擦乾的密閉甕（或玻璃罐）中，一片片相重疊，中間撒鹽，然後在最上面用石塊壓住以免菜葉飄浮而腐爛，疊好之後將瓶口密封，放置一週至 10 天使其自然發酵即可。取醃製好的酸白菜放入火鍋高湯中熬煮，這就是好吃的酸白菜鍋湯底。吃酸白菜火鍋基本上都會配上薄薄的白肉片，白肉片的油脂和酸白菜之間相輔相成。酸白菜的酸讓白肉片吃起不那麼膩，白肉片讓酸白菜咬起來不那麼澀，所以說兩者是很好的搭配。

鳳梨紅燒肉

將五花肉、鳳梨皆切成塊狀；鍋中放入少許油，五花肉入鍋炒至約七分熟。加入鳳梨塊、薑片、辣椒、蒜頭、調味料拌炒，再加入兩碗水，燜煮約 30 分鐘即可。

豬油飯

林文龍〈豬油飯〉詩：「非關宦海秉清廉。正頓誰憐亦攪鹽。乍覺飯間香氣溢。勝他日日菜根鹹。」古早時窮苦人家最喜以豬油伴飯，有時豬油用罄，則代以花生油、麻油等，再淋上醬油膏或食鹽，香氣撲鼻，令食慾大振。台諺也云：「做官清廉，食飯攪鹽。」

參考資料

• 林美齡、李靜潔〈中國麵點傳奇〉，《美食天下》第 132 期，2000 年 12 月。
• 小王子〈節慶食品〉，《國語青少年月刊》第 169 期，2010 年 1 月。
• 《梁瓊白中菜精選》。
• 林瑤棋《思古有情》，台北，大康出版社，2005 年 6 月。
• 曹麗娟〈過年的三十二道另類年菜〉，《快樂廚房雜誌》第 5 期，1999 年 2 月。
• 林瑤棋〈豬腳燉土豆、乳水洊洊流〉，《台灣日報》，2004 年 2 月 7 日。
• 林文龍《陶村夢憶雜詠》，南投，南投縣政府文化局，2013 年 11 月。
• 郜瑩〈吃不完兜著走——虎皮豬腳〉，《吾愛吾家》第 278 期，2002 年 2 月。
• 蘇怡妃〈願以四兩撥千金的生薑〉，《綠生活》第 124 期，1999 年 10 月。
• 蘇怡妃〈戀戀紅菱〉，《綠生活》第 124 期，1999 年 10 月。
• 陳添翔〈招牌菜蹄筋海參〉。

• 冠年〈有鳳來儀話鳳梨〉，《大同雜誌》，2006 年 8 月號。
• 簡錦玲〈象草〉，《台北畫刊》第 428 期，2003 年 9 月。
• 張玉欣〈高雄飲食文化初探〉，《中國飲食文化基金會通訊》第 10 卷第 1 期，2004 年 2 月。
• 林瑞珠〈回憶中的客家菜〉，《台北畫刊》第 477 期。
• 黃榮洛《台灣客家民俗文集》，新竹竹北，新竹縣文化局，2004 年 8 月。
• 周富美〈福菜苦瓜排骨湯〉，《常春月刊》第 197 期，1999 年 8 月。
• 江曉婷《客家小小筆記書·私房菜篇》，台北，行政院客家委員會，2003 年 10 月。
• 林馬騰《古物舊事世代情》，金門，林馬騰文史工作室，2013 年 7 月。
• 馬筱鳳〈澎湖先民的救命草——豬母乳草〉，《國語週刊》第 956 期，2000 年 2 月 13-19 日。
• 許憲平〈南瀛小吃誌〉，新營，台南縣政府，2000 年 11 月。
• 林慶弧《台灣民俗與文化》，新莊，高立圖書公司，2009 年 9 月。

豬腳楠

「豬腳楠」，即紅楠。別稱山樟、楠仔、阿里山楠、犬樟、小楠木等。樟科，高可達20公尺以上。

本種春天發新芽時，葉狀的鱗片包住剛抽出的紅色嫩芽，形狀好像紅燒豬腳，而有「豬腳楠」的稱呼。而嫩芽、嫩葉都是紅色，所以又叫「紅楠」。木材可供建築及製造傢俱、箱櫃、樂器、雕刻品等，樹皮含有黏質，其粉末可以做為線香的原料。

山豬肉

「山豬肉」，清風藤科，大喬木。樹幹通直，羽狀複葉，葉脈及總柄呈淡紅，新葉更呈現暗紅色，遠望如新鮮豬肉，稱之為山豬肉。產於中國及台灣300-1500公尺山區。

豬籠草

豬籠草通常生活在潮溼的地區，或高高地長在樹上，由於無法從土壤中吸收足夠維持生存所需的硝酸鹽、氮氣和其他營養物質，所以，必須捕食昆蟲攝取氮氣，用那特殊的捕蟲器（有好多個）抓蟲蠅，以維持體內氮的平衡。

它和瓶子草都有一個捕蟲用的瓶器，但是瓶子草的瓶器，是從地面直生而出，看起來像喇叭。而豬籠草的瓶器，是山葉尖所長出的卷鬚變成的，先是一片正常的葉子，再由葉尖伸出一根卷鬚，卷鬚的末端，膨大成一個有蓋子的瓶子，整個樣子，看起來像薩克斯風。豬籠草的瓶器，也就是它的捕蟲袋，蓋子上或瓶口上都會分泌帶甜味的蜜汁。瓶底積存著雨水和消化液。瓶壁上有蠟質很滑，使昆蟲無法立足。當昆蟲被它的蜜汁吸引過來，滑進瓶底，就只有乖乖的淹死在裡面了。有的種類，昆蟲一掉進去，瓶口的蓋子馬上蓋起來，這就更保險了，澳洲有一種豬籠草的捕蟲袋，直徑有 12cm，長有 35cm，連青蛙和小老鼠都可以捕。

豬 相關的醫藥及醫療

● 飼養的黑豬

豬隻與人類醫療

　　豬隻之全身各部位均有其利用價值，從解剖學上看，豬和人很類似，都是雜食性的動物，心臟、肺臟、消化系統與人類相似，牙齒、血液、皮膚都很近似。會患上許多人類會患的疾病，這使豬成為生物醫藥研究的理想實驗動物。所以，豬身上所產生的化學物質和腺體分泌物，在治療人類疾病方面很有效用。

　　在外科手術中，豬心瓣膜可以取代人工的心臟瓣膜，豬心瓣的移植使心臟病患者得以益壽延年。所謂「人工心瓣」，所用的材料即取自豬心的瓣膜。

　　豬皮（豬膚，係豬皮之外層）可以用來救治嚴重的燒傷，灼傷的病人在皮膚重新長出前，可以利用豬皮做為敷料。豬的脂肪可以做肥皂、蠟燭、潤滑油等。

　　據說吃「豬腳」對治療關節炎很有效果。在台灣據說「豬屎」還可以治療被狗咬傷，但是實際成效如何不得而知。其他另有與豬的命名相關的植物，也有被利用於藥草上，如下所示。

豬耳

　　「豬耳」，即「蒼耳」，台灣原野路旁及耕地邊都有它的蹤跡，一年生草本。果實用於鎮痛、祛風、殺菌藥。莖葉用於鎮痛、鎮靜、解毒、殺蟲、殺菌藥。花治癩癬，止癢。

參考資料
• 張勵婉等《蓮華池亞熱帶常綠闊葉森林動態樣區：樹種特徵及其分布模式》，台北，農委會林試所，2012年4月。
• 呂福原、歐辰雄、呂金誠《台灣常見樹木解說手冊》，台灣省農林廳林務局。
• 《大美百科全書3》，台北，光復書局，1993年6月。
• 鄭元春《台灣的海濱植物》，台北，渡假出版社，1984年11月。
• 應紹舜《台灣的高山植物》，台北，渡假出版社，1985年8月。
• 林文龍《陶村夢憶雜詠》，南投，南投縣政府文化局，2013年11月。
• 張之傑《生物科學巡禮‧說蛇》，台北，牛頓雜誌社，1986年6月。
• 佳鴻〈肉食性的植物豬籠草〉，《益智國語週刊》第318期，2006年12月3-9日。

豬苓

「豬苓」，多孔菌科，寄生於槭樹科、殼斗科植物。在漢方生藥中為利尿、解熱、止渴劑。

《備要》載：「行水利溼，消腫止渴，專作利尿藥。」豬苓不只有利尿、解熱、止渴之效，亦有鎮靜作用。可除去外面黑皮後使用，惟市販品多未除皮。

「豬苓湯」，中醫方劑，由豬苓、茯苓、澤瀉、滑石、阿膠組成。用於陰虛溼熱、渴欲飲水、小便不利等症。

豬牙草

「豬牙草」，即「鱧腸」，生長於平地，一年生草本。莖直立或斜上分枝，高 10-60 公分，被有剛毛。葉對生，披針形，先端漸尖，基部漸狹細呈無柄或具極短葉柄，細鋸齒緣或全緣，稍呈三主脈，兩面密生剛毛。全草供藥用，為強壯藥，用於止血痢，排膿，通小腸，滋腎陰。

豬腸草

「豬腸草」，即鵝兒腸，又別稱鵝仔菜、雞腸草、牛繁縷、水繁縷。石竹科、繁縷屬，一年生或越年生草本；蒴果卵圓形，種子黑色，細小。採食部位全株均可，嫩苗葉最佳。鮮葉搗碎，可外敷瘡腫。

白豬母刺

「白豬母刺」，即刺莧，別稱刺莧、假莧菜、刺蒐。莧科，莧屬，一年生草本，夏季至秋季開花。具解毒消腫、涼血通便的功效。外敷可用於皮膚溼疹、毒蟲咬傷、癰種膿瘍等。

豬 相關的傳說故事

天公與山羊和豬

　　台灣民間故事，相傳祭天公慶典進行時，有隻山羊和豬跑來了，並對人們說道：「做這樣的事有什麼用呢？還是不做比較好。」第二年的春天，天公的生日又到了，但人們卻不去慶祝。天公覺得很奇怪，便問隨從的神道：「為什麼人們不祭我呢？」隨從的神回答說：「因為在凡間有隻可惡的山羊和豬，欺騙了人們的緣故。」天公非常地憤怒，立刻將山羊和豬從凡間召來，狠狠的斥責了一頓。但是，過了四、五年又發生了同樣的現象。於是天公就在山羊和豬的嘴裡放入大顆的橘子，塞住牠們的嘴，讓牠們不能說話。一直到今天，每當有節慶的時候，民間還流傳著，殺豬宰羊時，應在豬、羊嘴裡放一顆橘子，這個習俗便是由此而來的。

豬母奶

　　台灣民間故事，從前天上有十個太陽，宇宙沒有晝夜之分，每天都是強光烈日，人們的生活非常痛苦，據說，被后羿射下來的九個太陽裡，其中有一個只是受了輕傷，流了一點血，從此，躲在黑夜裡，成了黃昏的月亮。另外有一

參考資料
- 張繼忠等編著《智慧王生字百科》，台北，閣林國際圖書公司，2004年1月。
- 抱殘守缺齋夫《吃的掌故》，新店，長春樹書坊，1980年9月。
- 蕭曦清〈高經濟動物豬〉，《台灣博物》第34期，1992年6月。
- 清‧汪訒庵《增補本草備要》，台南，第一書店，1986年3月。
- 李幸祥《台灣藥草事典（四）》，台北，旺文社公司，1999年9月。
- 鄭元春《台灣的常見野花》第二輯，台北，渡假出版社，1984年12月。
- 鄭元春〈二月的野菜〉，《綠園藝生活雜誌》第22期，1991年2月。
- 許秀夫總編輯《台灣民間驗方集錦：全國藥用植物聯誼會研討會驗方集》，台中，國定文教基金會，2011年10月。
- 陳丁賀〈蛇瓜〉
- 陳淑英主編《海洋奇觀》，台北，將門文物出版社，1988年1月。
- 簡榮聰〈台灣與中國的虎文化——虎年談虎之一〉，《台灣源流》第9期，1998年3月。
- Shie〈腮腺炎讓人腫得像豬頭〉，《地球公民365》第56期，2010年3月。
- 《最新科學百科全書》。
- 簡錦玲〈鵝兒腸〉，《台北畫刊》第420期，2003年1月。
- 簡錦玲〈刺莧〉，《台北畫刊》第422期，2003年3月。

·豬· 地名考

豬母水

　　澎湖有一地名「豬母水」，古早以前，傳說有一隻母豬帶著一群小豬在西山岸邊找東西吃。那時，從海裡爬上來一隻饑餓的八爪大土婆（章魚）要吃小豬，就和母豬在岸邊打了起來。像人一樣大的土婆很凶惡，伸出八爪吸盤纏捲母豬，母豬拚命抵抗，打得難分難解，最後一起滾落海底。從此，就有了「豬母落水」這個地名。在「豬母水」村落南邊靠海的地方，是觀音山和豬母山連接成的一片漂亮沙灘景觀。有一年，村裡的漢文先生覺得「豬母水」是個有山有水的好地方，名字卻不雅，就改了個地名叫「山水」。但是，老一輩的人還是習慣沿用舊地名。

山豬湖

　　「山豬湖」，位於桃園縣大溪鎮月眉里，雖然稱之為湖，其實是大漢溪流域的草嶺溪支流，由於當地天然的一個彎道地形，河床的岩盤經過多年河水沖刷，形成造型各異的獨特巨石，其中

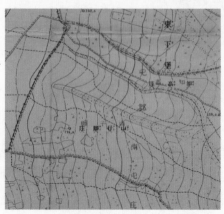

● 日治時期台中市南屯區的「知高」地名

以「山豬頭」最為特殊，而潺潺溪水在山豬頭附近形成一灘較深的溪水，在溪水兩岸茂密樹林的襯托下，遠遠望去猶如一個綠色的小湖泊，怪石、流水、湖泊、綠樹，渾然天成，形成相當特殊的景致。

　　雲林緊鄰龜子頭西北方，有一個山坳處，形狀像一個湖，以前這裡林木蓊鬱，經常有山豬出沒，因此便命名為山豬湖。陽明山金包裡大道的入口就稱為山豬湖，這裡會命名為山豬湖，也是因為以前這裡常有山豬出沒。新竹芎林則有「山豬湖鹿寮坑」地名，此地簡稱為「豬鹿地區」。

豬哥石

　　地名叫「豬哥」，對豬還要叫「哥」以示尊敬，都是對豬的崇拜所致。這些地名後來有的改成「知高」，像台中市

南屯區的「知高」即是。

台北市北投區的烏尖連峰上，有一塊大石頭，名字叫做豬哥石。這塊大石頭有一個有趣的傳說。據說，早年這裡的山上住有一隻大豬，常常下山來吃老百姓的農作物，甚至對人也造成危害，嚇得鄭成功從淡水河上，用船上的大砲把牠打死，而這隻豬死後變成一塊化石。所以，現在山上留了一塊大石頭。這則傳說跟基隆市八堵區的鶯哥石、新北市鶯歌的鶯歌石、三峽的鳶山具有異曲同工的傳聞。事實上，鄭成功沒有來到台灣北部，這些只是傳說，純屬虛構。

豬埔仔

早年由於桃園生產的種豬數量驚人，而且抗病性強，所以受到全台豬販的青睞，而中壢市就是台灣聞名的種豬交易地，在中榮里的中原路兩側，早年被稱為「豬埔仔」，由於種豬買賣的數量非常龐大，豬販個個都獲得極高的利潤，也因此相關行業都大發利市，尤其

聲色酒家林立。據地方人士說，當時在博愛路一帶有許多特種行業聚集，近百家的地下酒家大門，大都是以鐵門作記，所以，凡性好此道的老客戶都知道，只要有鐵門的地方就別有洞天，不過時至今日，時空轉換，「豬埔仔」的風華褪盡，只有從歷史中去想像當時的盛況。

山豬堀

高雄市有「山豬堀」地名。山豬曾為平埔族主要狩獵對象，其側牙可裝飾帽子、首飾、佩帶等，做為英雄之象徵。其頭又為祭祖代替人頭之供品。而「堀」俗作「塭」，「山豬堀」位於鳳山丘陵的西麓，古屬鳳山里，今為小港區山明里之一部分。在初墾時期，本部落原為山豬群棲之谷地，後闢為魚塭，故名之。

參考資料
- 張詠捷〈豬母水湯〉，《講義》，1997年3月號。
- 林衡道口述、邱秀堂整理〈七月十五義民廟賽豬公〉，《聯合報》，1994年9月3日。
- 林衡道《尋根探源》，台北，黎明文化事業公司，1992年6月。
- 曾美慧〈台北街頭巷尾──大同篇街區再造活力重現〉，《台北畫刊》第424期，2003年5月。
- 李本誠主編《在地的回憶、鄉土的情懷：中壢市百大風光》，桃園，中壢市公所，2001年4月。
- 曾玉昆《高雄市地名探源》，高雄，高雄市文獻委員會，2004年12月。
- 謝森展編著《台灣回想》，台北，創意力文化事業公司，1993年1月。

傳說，后羿原本要射下十個太陽，但是只射到了九個太陽，其中一個太陽躲在一種野草叫「豬母奶」的葉子下，逃過一劫，就是現今的太陽。太陽為了感謝「豬母奶」的救命之恩，當「豬母奶」被人拔了起來，要經過很長一段時間，才會被太陽曬乾。

● 野豬是十分聰明的動物

● 提燈發財的紅豬

參考資料
• 西川滿、池田敏雄《華麗島民話集》，台北，致良出版社，1999年9月。
• 慧深法師〈歷劫殘生屠夫回首〉，《現代因果報應錄》，台北，淨土善書流通處，2001年2月。
• 張百蓉等採錄、董佩君初稿〈真豬刀殺假秦檜〉，金榮華整理《澎湖縣民間故事》，新店，中國口傳文學學會，2000年10月。
• 鐘鳳娣主編《雅美文化故事》，蘭嶼國民中學社會教育工作站出版，蘭嶼慈懷家庭服務計畫委員會發行。

從肖 豬 看性格運勢與命理

　　生肖屬豬者，做人誠實，待人有禮，堅忍不拔，對於指定的工作全力以赴。對人非常忠心，所以交得到知心的朋友。博聞強識且善用己長。雖然脾氣急躁，但不喜與人爭吵。花錢如流水，易流於懶惰。對配偶摯愛而仁慈。

　　有些肖豬的人，性格較多變化，性情比較不安定。從表面看起來勇敢無懼，事實上是魯莽行事。做事比較缺乏深思熟慮，東撞西闖忙得團團轉，結果導致時常碰壁受挫，沒有成果。這種性格必須調整改進，凡事避免太過自信而變成一意孤行，結果一事無成。太過於自信也算是一項弱點。豬人在工作途中，很容易因為別人的評語改變對自我的評價，甚至變得疑神疑鬼起來，失去自信，終日痛苦不安。如何擺脫別人無謂的負面觀感（其實沒有），從積極、正面的角度設想，不要認為別人都在笑自己，冷靜檢討過去的得與失，克服挫折，協助自己尋找等待下一個機會的來臨，漂亮的達成幸福人生的任務，這是圓滿人生中起死回生十分重要的學習課題。

　　豬人觀察入微，對金錢、數字特別敏感，十分精打細算，但有時過分斤斤計較。對物質品味很高，有時很

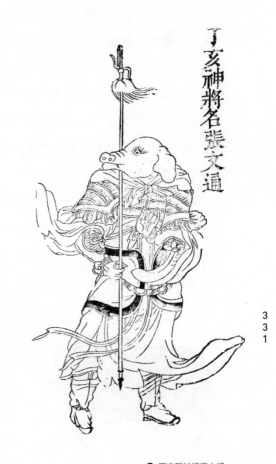

● 丁亥豬神將張文通

放縱自己的欲望，而沉溺於聲色口腹之樂。

有時候豬人曲高和寡，表現不合群的態度，愛獨來獨往，活在自己的人生與價值觀中。在八字上「亥」為「水」的長生，豬人的適應力很強，警覺性高，處事冷靜，但有時給人不近人情的感覺。

大部分豬年出生的人充滿力爭上游、勇往直前的衝勁，只要好好把握住機會，無論從事任何工作，都很容易順利地展開事業，處理事情的方式成熟穩健，對每一件事情都有一股衝動的傻勁，能專心投入，完全忘記周圍一切的存在。但其缺失是遭遇挫折時，被致命的一擊，失去了求勝的鬥志與信心，一敗不起，終身遺憾。

豬人雖然有企圖心，但是不會有與人一別苗頭的壯志，因此相對的就顯得較為被動。然而，如果有人點燃或是喚醒他炙熱的內心世界，他們就會如同脫胎換骨一般，剛毅的氣勢、高昂的士氣迎向未來。所以，千萬別輕視了他們無比與深厚的潛力。豬人個性溫和，平日只把往前邁進的企圖野心蘊藏在心中，一旦找到適時展現的機會，這些蓄積的力量爆發出來，便有令人刮目相看的驚人力量。

豬年出生者溫順、堅強，不耍心機，代表著純潔與善良。個性屬於樂天派，到處都有朋友，又是個重感情的人，為朋友兩肋插刀在所不惜。不過以上是一般狀況，當山豬發起脾氣時，便顯現兇猛的性情，且具備強烈的攻擊性，絕不輕易妥協。由於屬豬者個性天真，所以很容易受騙，選擇伴侶時要特別謹慎。職業方面是十二生肖中最容易選取的，不侷限任何職業，只要辛勤工作，皆能有所成。豬年出生的人，一生有貴人相助，財源滾滾而來，即使在厄運期，只要不急躁，多能安然度過。

歷史上肖豬名人，例如：

劉禪：蜀漢帝，投降曹魏，樂不思

● 中國清末貴族祭官，稱活豬為「黑爺」

蜀，被封為安樂公。

王羲之：晉，著名書法家。

元稹：唐，著名詩人。

王維：唐，著名詩人。

李白：唐，著名詩人。

趙匡胤：宋太祖，是宋朝的開國皇帝，結束了五代十國長期的分裂局面。

趙光義：宋太宗，在位22年。

趙構：南宋高宗。

包拯：宋，著名清官。

成吉思汗：元，著名君王。

李繼遷：西夏太祖。

鄭和：明代的航海家和外交家，曾多次下西洋，是最早開闢中西航道的
航海家。

● 王羲之行書《心經》局部

參考資料

• 高雄道德院《玄妙真言典故集（八）》，高雄，2002年。

• 游福生〈有趣的生相歌謠〉，《台灣月刊》第224期，2001年8月。

• 朱復良〈送難迎猴話生肖〉，《台灣月刊》，2005年2月號。

國家圖書館出版品預行編目資料

圖解台灣十二生肖誌 / 田哲益（達西烏拉彎‧畢馬）著 . -- 初版 . -- 臺中市：晨星，2019.01
　面； 公分 . -- (圖解台灣；22)
ISBN 978-986-443-827-3(平裝)

1. 生肖 2. 命書 3. 中國文化

539.5941　　　　　　　　　　　107021623

線上讀者回函，
加入馬上有好康。

圖解台灣 TAIWAN 22 圖解台灣十二生肖誌

作者	田哲益　（達西烏拉彎‧畢馬）
主編	徐惠雅
執行主編	胡文青
校對	田哲益、陳育茹、胡文青、王詠萱
插畫	李岱玲
美術設計	李岱玲
封面設計	柳佳璋

創辦人	陳銘民
發行所	晨星出版有限公司 台中市 407 工業區 30 路 1 號 TEL：04-23595820 FAX：04-23550581 E-mail：service@morningstar.com.tw http：//www.morningstar.com.tw 行政院新聞局局版台業字第2500號
法律顧問	陳思成律師
初版	西元 2019 年 01 月 10 日

總經銷	知己圖書股份有限公司 106台北市106辛亥路一段30號9樓 TEL：（02）23672044 / 23672047 FAX：（02）23635741 407台中市工業區30路1號 TEL：（04）23595819 FAX：（04）23595493 E-mail：service@morningstar.com.tw 網路書店 http://www.morningstar.com.tw
讀者服務專線	04-23595819#230
郵政劃撥	15060393（知己圖書股份有限公司）

印刷	上好印刷股份有限公司

定價550元
ISBN 978-986-443-827-3
Published by Morning Star Publishing Inc.
Printed inTaiwan